Walter Baumgartner

# Karma & Glücklich leben

spirit RAINBOW Verlag

Walter Baumgartner

# Karma & Glücklich leben

… und plötzlich ändert sich alles

spirit RAINBOW Verlag

Bibliografische Information der Deutschen Nationalbibliothek: Die Deutsche Nationalbibliothek verzeichnet diese Publikation in der Deutschen Nationalbibliografie; detaillierte bibliografische Daten sind im Internet über http://dnb.dnb.de abrufbar.

spirit RAINBOW Verlag

1. Auflage 2021


www.spirit-rainbow-verlag.de


Printed in Germany

Gestaltung, Druck und Vertrieb:
Druck- & Verlagshaus Mainz
Süsterfeldstraße 83
52072 Aachen

www.verlag-mainz.de

Abbildungsnachweis:
Umschlaggestaltung: innDesign Druck-und Werbetechnik, A-4770 Andorf

ISBN-10: 3-948108-09-9
ISBN-13: 978-3-948108-09-0

# Inhaltsverzeichnis

# Vorwort

## Vorwort von Jesus Lopez (europaweit tätiger Geistheiler)

Nun halte ich das zweite, völlig erweitere Buch von Walter Baumgartner, Karma- und Glückscoach für inneren Frieden, »*Karma & Glücklich leben ... und plötzlich ändert sich alles*« in den Händen und darf für dieses großartige Werk wieder mit großer Freude ein Vorwort schreiben.

Durch meine Arbeit als Heiler ergeben sich immer wieder Rückführungen in die eigene Kindheit oder frühere Leben. Es gibt keine Zufälle, sondern es fügt sich alles zusammen und ergibt im Nachhineinen einen größeren Sinn. So ergab es sich, dass genau an dem Tag der Anfrage bezüglich des Vorworts genau dies bei einer Seminarteilnehmerin geschah! Sie erlebte eine Situation aus ihrer Kindheit in Bezug zu dem Thema Achtung und Respekt ihrer Mutter gegenüber. Kurz darauf eine Rückführung in ein früheres Leben und die Klarheit, warum sie sich in ihrer Jugend bei einem Schüleraustausch in Frankreich in einer Stadt auskannte und wusste, wo welche Straße hinführte.

Es ist immer wieder erstaunlich, wie viel Einfluss frühere Leben auf uns haben können. Aber auch, wie leicht Blockaden loszulassen sind, wenn wir mit Raum und Zeit arbeiten und das Potential der Seele hervorkommen lassen.

Nicht jeder hat einen Zugang zu früheren Leben oder karmischen Zusammenhängen. Dieses Buch regt an, darüber nachzudenken, sich inspirieren zu lassen und vielleicht öffnen sich dann neue Türen der Seele. Wenn man dann bereit ist, kann die Reise der Seele beginnen und sich alles von selbst ändern.

In Wahrheit sind wir nicht getrennt von diesem Wissen, es ist die ganze Zeit in uns und nicht im Außen zu finden.

Was ich besonders lobenswert finde, ist, dass die Meinungen aus dem Buch und Film »*The Secret*« nicht einfach über-

nommen wurden, sondern in Frage gestellt, aber auch zusätzliche Aspekte eingefügt wurden. Nun ist auch der zweite Teil von »*The Secret – Traue Dich zu Träumen*« in den Kinos. Diesmal als Liebesfilm. Der Hauptdarsteller Josh Lucas erinnert mich stark an Walter Baumgartner. Auch das kann – mit einem Augenzwinkern – kein Zufall sein.
Ich wünsche den Lesern viele neue Inspirationen mit diesem einzigartigen Buch!

Mögen sich neue Türen des Glücks öffnen!

Jesus Lopez
www.geistheilungstag.de

# Einleitung

Eine der brennendsten Fragen, welche die Menschheit ihre gesamte Zivilisationsgeschichte bereits begleitet, ist jene nach der Steuerbarkeit des eigenen Schicksals. Brennt Dir die Frage, warum einige Menschen das Glück anziehen wie der Honigtopf die Bienen und andere wiederum ihre Existenz als eine einzige Pechsträhne erleben, in der sich ein Unglücksereignis ohne Atempause an das nächste reiht, nicht auch schon lange unter den Fingernägeln? Wieso finden einige Menschen bereits in jungen Jahren ihren Partner, mit dem sie ein Leben lang glücklich vereint sind, während andere stets mangelhafte Partner kennenlernen, mit denen sie in aller Regelmäßigkeit von Wolke Sieben in die nächste dysfunktionale Beziehung stürzen? Weshalb finden einige Personen schon als junge Erwachsene ihren Traumberuf, während andere sich von einem unglücklich machenden Job in den nächsten stürzen – ohne Chance, diesen Teufelskreis zu durchbrechen? Aus welchem Grund verdienen manche Menschen Unsummen an Geld, das sie mit eigenen Händen nie ausgeben könnten, derweil andere Menschen im vermeintlich »*reichen*« deutschsprachigen Raum von Monat zu Monat bangen, ob sie noch das Geld für ihre Miete aufbringen können? Während manchen Menschen ihre gesamte Existenz wie ein einziger Kampf mit dem Schicksal erscheint, sind andere förmlich vom Glück geküsst. Diese Gegensätzlichkeiten ließen sich endlos fortführen. Mit Sicherheit kennst Du auch in Deinem Freundeskreis lebende Beispiele für diese gegensätzlichen Ausprägungen.

Einen augenöffnenden Erklärungsansatz für die Ungleichverteilung von Glück in diesem Leben lieferte mir zu Beginn meiner Reise folgendes lebensveränderndes Zitat:

> *»Vergessen Sie das Märchen vom geborenen Pechvogel. Vergessen Sie alles, was sie über Murphy's Gesetz gehört haben: Glück ist alles andere als reine Glückssache! Glück oder Pech – das ist letztlich immer eine Frage von Karma.«*
>
> (Aljoscha Long *1961, Ronald Schweppe, *1962)

Als ich das erste Mal dieses Zitat las, hatte ich, ähnlich wie Archimedes im alten Griechenland, meinen »*Heureka*«-Moment. Aus heiterem Himmel verstand ich, wonach ich ein Leben lang gesucht habe: Meine leidvolle Biografie ist nicht per Geburt durch Gott oder von einer anderen höheren Macht gegeben, sondern der Schlüssel zu einem glücklichen Dasein liegt in mir!

Mit dem vorliegenden Buch möchte ich Dir nun nicht nur zum gleichen Erkenntnisgewinn verhelfen, sondern Dich auf jene Reise mitnehmen, an deren Ende auch Du das vermeintliche Glück in Deinem Leben endlich auf Deine Seite ziehen kannst! Werde auch Du mit meiner Unterstützung zum Schmied Deines eigenen Glücks!

Eine der ersten Weisheiten, die Dein Leben im positiven Sinne auf den Kopf stellen wird, lautet: Glück, Schicksal[1], Pech und Zufall gibt es in Wahrheit gar nicht – auch wenn diese Begriffe im Alltag gerne vom Großteil der Bevölkerung als verfälschte Interpretationen von Alltagsereignissen herangezogen werden, meist dann, wenn man sich Erlebtes nicht zufriedenstellend erklären kann oder man dafür keine Verantwortung übernehmen möchte. Dieses Buch wird dabei viele dieser Grundannahmen, nach denen Du Dein Leben gelebt hast, grundsätzlich in Frage stellen, damit Du essentielle Schritte in Deiner karmischen Entwicklung machen wirst – sei also gewappnet. Ich wünsche Dir daher eine erkenntnisreiche Reise zu Deinem Wahren Selbst!

## Kleiner Tipp mit großer Wirkung

Du wirst erstaunt sein, welch umfangreiches Wissen Du in einem einzigen Buch vorfinden kannst. Dieses Buch hältst Du nun in Deinen Händen. Bevor Du jetzt so richtig loslegst, möchte ich Dir noch etwas ganz Wichtiges mit auf die Reise geben! Ich empfehle Dir Folgendes, damit Du auch maximal von diesem Buch profitieren kannst: Beginne dieses Buch auf jeden Fall am Anfang, halte Dich an die vorgegebene Reihenfolge und lies auf keinen Fall quer! Denn jedes Kapitel baut

1 Vgl. dazu auch hinten im Glossar.

auf dem vorherigen auf. Des Weiteren lege ich Dir wärmstens ans Herz, dieses Buch vierteljährlich erneut zu lesen, damit zum einen die Inhalte tief in Dir wirken können und Du Deine neu gewonnen Ansichten verinnerlichen kannst und sich die wunderbaren Erfahrungen in Deinem Leben auch zeigen werden. Bleib dabei vollkommen gelassen, wenn Du beim ersten Durchlesen nicht gleich alles so verstehst, schließlich musst Du ja nicht gleich einen Vortrag darüber halten können. Auch meine Reise benötigte viele Jahre. Die Erfahrung hat gezeigt, dass viele essentielle Informationen in einem Buch beim ersten Mal Lesen nicht bewusst wahrgenommen werden und man deswegen aus vielen wichtigen Inhalten keinen Nutzen ziehen kann. Ich lese zum Beispiel jedes gute Buch mindestens drei Mal hintereinander und nehme dann jedes einzelne Mal wieder ganz neue Aspekte, die mir vorher verborgen geblieben sind, wahr. Daher weiß ich und bin mir sicher, dass auch Du immer wieder Dinge entdecken wirst, die Dir vorher verborgen geblieben sind. Versprochen!

Ich garantiere Dir, dass sich Dein Leben zu Deinem Besten verändern wird, wenn Du diese und die im Buch enthaltenen Anweisungen verinnerlichst und befolgst!

*Dein Walter Baumgartner*

# Karma & Glücklich leben

*»Der Mensch ist ein Teil des Ganzen, das wir Universum nennen, ein in Raum und Zeit begrenzter Teil. Er erfährt sich selbst, seine Gedanken und Gefühle als abgetrennt von allem anderen – eine Art optische Täuschung des Bewusstseins. Diese Täuschung ist für uns eine Art Gefängnis, das uns auf unsere eigenen Vorlieben und auf die Zuneigung zu wenigen uns Nahestehenden beschränkt. Unser Ziel muss es sein, uns aus diesem Gefängnis zu befreien, indem wir den Horizont unseres Mitgefühls erweitern, bis er alle lebenden Wesen und die gesamte Natur in all ihrer Schönheit umfasst.«*

(ALBERT EINSTEIN, 1879–1955)

# Kapitel 1: Karma – eine Einführung

## Der Ursprung

Die weit über 2000 Jahre bekannte Karma-Lehre ist eine der ältesten spirituellen Lehren der Menschheit und hat ihre Wurzeln im heutigen Indien. Nicht nur im Hinduismus und Buddhismus, sondern auch in vielen anderen Religionen ist die Karma-Lehre zu finden. Der Begriff »*Karma*« kommt aus dem Sanskrit und bedeutet so viel wie »*Tun*« oder »*Wirkung*«, das heißt die aus dem Wirken hervorgehende Wirkung im Sinne eines absichtlichen, willentlichen Tuns, und wurde aus den ältesten existierenden buddhistischen Schriften entnommen.[2] Im Kern geht es bei unserem Denken und Handeln darum, etwas zu tun oder etwas zu lassen.

Alle östlichen Philosophien erkennen Karma und Wiedergeburt als Tatsache an. Damit erfasst mehr als die Hälfte der Menschheit diese Phänomene als feststehende und unumstößliche Realität. Mittlerweile gibt es auch zahlreiche Beweise für die Existenz des Karmas. Ursula Demarmels[3] beschreibt es in ihrem ausgezeichneten Buch »*Karma Coaching*« so:

> *»Immer wieder habe ich auch Personen vor laufender Kamera im Beisein von Journalisten und Historikern für Doku-Sendungen namhafter Fernsehanstalten [in frühere Leben] rückgeführt. Durch Recherchen von Historikern war es möglich, verblüffend viele Angaben dieser Klienten aus ihren Vorleben, die sie vor der Sitzung gar nicht wissen konnten, zu überprüfen und zu verifizieren. Auch viele Stars ließen sich von mir für TV-Dokumentationen rückführen. Durch so bekannte Persönlichkeiten wie Heavy Metal Queen Doro Pesch,*

---

2 Diese sind in der Sprache Pali verfasst, dort »*Kamma*« genannt.

3 Ursula Demarmels führt Menschen durch Rückführungen in frühere Leben (Quelle: http://www.spiritualregression.de/views/kontakt_ursula_demarmels_spirituelle_rueckfuehrungen_workshops.html).

*Kultblondine Daniela Katzenberger, dem herausragenden Fernsehjournalisten Jenke von Wilmsdorff und Transfrau Mirka war es möglich, die Themen Wiedergeburt und spirituelle Rückführungen bereits mehr als 47 Millionen Menschen im deutschsprachigen Raum näherzubringen. Jeder dritte bis vierte Deutsche glaubt mittlerweile an [die] Wiedergeburt.«*[4]

## Karma im Christentum

Menschen nehmen intuitiv wahr, dass das Leben nach dem Tod weitergeht. Die wenigsten können sich wirklich vorstellen, nach dem physischen Tod nicht mehr zu sein. Die heutige Naturwissenschaft liefert mittlerweile bessere und schlüssigere Antworten als bloß nur (blinden) »*Glauben*« ohne Wissen, wie Du auch im Laufe des Buches noch sehr aufschlussreich erfahren wirst[5]. Aber es ist die Natur der Menschen, dass diese, wenn sie etwas verinnerlicht haben, dazu neigen, jeder Information zu widerstehen, die das Gegenteil andeuten könnte. Und des Weiteren wird es auch deshalb immer wieder Menschen geben, die sich lieber an irgendwelche Religionen und deren Versprechen klammern, da diese auf gewisse Weise Trost spenden.

»*Man erntet, was man sät*« ist ein gesellschaftlich verbreiteter, akzeptierter aus der Bibel stammender Leitsatz. Mit dem nachfolgenden Satz, lieber Leser, wird schnell deutlich, dass viele Handlungen von Menschen nur mit Karma und Wiedergeburt in Verbindung gebracht werden können, denn: Es ist offensichtlich, wenn wir uns ein bisschen umsehen, dass nicht jeder Mensch in diesem Leben das erntet, was er gesät hat. Hierzu sind etliche Stellen in der Bibel zu finden, in der genau von diesem Sachverhalt gesprochen wird. Sogar die Reinkarnation war im religiösen Gut des frühen Christentums vertreten und Spuren um

4 Demarmels, U.: Karma-Coaching: Wege aus der Schicksalsfalle, Berlin: Allegria 2015, S. 14 ff.

5 Vgl. hierzu noch später bei den Ausführungen zu Jan Stevenson und seinen Beweisführungen zur Reinkarnation.

das Wissen der Reinkarnation bzw. Wiederverkörperung finden sich auch noch heute in der Bibel. Der Jakobusbrief warnt beispielsweise davor, dass unsere Zunge einen »*Brand*« verursachen kann, der das »*Rad der Geburt*« erneut in Bewegung setzt (Neues Testament, Jakobus 3,6). Auch im Koran wird man schnell fündig: »*Wie könnt ihr Gott verleugnen, wo ihr tot wart und Er euch lebendig gemacht hat? Dann lässt Er euch sterben und macht euch wieder lebendig, und dann werdet ihr zu Ihm zurückgebracht.*« (Koran 2:28, Übersetzung von Adel Theodor Khoury, 2001, Gütersloher Verlagshaus). Viele früheren Texte, wie jene aus den ältesten noch erhaltenen Büchern der Welt, beispielsweise die Nag-Hammadi-Funde oder die aus der noch vor der Zeit des römischen Kaisers Konstantin des Großen (um 272–337 n. Chr.) stammenden Qumranschriften, belegen dies.[6] Im Laufe der Geschichte wurden aber einige Texte, unter anderem von Konstantin (um 270–337 n. Chr.) und Kaiser Justinian dem Großen (um 482–565), aus der christlichen Lehre entfernt bzw., wie man heute sagen würde, »*redaktionell*« bearbeitet. Die bekannteste, dort vorkommende Lehre ist die der Reinkarnation.

Man bedenke: Wie könnte ein gütiger, fairer und allmächtiger Gott (»*All-mächtig*« bedeutet »*Jemand, der alle Macht besitzt*«) dem einen Menschen schon von Geburt an Gesundheit, Glück und goldene Löffel geben, hingegen dem anderen nur das Hungertuch, Probleme und Krankheit reichen? Nur der Glaube an die Wiedergeburt liefert eine zufriedenstellende Antwort, wenn es darum geht, dass es sehr wohl eine Form von Gerechtigkeit und Güte im Universum gibt. Heute ist aber erfreulicherweise der Glaube an die Reinkarnation und dieses damit verbundene Wissen, Gott sei Dank, wieder auf dem Vormarsch.[7]

---

6 Die sogenannten »*Bodmer*« und Chester Beatty Papyri befinden sich in der Martin Bodmer-Stiftung in Cologny (bei Genf) und im Chester Beatty Museum in Dublin und können dort besichtigt werden.

7 Vgl. Demarmels, U.: Karma-Coaching: Wege aus der Schicksalsfalle, Berlin: Allegria 2015, S. 14–15.

> *»Ich glaube, dass die einzig wahre Religion darin besteht,*
> *ein gutes Herz zu haben.«*
> (DALAI LAMA-TENZIN GYATSO, *1935)

## Karma und Naturgesetze

Karma kann man analog zu physischen Naturgesetzen als Prinzip, Mechanismus oder Konzept begreifen, nach dem jeder einzelne Mensch den Lohn für seine in die Umwelt gesendeten Emotionen und Handlungen entweder in diesem oder in einem zukünftigen Leben erhält. Letzten Endes ist Karma ein Ausgleichsmechanismus und nichts anderes als das Prinzip von Ursache und Wirkung bzw. Aktion und Reaktion. Diesem universellen Gesetz von Ursache und Wirkung unterliegt jeder Mensch.

Dieses Prinzip kannst Du vielfach in Deinem Alltag beobachten. Wenn Du Dich zum Beispiel die meiste Zeit mit vitaminreicher Biokost ernährst und Sport Dein bester Freund ist, siehst Du nicht nur attraktiver aus, sondern erreichst auch leichter Deine Ziele, als wenn der Zigarettenautomat Dich schon mit Deinem Vornamen begrüßt, Du eine »*Couchpotato*« bist und Dich von Fast Food, Limonade und Co ernährst. Und genauso verhält es sich mit unseren Gedanken.

Gedanken, harmonische, positive ausgesendete Emotionen und gute Taten haben harmonische Erfahrungen und gutes Karma zur Folge. Sendest Du unharmonische Emotionen und Handlungen in die Welt, rufst Du nach dem Gesetz der Ursache und Wirkung unharmonisches Karma, sprich Erfahrungen, hervor.

## Das Prinzip von Ursache und Wirkung

In der Lehre von Jesus Christus wird Karma auf die einfache Formel, nach der man erntet, was man gesät hat, also empfängt, was man verdient hat, heruntergebrochen. Im Buch Mose wird dies vereinfacht mit »*Auge um Auge, Zahn um Zahn*« ausgedrückt. Beides beinhaltet den tieferen Grundsatz, dass jeder ausgesendeten Energie in Form von Emotionen und Handlungen zwangsläufig die dementsprechende, natürliche und gesetzmäßige Erfahrung folgt. Dieses Gesetz ist so allgemeingültig, dass es erstaunlich ist, dass nicht alle Menschen seine Bedeutung erkannt haben und es für ihre Lebensführung ebenso wie die unumgänglichen Naturgesetze anwenden.

Von der Partnersuche über die Finanzoptimierung bis zur Verlängerung des eigenen Lebens unterliegen bereits so viele Lebensbereiche mit Youtube-Videos, Büchern und Seminaren als Werkzeuge dem Optimierungsanspruch. Allerdings ist in der spirituellen Welt dem Karma selbst, dem meiner Meinung nach allerwichtigsten Aspekt, bisher nur ein Platz im Nischenkabinett reserviert worden. Und das obwohl die Lehre von Karma und Reinkarnation die einzige Erklärung für viele Umstände des Lebens sein kann, in denen die meisten Menschen der westlichen Welt mit ihren christlich-abendländischen Deutungsmustern beim besten Willen keinen Sinn finden können. Warum werden manche Menschen (ohne großes Zutun) uralt und warum wird ein kleines, unschuldiges Kind, voller Lebenserwartung und Freude, plötzlich unharmonisch aus dem Leben gerissen? Nur die Lehre von Karma und Reinkarnation kann hier eine zufriedenstellende Erklärung bieten.

## Karma: Hier und jetzt

Wir müssen uns vor Augen führen, dass wir jedes Jahr, jeden Tag, ja, sogar jede Sekunde beständig Karma schaffen und karmische Schulden (ob harmonische oder unharmonische) machen und dass all diese Schulden (durch Erfahrungen) abbezahlt werden müssen.

Die Lehre des Karmas ist die einzige Lehre in dieser Welt, nach der der Mensch als Schmied seines eigenen »*Glückes*«, als Schöpfer seines eigenen, zukünftigen »*Schicksals*« gilt, welches, Gott sei Dank, nicht in Stein gemeißelt ist. Denn wir haben einen freien Willen, zumindest bis zu einem gewissen Punkt, und können selbst wählen, welche Gedanken wir denken, welche Emotionen wir aussenden und welche Handlungen wir tätigen. Das Karma-Gesetz lässt keinen Raum für das willkürliche Eingreifen einer Gottheit oder dafür, dass man sich widerstandslos dem eigenen (gerne so benannten) »*Schicksal*« ergeben muss.

> *»Das tiefste Geheimnis ist,*
> *dass das Leben nicht ein Entdeckungsprozess,*
> *sondern ein Schöpfungsprozess ist. «*
> (NEALE DONALD WALSCH, *1943, IN:
> GESPRÄCHE MIT GOTT)

## Drei Arten von Karma

Zum ersten besseren Verständnis möchte ich an dieser Stelle die Einteilung von Karma nach Baird T. Spalding, nach der es drei Arten von Karma gibt[8], erläutern:

### Das Schicksalskarma (Pralabdh karma)

Dieses ist genau genommen »*noch nicht abgetragenes Karma*«, das in einem oder mehreren vergangenen Leben gesät wurde und sich nun im gegenwärtigen Leben auswirkt. Es bestimmt den Rahmen unseres Lebens, unsere Umgebung und die Menschen, mit denen wir in engere Berührung kommen. Dieses Karma, ob harmonisch oder unharmonisch, muss der Mensch während seines Lebens abbezahlen.

1. Das Vorratskarma (Sinchit karma)

Dieses kann man mit Geld vergleichen, das bei einer Bank auf einem Sparkonto eingezahlt wurde. Es bedeutet, dass ein bestimmter Betrag des in diesem Leben gewonnenen Karmas, das sich am Ende eines jeden angesammelt hat, auf die Seite gelegt und einbehalten wird. Abgehoben oder verbraucht wird ein Teil (jedoch nicht alles) durch den Tod.[9]

---

8 Vgl. Johnson, Julian P.: Pfad der Meister, Ergolding: Drei Eichen 1997, S. 107–109.

9 Genaueres zu diesem Thema wirst Du weiter unten im Abschnitt »*Frühere Leben*« erfahren.

2. Das in jedem Leben neu verursachte Karma (Kriyaman karma)

Das neue Karma ist jenes Karma, das wir von Tag zu Tag während dieses Lebens schaffen. Es kann auf dreierlei Weise verteilt werden: Wir können seine Folgen, ob harmonisch oder unharmonisch,

a) sofort ernten – dann könnte man es auch »*Instant-Karma*« nennen –,
b) zu einem späteren Zeitpunkt in diesem Leben ernten,

oder

c) es kann als das eben genannte Vorratskarma aufgespart und nach dem universellen Gesetz der göttlichen Ordnung erst in der Zukunft abgehoben werden. In diesem Falle wird es ein Teil des erstgenannten Schicksalskarmas für das nächste oder ein späteres Leben.

Nach dieser Einführung in das Thema »*Karma*« widmen wir uns im folgenden Kapitel den wichtigen Grundverständnissen zu den Wurzeln des Karmas. Denn einen Baum ohne Wurzeln wird der Wind davontragen.

## Das Selbst und das Falsche Selbst

Dieses Buch und die Kraft seiner Transformation zu verstehen, kann nur gelingen, wenn man die vier »*Selbste*« versteht: das sogenannte »*Hohe Selbst*«, das »*Niedere Selbst*«, das »*Falsche Selbst*« und das »*(Wahre) Selbst*«. Um die vier Selbste gut und am einfachsten zu erklären, werde ich zunächst ein wenig ausholen. Sicherlich kennst Du solche oder ähnliche Aussagen:

- *»Er hat viel SELBSTvertrauen.«*
- *»Sie ist wirklich eine SELBSTbewusste Frau.«*
- *»Ich ging damals ziemlich SELBSTkritisch mit mir um.«*
- *»Ich hab einfach an mich SELBST geglaubt.«*

- *»Ich machte mir lange SELBSTvorwürfe.«*
- *»Er hatte damals SELBST schuld.«*
- *»Das hat sich von SELBST so ergeben.«*
- *»Das ist SELBSTverständlich.«*

Unzählige solche oder ähnliche Aussprüche verwenden wir oft (unbewusst) Tag ein, Tag aus, ohne genau zu hinterfragen, was es eigentlich mit dem Wort »*SELBST*«, das jede dieser Aussagen enthält, auf sich hat. Bevor wir tiefer in Passagen zu den einzelnen Selbsten eintauchen, gebe ich Dir eine Kurzfassung, damit Du einen ersten Überblick über diese Thematik bekommst: Das Selbst (oftmals auch als das »*Wahre Selbst*« bezeichnet) bist Du selbst, daher wird es meist auch nur als das »*Selbst*« bezeichnet. Das »*Falsche Selbst*« ist Dein Ego, das Dich ständig in die Irre führen möchte, das »*Hohe Selbst*« und das »*Niedere Selbst*« sind besser bekannt als Deine Intuition.

Im Folgenden erläutere ich Dir das Selbst und das Falsche Selbst näher, während das Hohe und das Niedere Selbst im Kapitel 3 bei »*Intuition*« weiter erklärt werden. Das Verständnis der vier Selbste, um es noch einmal zu betonen, ist unabdingbar für das Verständnis dieses Buches.

## Das Falsche Selbst

> *»Glaube nicht alles, was Du denkst.«*
> (Byron Katie, *1942)

Das »*Falsche Selbst*« wird von vielen Menschen auch als das »*Ego*« bezeichnet, aber dieser Begriff greift zu kurz, denn das Falsche Selbst ist viel mehr als das: Das Falsche Selbst ist die Summe aller Konditionierungen, die Summe aus all dem, was wir als Alternativ-Konstrukte zur Wahrheit im Geist festgesetzt haben, Konstrukte, die untrennbar mit unserem Verstand verknüpft sind; Konstrukte, die lebhaft und als Tonbänder in unserem Kopf unsere Eindrücke manipulieren, sowohl in der Manifestation als auch in der Auflösung von Dingen. Und das sind laut dem Bewusstseinsforscher

Abuna Semai[10] erstaunliche über 98 Prozent aller Eindrücke, die uns glaubhaft machen, wie die Dinge scheinen, obwohl sie in Wirklichkeit ganz anders sind.

Das Falsche Selbst fühlt sich, wenn man ihm auf den Grund geht und genau in sich hineinspürt, unharmonisch an. Ein Impuls vom Falschen Selbst – im Gegensatz zum Hohen oder Niederen Selbst, deren Informationen sich immer sofort realisieren – benötigt immer Zeit und das Gefühl kann damit immer nur nach einer Intuition kommen. Das, was mit Verzögerung, also zeitlich verspätet, passiert, ist immer das Falsche Selbst. Wenn Du also einen Impuls von Deinem Falschen Selbst bekommst, fühlst Du Dich klein, kraftlos, oder es betrübt Dich dann etwas auf der mentalen Ebene.

Übersehen wird dabei meist, dass vor diesem Ego-Impuls jedoch auch die Intuition vorhanden war, denn das Falsche Selbst käme sonst nicht zum Vorschein, da es immer gegen diese anarbeitet. Wenn vorher keine Intuition wahrnehmbar gewesen wäre, hätte das Falsche Selbst keinen Arbeitsauftrag. Um es auf den Punkt zu bringen: Das einzige Ziel des Falschen Selbst ist es, eine Gegenkraft zu Deiner Intuition zu bilden und dadurch Karma zu produzieren, da intuitives Handeln kein Karma produziert.

Ein Beispiel: Mit Sicherheit hast Du bereits in Deinem Alltag eine vergleichbare Situation erlebt: Du stehst vor Deinem favorisierten Bekleidungsgeschäft, wo Du bisher Deine elegante, aber eher seriöse Kleidung erstanden hast, und nun hängt im Schaufenster ein verboten kurzer sommerlicher Rock. Deine Intuition sagt Dir: »*Der würde Dir gut stehen, nimm ihn!*«, aber dann schaltet sich Dein Falsches Selbst ein und widerspricht: »*Der ist so kurz, dass es schon fast unanständig ist. Was, wenn er auch noch hochrutscht? Und was denkt erst mein Bekanntenkreis, wenn ich ihn auf der nächsten Grillparty anziehe? Bestimmt nichts Gutes.*« Am Ende entscheidest Du Dich dann gegen diesen kurzen

10 Abuna Semai ist ein spiritueller, europäischer Lehrer; er erforscht seit über 25 Jahren die Bewusstseinszustände (Quelle: www.gottmensch.de).

Rock und kaufst Dein achtes bodenlanges Kleid (beispielsweise wegen einem aus dem Falschen Selbst stammenden schlechten Gewissen).

> *»Jeder Gedanke und jede Emotion und jedes Gefühl,*
> *die Du nicht bewusst frei gewählt hast,*
> *ist nicht von Dir.«*
> (ABUNA SEMAI)

Das Falsche Selbst umfasst leider oft automatisch auslösende Mechanismen, die Dich aus der Stille, Liebe, Freude und Lebenskraft herausholen und die von Dramen, Angst und Verführung leben, um Dich weiter an diese Mechanismen zu ketten. Das Falsche Selbst will immer das bewerten, was gerade wahrgenommen wird. Es kommuniziert mit Dir immer kraftkostend, bewusst- und herzlos. Es versucht, immer dazwischen zu funken und etwas zu verändern und nichts so sein zu lassen, wie es ist, um so krampfhaft am Leben zu bleiben. Wenn Du zum Beispiel Angst hast, hat das Falsche Selbst (Dein Ego) die Kontrolle über Deinen Körper übernommen. Wenn das Falsche Selbst aktiv ist und Du (irrationale) Angst verspürst, ist dies allerdings auch der gefährlichste Zeitpunkt für das Falsche Selbst. Denn in diesem Moment wird Dir sein Wirken bewusst, es wird sozusagen auf frischer Tat ertappt und Du selbst kannst wieder die Kontrolle mit verschiedensten Methoden zurückerobern. Die Hauptaufgabe des Falschen Selbst ist es, Karma zu erhalten, wobei es bei dieser Aufgabe in der Regel zugleich neues Karma produziert.

Der Philosoph und Psychologe Andreas Tenzer verglich einmal das Selbst (das Wahre Selbst) mit dem Internet und das Falsche Selbst mit einem Computer. Dies ist so gemeint, dass dem Selbst immer alle Informationen zur Verfügung stehen, dem Falschen Selbst jedoch immer nur ein (eigener konstruierter) Ausschnitt. Gerne möchte ich diesen bildlichen Vergleich, lediglich das Volumen der Datenmengen betreffend, mit Dir teilen: »*Unser Ego könnte man mit der Festplatte eines Computers vergleichen und das Selbst mit allen im Internet bereitgestellten Informationen. Dass wir gewöhnlich dem Ego mehr vertrauen als dem Selbst, hängt wohl damit zusammen, dass wir unabhängig von einem Internetzugang jederzeit auf dessen Datenmengen zugreifen können.«*[11]

Ein großes Problem ist es allerdings, dass die meisten Menschen das Falsche Selbst geradezu verteufeln und es regelmäßig zum Sündenbock stilisieren. Verständlich, denn wenn Du Dich an den kurzen Rock aus dem Beispiel erinnerst, ist es oft so, dass jene Alltagsereignisse nicht bereits nach dem Kaufakt beendet sind. Denn was wäre gewesen, wenn Du wirklich in dem aufreizenden Rock auf der Gartenparty aufgetaucht wärst und damit den neuen, attraktiven Mann in der Runde bezirzt hättest? Hier siehst Du, wie einschneidend das Falsche Selbst sein kann. Trotzdem muss es existieren, trotzdem muss es seine Funktionsweise ausspielen, denn erst durch das Falsche Selbst kannst Du zwischen verschiedenen Optionen und Lebenswegen wählen und Dich in Folge entwickeln und entfalten.

Folgende (unharmonische!) Handlungen und Empfindungen werden überhaupt erst unter dem Einfluss des Falschen Selbst möglich:

- nicht die Wahrheit zu sprechen
- zu betrügen
- Angst zu haben, was andere über einen denken
- generell alle Ängste, die nicht auf eine reale Gefahr zurückzuführen sind
- eine Rolle zu spielen, statt authentisch zu sein
- herzloses Handeln
- unseren Körper durch ungesunde Ernährung oder Drogen herunterzuwirtschaften
- Leiden passiv wahr- und anzunehmen, statt die auslösende Situation aktiv zu verändern

> *»Das Falsche Selbst ist daher der beste Lehrmeister, uns zu zeigen, wie wir es NICHT machen sollen.«*
> (UNBEKANNT)

---

11 Vgl. http://www.gewahrsein.net/ego-selbst.

Manche Menschen lieben ihr Leiden, diese wollen ihr Falsches Selbst gar nicht erst loswerden. Wenn Menschen ihr Falsches Selbst wirklich aus tiefstem Herzen loslassen wollen, dann hätten sie auch keines mehr. Menschen müssen das, was sie im Leben immer und immer wieder erleben, lieben, sonst würden sie es nicht erleben können – ausnahmslos bis hin zum größten Leid, sogar bis hin zum Tod. Die Frage ist: Worin investieren wir Liebe? Viel zu oft leider in Angst – manche Menschen scheinen nicht ohne diesen Begleiter leben zu können.

Deswegen sind unharmonische Nachrichten auch so beliebt, viele Menschen sind danach geradezu süchtig. Wer kennt nicht aus seiner Kindheit die Worte der Eltern: »Sei still, jetzt kommen die Nachrichten!« – dabei handelte es sich meist um negative Berichte, über Krieg, Tod und schlechtes Wetter, obwohl Harvard-Studien belegen, dass die sicherste Zeitepoche zu leben genau jetzt ist. Auf der gesamten Welt ist die Zahl der Kriegsopfer auf ein 1/12 im Vergleich zu den 50er Jahren zurückgegangen und das obwohl die Weltbevölkerung deutlich gewachsen ist. Fast alle Statistiken belegen, dass Gewalt sogar in den Entwicklungsländern stark rückläufig ist. Nimmst Du das auch so wahr, wenn Du Nachrichten siehst oder hörst? Mit Sicherheit nicht.

Deshalb habe ich vor einigen Jahren einige radikale Schritte getätigt: Ich lese keine Tageszeitung und habe auch schon längere Zeit keinen Fernseher mehr, stattdessen sehe ich mir motivierende Videos an und lese lehrreiche Bücher. Auch höre ich im Auto kein Radio, sondern lieber lehrreiche und inspirierende Hörbücher oder Podcasts. Und mein Wissensschatz ist dennoch ohne Nachrichten so groß, dass ich ein Buch schreiben kann, geistreiche Konversationen führe und trotzdem gewahr über die Buschbrände in Australien wurde, oder darüber, dass Joe Biden die Präsidentschaftswahl in den USA gewonnen hat und dass in Syrien Krieg herrscht. Allerdings nutze ich jene Zeit, die ich nicht mit unharmonischen Nachrichten vergeude, um mich regelmäßig auch mit Bewusstseinsforschern zu treffen und mich mit ihnen auszutauschen.

Ich kann mir denken, welche Gedanken Dein Kopf bei meinem Ratschlag zur Nachrichten-Abstinenz nun produziert: »Aber ich muss doch wissen, was in der Welt passiert!« Ein wahrer Klassiker ist dieser Satz doch in den meisten Köpfen der Menschen. Glaube mir: Das musst Du nicht. Das, was Du erfahren sollst oder musst, das wirst Du sowieso in Dein Leben ziehen, wenn es für Dich wichtig ist.

Viele Menschen lieben es, sich über bestimmte Dinge aufregen zu können, obwohl man ohnehin nichts dagegen unternehmen kann und auch nichts dagegen tun wird. Sie lieben es, Opfer zu sein, sie lieben es, zu jammern und sich zu beschweren, sonst würden sie es ja nicht machen. Dabei will ich daran erinnern, dass der Begriff »Liebe« ja etwas ganz anderes meint, nämlich: Liebe ist das Allverbindende. So beschreibt es auch Bashar[12]:

> *»Wir sind nur Liebe, wir sind nur das.«*
> (Bashar (Darryl Anka), *1951)

> ***Anmerkung:*** Das Ego bzw. das Falsche Selbst entsteht dann, wenn ein Kind beginnt, nicht mehr in der 3. Person von sich zu reden (»Laura mag das«), sondern seine Sätze mit »ich« formuliert (»Ich mag das«). Das ist auch der Zeitpunkt, an dem ein Kind sich erstmalig im Spiegel selbst erkennt. Diese Phase (die geistige Geburt) tritt meist zwischen dem zweiten und dritten Lebensjahr ein.

Wer sich noch tiefer in die Thematik des Falschen Selbst einarbeiten möchte, um seinen kontraproduktiven Verhaltensmustern noch öfter gewahr zu werden, dem empfehle ich »Das Buch vom Ego« von Osho.[13]

> *»Die beste Methode, der Welt zu dienen, ist, den egolosen Zustand zu gewinnen.«*
> (Ramana Maharshi, 1879–1950)

---

12 Bashar ist ein Meister des Channelings, jemand, der seine Vorsehungen durch das Wesen Darryl Anka empfängt und diese mit viel spiritueller Einsicht, Humor und einem profunden Verständnis menschlicher Wahrnehmungen kommuniziert (Quelle: http://basharchanneledbydarrylanka.org).

13 Osho: Das Buch vom Ego, Berlin: Allegria 2012.

## Das (Wahre) Selbst

Das Wahre Selbst, häufig auch nur »das Selbst« genannt, unser göttlicher Wesenskern, bist Du selbst. Ein anderer, für den einen oder anderen meist geläufigerer und bekannterer Sprachgebrauch für das »Wahre Selbst« ist die Seele. Den Zugang dazu versperren oder überlagern wir uns oft selbst, doch er ist nicht unerreichbar, denn: Das Höhere und Niedere Selbst kommunizieren durch die Intuition[14] mit uns. Du wirst durch Deinen Herzenswillen inspiriert, was es zu tun oder was es zu lassen gilt, so wie Vater und Mutter in den jungen Jahren Deines Lebens mit Dir reden würden, wenn sie Dir Ratschläge für ein glückliches Leben erteilen. Und irgendwann, wenn Du immer öfter richtig handelst, brauchst Du die Ratschläge Deiner Eltern bzw. des Höheren und Niederen Selbst nicht mehr. Dann handelt das »Echte Selbst«, Dein »Wahres Selbst«. Dein göttlicher Wesenskern, dein wahres Selbst braucht also keine Anweisungen mehr.

14 Für eine nähere Beschäftigung mit dem Thema der Intuition siehe S. 44.

# Kapitel 2: Der Mensch und sein spiritueller Aufbau

Im Folgenden erhältst Du einen kleinen Überblick darüber, was uns als Mensch ausmacht: unsere Aura, unsere Energie, unser Verstand, unser Bewusstsein, das Unterbewusstsein und das Dritte Auge. Selbstverständlich liegt jedem dieser aufgezählten Elemente eine eigene Wissenschaft zu Grunde und jeweils unzählige Bücher, nichtsdestotrotz gebe ich Dir hier für Dein späteres tieferes und vor allem zusammenhängenderes Verständnis einen kurzen Überblick in die einzelnen Bestandteile von uns Menschen.

## Aura[15]

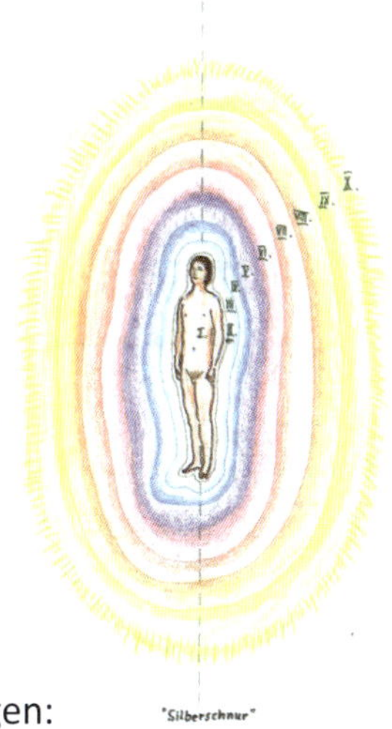


Sicherlich kennst Du solche Aussagen:

»Sie hat eine wirklich tolle Ausstrahlung.«

»Er hat so eine positive Energie.«

»Ich fühle mich zu ihr/ihm sehr hingezogen, aber ich weiß gar nicht, warum.«

---

15 Die Abbildung ist der folgenden Website entnommen: http://www.puramaryam.de/auramensch.html.

Diese oder so ähnliche Aussagen beziehen sich direkt auf die Schwingungen unserer Aura. Was aber genau ist nun die sogenannte Aura, von der so viele Menschen sprechen, ohne sich ihrer bewusst zu sein? Die Aura umhüllt jeden physischen Körper von uns Menschen lichtkranzartig und ist zugleich die Gesamtheit unserer Körper. Sie umgibt jeden Menschen feinstofflich und ist für die meisten Menschen ein unsichtbares Energiefeld, aber ein sehr wohl wahrnehmbarer Körper. Wir sind mehr als das, was wir mit den physischen Augen sehen. Wir sind mehr als unsere körperliche Hülle, sowohl im physischen als auch im geistigen, mentalen und spirituellen Sinne. Schon lange in unserer menschlichen Geschichte wird so etwa zwischen unserem Bewusstsein und Unterbewusstsein differenziert. Welche wichtigen Gegebenheiten es sind, die uns umgeben, erfährst Du in diesem und in den nächsten zwei Kapiteln.

Die Aura kann auf unterschiedliche Weise von hellsichtigen Personen wahrgenommen werden. Wie schon erwähnt: Die meisten Menschen können sie zwar nicht sehen, aber sehr wohl wahrnehmen. Sie zu sehen ist für jeden erlernbar, bedarf aber als Grundvoraussetzung eines ruhigen Geistes und einer spirituellen Reife.

Um das Ganze ein wenig griffiger zu machen, ein Beispiel dazu: Wir nehmen– mindestens unbewusst – die Aura, also die entsprechenden Schwingungen, immer wahr. Vielleicht kennst Du Situationen, in denen die Ausstrahlung eines Menschen Dich unmittelbar berührt hat, sodass diese auch Deine eigene Stimmungslage beeinflusst hat. Dies ist auch dann noch zu beobachten, wenn sich die Stimmungslage einer Gruppe, die sich bereits zusammengefunden hat, durch eine neu hinzukommende Person schlagartig verändert. Du kennst sicherlich solche Situationen. Ein gutes Beispiel zur Verdeutichung ist der Warteraum einer Arztpraxis: Du sitzt mit anderen Patienten schon einige Zeit zusammen und irgendwie hat sich die Stimmung aller angepasst und die Wartezeit verläuft in diesem Fall bis jetzt für alle noch harmonisch. Dann kommt eine andere Person hinzu, die sich sichtlich sehr unwohl fühlt und sich dementsprechend auch so verhält. Er geht aufgeregt und sichtlich ziemlich verärgert zur Ordinationsassistentin und spricht unharmonisch, passend dazu seine gereizte Körpersprache. Diese Person setzt sich, steht wieder auf, schaut auf sein Handy, setzt sich wieder, nimmt eine Zeitschrift, die er dann ungelesen wieder hinlegt, beklagt sich in die Menge über die unorganisierte Ordination, usw. Mit der Zeit könnte ein außenstehender Dritter sofort wahrnehmen, dass sich immer mehr Unruhe im ganzen Raum ausbreitet. Aber nicht nur dieser: Alle im Raum befindlichen Personen fangen langsam an, diese Schwingung der Unruhe selbst anzunehmen und reagieren entsprechend – schwingen entsprechend mit. Alle haben die Disharmonie der einen Person empfangen und werden davon regelrecht angesteckt. Langsam beginnen sich alle in der ausgesendeten Energie des einen zu befinden, fühlen sich ebenso unharmonisch und unruhig. Zuerst mag der Effekt noch unsichbar sein. Durch die innere Beobachung Deiner Stimmung wird er sehr wohl wahrnehmbar.

In der Energiekörperlehre wird die Anzahl der verschiedenen Körper unterschiedlich behandelt. Energiekörper sind eng mit den Chakren[16] des Menschen verknüpft. Von Mensch zu Mensch unterscheidet sich die Aura essentiell – je nach Lebensgeschichte, Alter, geistiger Verfassung und Gesundheit. Krankheiten zeigen sich als Unregelmäßigkeiten oder Flecken in der Aura.

Die Energiekörper können zur besseren Vorstellung mit jenen aus Holz gefertigten russischen Matrjoschka-Puppen verglichen werden, bei denen die kleinste Puppe unseren physischen Körper darstellen würde. Die Aura bezieht sich auf mehrere unterschiedliche Schichten von Energiekörpern. Diese verschiedenen Energiekörper existieren seit jeher. Und auch wenn die meisten Menschen nur den physischen Körper wahrnehmen können, so stellen die ganzen Energiekörper dennoch eine Einheit mit dem physischen Körper dar. Wenn alle Energiekörper stark aufgeladen und gesund sind, dann wirst Du in allen Bereichen menschlicher Erfahrung ein erfülltes Leben führen. Dies gelingt Dir, je mehr Du Dich von

16 Mehr zum Thema »Chakren« findest Du im Glossar ab S. 307.

karmischen Altlasten befreist. Je mehr Ebenen oder Körper entwickelt sind, umso friedvoller und harmonischer werden Deine Lebenserfahrungen sein.

Jeder uns umgebende feinstoffliche Körper hat eine bestimmte Schwingungsfrequenz, die jeweils einer bestimmten Schwingungsebene entspricht. Der physische Körper ist davon der am niedrigsten schwingende und zugleich auch der dichteste Körper, den jeder Mensch wahrnehmen kann. Alle anderen schwingen zunehmend höher und lichtvoller. Je weiter wir nach außen gehen, umso feinstofflicher und höher, heller in ihrer Frequenz und schwingender in ihrer Ausdehnung werden die Körper. Die Summe dieser Körper bzw. Felder wird »Aura« genannt. Wir werden uns in diesem Buch aber nur mit den ersten drei Körpern, dem physischen Körper, dem emotionalen Körper und dem mentalen Körper beschäftigen, da wir im Grunde genommen in diesen drei Ebenen unser Karma produzieren. Der emotionale Körper schwingt mit unharmonischen genauso wie mit harmonischen Erfahrungen und der mentale Körper überführt diese in eine Bewertung. Von ihm gehen auch die vorgefassten Meinungen und Glaubensgrundsätze aus, die ihrerseits auch den emotionalen Körper und den physischen Körper beeinflussen. Für alle Erfahrungen auf der intellektuellen Ebene ist der mentale Körper der Speicherplatz. Er ist der Ort des Wissens, welches bei Bedarf genutzt werden kann. Der Mentalkörper enthält unsere Strukturen und Gedankenmuster sowie auch die Gedanken an sich, zu denen auch die noch nicht bewältigten Gedanken unserer Vergangenheit einschließlich unserer Inkarnationen gehören. Darauf werde ich im 4. Kapitel eingehen.

> *»Einen guten Menschen erkennst Du nicht an dem, was er sagt, antwortet der Weise. Es ist auch nicht an dem zu erkennen, was er zu sein scheint. Du kannst ihn aber erkennen an der Atmosphäre, die durch seine Gegenwart erzeugt wird. Denn niemand ist fähig, eine Atmosphäre zu erschaffen, die seinem Geist nicht entspricht.«*
>
> (Unbekannt)

## Energie[17]

Energie steht am Anfang allen Seins und ist der lebenserhaltende, feinstoffliche Teil inner- und außerhalb unseres Körpers, mit dem Du Wünsche aussendest und wodurch Karma erschaffen wird. Jedes Material, das feinstofflicher als materielle Gase ist, wird als »*Energie*« bezeichnet. Es ist sozusagen die Grundsubstanz aller Dinge. Alles ist Energie und ist in der Spiritualität damit ein Synonym für feinstoffliche Materie. Unsere Entscheidungen, welche Gedanken wir produzieren, welche Emotionen wir aussenden und welche Handlungen wir tätigen, ist »*Energie in Bewegung*« und hat unmittelbar mit der Produktion unseres eigenen Karmas zu tun.

Energie bezieht sich auf ein Lebensenergiekonzept, dessen Vorstellung sich bis heute in vielen Kulturen und Religionen wiederfindet. Die Energiekonzepte mit dem größten Einfluss stammen aus Indien, China, Tibet und Japan. Als einflussreichste europäische Vertreter sind Hippokrates, Hildegard von Bingen und Paracelsus zu nennen.

Energie ist immer und überall vorhanden und umgibt uns ständig. Auch dann, wenn wir uns dessen nicht bewusst sind. Du kannst Dir die Energie zum Beispiel so wie die verschwommene Sicht vorstellen, die durch die aufsteigende Hitze einer aufgeheizten Straße an einem heißen Sommertag entsteht und sichtbar wird. Luft etwa wird ebenso wenig bewusst wahrgenommen, obwohl sie uns ständig umgibt; erst, wenn Wind dazukommt, wird sie uns bewusst. Ein Fisch wird in stillem Gewässer das Wasser auch nicht wahrnehmen, sondern eben erst, wenn Strömungen entstehen. Wir schwimmen sozusagen ständig mitten in Energie, unserer Lebenskraft und somit dem Potential, das immer da ist. Dabei ist Energie sehr wohl fühlbar: Du kennst es sicherlich, sich sehr zu einem Menschen hingezogen zu fühlen, ohne das an äußeren Attributen festmachen zu können. Energie ist wie eine volle Batterie, die erst aktiv wird, wenn wir sie durch Denken, Aussenden von Wünschen und Handlungen in Bewegung setzen – dann wird Karma produziert.

---

17 Andere Begriffe für Energie sind u.a.: Chi, Gi, Ki, Qi, Odem, Mana, Prana, Ka, Pneuma.

Noch bis in die Neuzeit sah man auch in Europa die Ursache von Krankheiten in einer Störung der Lebensenergie. Erst seit etwa 1850 war für das Lebensenergiekonzept kein Platz mehr in der westlichen Schulmedizin.[18]

## Verstand

Verstand kommt von dem Verb »*verstehen*«. Der Verstand ist das geistige Vermögen des Menschen, Einsichten zu bekommen, Zusammenhänge zu erkennen, sich ein Urteil zu bilden und Entscheidungen zu treffen.[19] Irrtümlicherweise wurde in der sog. »*Esoterik-Szene*« aufgrund von Übersetzungsfehlern der Verstand mit dem Ego gleichgesetzt, was aber nicht zutrifft. Der Verstand hat die Aufgabe, Dir zu helfen, all jene Prinzipien zu erkennen, auf denen die Schöpfung aufgebaut ist, also die universellen Mechanismen, nach denen unsere Welt vermeintlich funktioniert. Der Verstand ist eine reine innere Logik-Software, die zur Mustererkennung notwendig ist. Er ist dazu da, damit Du verstehen kannst, wie etwas gerade in Dir abläuft (zum Beispiel Gedanken, Konditionierungen, Glaubenssätze), wie Dinge zusammenhängen, wie und was passiert, wenn Du etwas manifestierst oder wenn Du etwas auflöst. Man kann sagen, der Verstand ist ein Erst-Helfer bzw. Diener des individuellen Bewusstseins, Deines Wahren Selbst.[20]

## Bewusstsein

Das Bewusstsein ist das, mit dem Du alles wahrnimmst, also der wahrnehmende Teil in Dir, was auch die eigentliche Bedeutung des Wortes ist: sich etwas bewusst zu sein (Bewusstsein: bewusst-sein). Das Bewusstsein existiert immer und es ist immer dasselbe – egal, in welchem Leben und unabhängig davon ob Du 5 oder 55 Jahre alt bist. Wir sind ewiges, reines, un-

18 Vgl. Wu, L./Lauer, N.: Praxisbuch Energiemedizin, München: Gräfe und Unzer Verlag 2015.

19 Vgl. Broers, D.: Metamorphose der Menschheit. Teil 3 der Trilogie, Unterlembach: Dieter Broers Verlag Ltd, 2018.

20 Inspiriert von Abuna Semai, 2019.

sterbliches Bewusstsein. Dieter Broers beschreibt es in seinem Buch »*Metamorphose der Menschheit*« so: »*Das Bewusstsein und die Seele sind unsterbliche Elemente, Teile des Kosmos*«; »*Je höher Dein Bewusstseinsstand, desto größer ist der Anteil Deiner Gedanken und Absichten, die die Schaffung der kollektiven Realität beeinflussen.*«[21] Laut Buddha hat das Bewusstsein 52 verschiedene Zustände beziehungsweise verschiedene Wahrnehmungen dieser (u.a. Träume, Sinneskanäle).

## Unterbewusstsein

> »*Die Erkenntnis, dass das Unterbewusstsein durch Gedanken gelenkt werden kann, ist vermutlich die größte Entdeckung aller Zeiten.*«
> (WILLIAM JAMES, 1842–1910) [22]

Im Unterbewusstsein ist alles abgespeichert, was Dir nicht bewusst ist. All die Dinge, die Du nicht weißt, die Dein Bewusstsein verfälschen, sind im Unterbewusstsein. Alle Konditionierungen, Glaubenssätze, all die Steine, die Du Dir selbst in der Vergangenheit in den Weg gelegt hast, also die Summe aller Konditionierungen, die Du nicht wahrnimmst, die Dein Bewusstsein verfälschen. Das Unterbewusstsein spielt sich unbewusst, das heißt, unter Deiner Wahrnehmungsschwelle, ab. Das Unterbewusstsein speichert alles ab, was wir je erfahren haben. Was uns nicht mehr bewusst ist, wird nicht gelöscht, sondern es wandert in das Archiv – in das Unterbewusstsein. Somit kann das Unterbewusstsein aber auch eine wahre Kraft sein, die man sich für seinen Erfolg zum Vertrauten machen sollte, indem man sich unvorteilhafter und blockierender Konditionierungen und Glaubenssätze bewusstwird und diese verändert.[23]

---

21 Broers, D.: Metamorphose der Menschheit. Teil 3 der Trilogie, Unterlembach: Dieter Broers Verlag Ltd, 2018, S. 180.

22 Übersetzung aus James, W.: »*La Notion de Conscience*«, in: Archives of Psychology 5 (1905), S. 1–12.

23 Eine Möglichkeit zur Befragung des Unterbewusstseins stellt das Pendeln dar.

Das Unterbewusstsein kennt kein »*nicht*« und kein »*kein*«. Es akzeptiert, was wir hören, sehen, denken, fühlen, erleben, ob es stimmt oder nicht. Vielleicht kennst Du das folgende kleine Gedanken-Experiment: »*Denke jetzt NICHT an einen rosa Elefanten*.«

Wem dieses Beispiel schon zu flach und verbraucht ist, der kann das Objekt durch jedes andere ersetzen, wie etwa: »*Denke jetzt NICHT an drei Kugeln Vanilleeis mit Erdbeersauce.*«

In all diesen Nicht-Sätzen ist es unmöglich, sich nicht auf das jeweilige Objekt zu fokussieren, denn, wie schon erwähnt: Das Unterbewusstsein kennt kein »*nicht*«.

## Das »Dritte Auge«

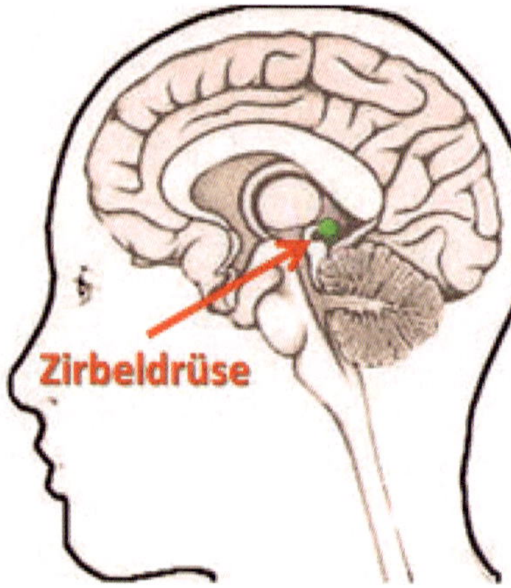


Das »*Dritte Auge*«[24] (in der Medizin Zirbeldrüse genannt) ist ein kleines Organ im Epithalamus (einem Teil des Zwischenhirns). Der Überlieferung nach ist das »*Dritte Auge*« unsere Verbindung zur geistigen Energie der Weisheit und Erkenntnis, die Verbindungsstelle zwischen Geist und Körper. Zu den Eigenschaften, die mit dem »*Dritte Auge*« in Verbindung stehen, zählen: gute Intuition, gute Menschenkenntnis (zum

24 Die Abbildung ist der folgenden Website entnommen: https://www.goldeneszeitalter.at/2015/11/22/die-zirbeldrüse.

Beispiel durch erhöhte Konzentration, besonders gutes Gedächtnis), starke Visualisierungsfähigkeit durch erhöhte Gedankenkraft und übersinnliche Wahrnehmungen. Ist das dritte Auge »*geöffnet*«, sollen Intuition, innere Führung, göttliche Inspiration, Präsenz, Klarheit, Hellsichtigkeit, Vorstellungskraft und Telepathie aktiviert sein. Ohne eine intakte Zirbeldrüsenfunktion reduzieren sich unsere Empfindungen und Emotionen auf die Ebene des reinen Verstandes.

Die von der Zirbeldrüse produzierten Neurotransmitter ermöglichen uns die Wahrnehmungen einer Bewusstseinserweiterung sowie einer echten Selbsterkenntnis. Tatsächlich besitzt die Zirbeldrüse die am höchsten konzentrierten Melatonin- und Serotoninvorräte im ganzen Körper.

Der Körper hat ca. 200 verschiedene, körpereigene Rhythmen, die zum großen Teil von der Zirbeldrüse orchestriert werden, damit eine gewisse Ordnung herrscht. Die Zirbeldrüse kalibriert, ist sozusagen der Dirigent aller Rhythmen. Sie kann zudem ganz schwache elektromagnetische Impulse empfangen, die zum Beispiel von der Sonne ausgestrahlt werden.

Bei Kindern, also jungen Menschen, funktioniert die Zirbeldrüse noch sehr gut, genügend Serotonin wird in Melatonin umgewandelt und somit ist der Zugang zur Intuition noch leichter, reiner und besser. Unsere Zirbeldrüse produziert normalerweise diejenigen Neurotransmitter, die eine Bewusstseinserweiterung beziehungsweise eine Selbsterkenntnis ermöglichen. Es gibt jedoch verschiedene Inhaltsstoffe, die unserer Zirbeldrüse schaden. Einer der Hauptfeinde ist Fluorid, das oft in Wasser, Salz, Mehl und den meisten Zahnpasten enthalten ist. Fluorid ist ein biologisch nicht abbaubares Umweltgift, welches noch bis 1945 offiziell als Giftstoff klassifiziert war. 1936 schrieb die Vereinigung der amerikanischen Dentisten: »*Fluorid mit einer Konzentration von 1 ppm (parts per million) ist genauso giftig wie Arsen und Blei.*«[25] Daher rate ich Dir, ab sofort nach und nach auf Fluorid zu verzichten, indem Du beginnst, flouridfreie Zahn-

25 Dean HT. Chronic endemic dental fluorosis, Joural of the American Dental Association, 1936; 107 (16): 1269–1273.

pasta und Steinsalz oder am besten naturbelassenes Kristallsalz zu verwenden, um wieder klareren Zugang zu Deiner Intuition und zu Deinen echten Herzimpulsen zu erlangen. Für alle Wissbegierigen hier empfehle ich »*Der Zirbeldrüsencode*« von Dieter Broes![26]

26 Vgl. https://dieter-broers.de/zirbeldruesen-code/.

# Kapitel 3: Wahrnehmung, Impuls, Instinkt, Intuition

Im nächsten Teil dieses Buches nehmen wir unsere Spezies genauer unter die Lupe. Unzählige Wahrnehmungen erleben wir Tag für Tag – welche verschiedenen Arten von Wahrnehmungen dabei zu unterscheiden sind und woher wir diese beziehen, darum geht es im Folgenden. Diese Betrachtung ist deshalb von großer Bedeutung, da, je nach Entstehungsort, diese entweder karmaproduzierend oder eben nicht karmaproduzierend sind. Der Intuition wird hier die größte Bedeutung zugemessen, denn: Intuitives Handeln produziert nämlich kein Karma! Bevor wir uns diesem und den verschiedenen Wahrnehmungen näher zuwenden, möchte ich kurz auf die Begriffe »*karmaproduzierend*« und »*nicht karmaproduzierend*« eingehen:

Karmaproduzierend bedeutet, dass Du durch Deine Gedanken, Emotionen und Handlungen, die nicht aus der Intuition stammen, Karma erschaffen hast, das heißt, dass Du in Zukunft wieder das ernten wirst, was Du gesät hast. Im Gegenzug, wenn Du kein Karma produzierst, also karmisch frei handelst, setzt Du dadurch keinen (Karma-)Samen, der zu einem späteren Zeitpunkt von Dir geerntet werden muss. Wichtig dabei ist noch zu erwähnen, dass sich Karma für Dich sowohl harmonisch wie auch unharmonisch auswirken kann. Wie diese Begriffe (Wahrnehmung, karmaproduzierend, karmisch frei, harmonisch, unharmonisch etc.) ineinandergreifen und welche tiefere Bedeutung sie haben, erfährst Du Schritt für Schritt zu Deinem besten Verständnis in den nächsten Kapiteln dieses Buches.

## Wahrnehmung

Eine Wahrnehmung ist ein Informationsgewinn, den wir sowohl von innen als auch von unserer Umwelt erhalten können. Alles, was wir mit unseren Sinnen erfahren, ist eine Wahrnehmung. Dies kann beispielsweise ein Erlebnis, eine Erfahrung, ein (Sinnes-)Eindruck oder eine Empfindung sein. Je nach Kontext können diese sowohl irdische, als auch feinstoffliche Wahrnehmungen sein.

Jede Wahrnehmung ist in Gefühlen gebadet. In Folge dessen fangen die meisten Menschen, die nicht nach spiritueller Entwicklung streben, jedoch an, diese Gefühle oder Wahrnehmungen zu bewerten. Und auf Basis der Energie, die in uns fließt, und wie wir diese aus unserem Falschen Selbst heraus bewerten, treffen wir dann leider gerne und zu oft eine karmaproduzierende Entscheidung.

Wenn Du etwa als Mann das Falsche Selbst nicht hättest und eine attraktive Frau erblickst, dann würdest Du bemerken, dass alles sehr harmonisch ist und Du würdest Dich motiviert fühlen, sie anzusprechen. Du würdest diesen harmonischen Energiefluss in Deinem Körper wahrnehmen und sie in der Folge auch wirklich ansprechen, weil die Elemente harmonisch angeordnet wären. Bei einem anderen Mann, der diese Flirtsituation zwischen der fremden Dame und Dir beobachten würde, würde sich das Falsche Selbst aktivieren, wodurch er einen Energiefluss des Neides verspüren und sich fragen würde: »*Warum kann ich das nicht auch?*«, und dadurch Karma produzieren würde.

Was es selbstverständlich auch noch zu beachten gilt, ist, dass es bei derselben Begebenheit schlussendlich von Mensch zu Mensch völlig individuelle Wahrnehmungen gibt. Denn ein jeder sieht aufgrund seiner Prägungen durch seine eigenen persönlichen Brillengläser. Er wählt selbst, durch welche Linse er durchsieht, durch welchen Blickwinkel er die Welt betrachtet, sodass schlussendlich völlig unterschiedliche Bewertungen und Sichtweisen aus ein und derselben Wahrnehmung zustandekommen. Eine Spinne z.B. ist für den einen ein netzbauendes, harmloses und sogar nützliches Tier, für jemand anderen wiederum kann es sogar ein furchteinflößendes Monster sein.

## Impuls

Ein Impuls ist jede Form eines »*Handlungs-Stupsers*«. Dieser kann sowohl vom Höheren als auch vom Niederen Selbst[27], aber auch vom Falschen Selbst kommen. Er dient dazu, Dich auf etwas aufmerksam zu machen und/oder zu einer Entscheidung oder Wahl zu führen. Ein Beispiel für diesen Handlungs-Stupser ist alltäglich auf Spielplätzen zu beobachten: Oft sind die Eltern eines Kindes dort mit anderen Eltern in tiefe Gespräche verwickelt, während der Nachwuchs fröhlich auf dem Spielplatz vor sich hin tollt. Neben Schaukeln und Rutschen steht hierbei natürlich das Ballspielen hoch im Kurs. Allzu oft gerät dieser Ball im Spielverlauf jedoch gefährlich nahe an stark befahrene Straßen. Wie durch ein »*Wunder*« spüren Eltern aber meist instinktiv schon vorher, dass so eine Situation droht, und eilen dem Kind noch im richtigen Moment zu Hilfe. Ursächlich hierfür ist in diesem Fall ein elterlicher Impuls aus der Intuition.

## Instinkt

Der Begriff »*Instinkt*« geht auf das lateinische Wort instinctus zurück und bedeutet so viel wie »*Eingebung, Anreiz, Antrieb*«. Umgangssprachlich wird die Bezeichnung heute oft im übertragenen Sinne für »*ein sicheres Gefühl bei einer Entscheidung*« verwendet und bezeichnet Verhaltensweisen des Menschen, die ohne reflektierte Kontrolle ablaufen.

Luther Lee Bernard, ein US-amerikanischer Soziologe und Sozialpsychologe, stellte 1926 einen Katalog der in der Literatur gefundenen Instinkte zusammen – mit unglaublichen 5684 verschiedenen Instinkten.[28] Instinkte sind beim Menschen jedoch weitgehend durch erworbene Lernvorgänge sowie durch Erfahrungen aus Objektbeziehungen überlagert. So ist ein Instinkt in der Regel zum großen Teil konditioniert: In ihm sind alle Fehl-Ansichten über die Welt gespeichert, alle Einfärbungen der inneren Brillengläser, alle

27 Siehe dazu im Folgenden unter »*Intuition*«.

28 Vgl. Bernard, L. L.: Instinct. A Study in Social Psychology, New York: Henry Holt & Co 1926.

Flecken, Generalisierungen, Verzerrungen und Tilgungen. Einmal aktiviert, zum Beispiel durch eine Begebenheit, führt er näherungsweise automatisch zu einer Fehl-Sicht des aktuell Geschehenen und den dazu passenden Emotionen und Gefühlen.

So könnte beispielsweise der Instinkt bei einigen Menschen sein, bei Grün den Zebrastreifen überqueren zu können, und sie tun dies, ohne vorher noch einmal zu überprüfen, ob auch wirklich alle Autos den Bremsvorgang einleiten.

## Intuition

> *»Intuition ist die Kommunikation vom Höheren oder Niederen Selbst mit Dir.«*
> (ABUNA SEMAI)

Auch wenn Du Dir dieser bis jetzt noch nicht gewahr warst, lieber Leser, in Dir existiert seit Anbeginn Deiner Existenz eine subtile göttliche Fähigkeit, die Dir immer den optimalsten, herzbasierten Weg aufzeigt, jener, der Dich stets auf dem Weg zu Deinem höchsten Potential führt, nämlich: die Intuition. Die Intuition ist eine der größten Gottesgaben, die wir Menschen besitzen, und so etwas wie das Sprachrohr Deines Herzens. Intuitives Handeln produziert kein Karma, weil Du nicht selbst der Handelnde bist, sondern Du durch Dein Höheres oder Niederes Selbst geführt wirst. Deshalb bedarf die Intuition in diesem Buch auch eines ordentlichen Platzes. Der Ursprung des Wortes »*Intuition*« ist das lateinische Verb »*intueri*«, das in der Regel mit »*nach innen schauen*« oder »*betrachten*« übersetzt wird. Albert Einstein sagte Folgendes dazu:

> *»Der intuitive Geist ist ein Geschenk und der rationale Geist sein Diener. Wir haben eine Gesellschaft erfunden,die den Diener ehrt und das Geschenk vergessen hat.«*
> (ALBERT EINSTEIN, 1879–1955)

Philip Goldberg, ein Intuitionsforscher, ging sogar so weit zu behaupten:

> *»Intuition ist alles.«*
> (PHILIP GOLDBERG, *1944)

Intuition ist (unter anderem) gefühltes Wissen, Wissen, das uns aus unserer grenzenlosen kosmischen Datenbank zufließt, »*ein unerwarteter Einfall*«. Plötzlich ist sie da, so kristallklar wie ein Bergsee am frühen Morgen. Intuition dient uns unter anderem als eine Art Überlebensfunktion – eine natürliche geistige Fähigkeit eines jeden Menschen, die uns Orientierung in der Umwelt verschafft. Sie schlägt für uns eine Brücke zwischen den Schein-Selbsten des Egos (des Falschen Selbst), das wir als »*ICH*« bezeichnen und unserem wahren Sein: dem »*Selbst*«. Intuition ist eine reine Sinnesfunktion, gleich dem Seh-, Hör- und Tastsinn. Für die meisten Menschen ist Intuition reines Wissen, ohne dass sie dabei erklären können, woher dieses Wissen eigentlich kommt, etwas Übersinnliches oder eine Art mystische Eingebung fernab von Logik und Analye. So kann es sein, dass Dich etwas ganz subtil, aber bewusst, zu etwas treibt, etwa etwas zu sagen oder so zu handeln, auch wenn dies momentan jetzt total unangebracht oder unlogisch erscheint; gleichzeitig kannst Du Dir aber nicht erklären, woher dieses Dir nun zugängliche Wissen kommt, und am Ende stellte sich heraus, dass sich dieser eingeschlagene Weg als goldrichtig erwies.

*Jede Antwort auf alle Fragen, die wir uns stellen, ist schon seit jeher in uns. Es muss uns nur gelingen, den Geist zu beruhigen, und in die vollkommene innere Ruhe, in diese edle Stille zu kommen, die die unabdingbare Basis dafür ist, um die feinen intuitiven Nuancen wahrnehmen zu können. Dann, wenn aller Lärm sich gelegt hat, und Du erwartungslos empfangsbereit bist, kannst Du das leise Flüstern Deines Herzens wahrnehmen, jene »Informationsbrise« aus der höchsten Quelle in Dir, Deinem »Wahren Selbst«.*

*Intuition erfährt man meistens, nachdem man weiß, dass man alles getan hat, im Zustand des Loslassens, der inne-*

*ren Ruhe, und in dem Moment, indem man nichts erwartet. Es zieht Dich zum Beispiel an einen ganz bestimmten Platz, ohne dass Du weißt, warum. Den wahren Grund erfährst Du dann meist direkt dort.*

Echte Intuitions-Vorbilder waren die Polynesier. Sie gelten als die wohl besten Seefahrer unserer Vorzeit. Sie segelten in den Jahren zwischen 1 und 600 n. Chr. zielgenau auf winzigen Kanus ohne jegliche Hilfsmittel auf unbekannten und unerforschten Meeren zu ihren Bestimmungsorten. Das wurde – obschon sie sich auch an einigen anderen Quellen, wie etwa an bestimmten Wolkenformationen, dem Wellengang oder den Sternen, orientierten – vor allem durch ihre Intuition möglich, die ihr Hauptinstrument darstellte. Sie hatten dieses feine Gespür dafür, ob Land in ihrer Reiserichtung lag. Für die meisten von uns wäre es heute undenkbar, nur der Natur zu folgen, aber als Orientierung lediglich der Intuition zu folgen, verschiebt das Gros der Bevölkerung gar ins Reich der Fantasterei.

*»Beruhige Deinen Geist und Deine Seele wird zu Dir sprechen«*
(TRACY KENNEDY, *1963)

Diese Gabe trägt jeder Mensch in sich, jeder besitzt die Fähigkeit, auf sein direktes Wissen aus der höchsten Quelle zu zugreifen. So ist es dennoch erstaunlich, dass heutzutage so viele Menschen in so einem geringen Maße auf ihre Gottesgabe der Intuition hören, geschweige denn ihr folgen. Der moderne Mensch hat so gut wie keinen Zugang mehr zur Intuition und versucht, die Lösung von Herausforderungen immer häufiger im Außen zu suchen. Oft überdeckt der Lärm der Außenwelt den subtilen Klang unserer Innenwelt, die uns die richtigen Hinweise in unser inneres Ohr flüstern möchte. Zu häufig wird unser Sechster Sinn (Intuition) von den anderen fünf Sinnen verdrängt. Nur zu oft lassen wir uns von äußeren Faktoren, sei es Freunde, Familie, Gruppenzwang, gesellschaftlichen Normen, Glaubensmustern, Konditionierungen, fremdsteuern oder beeinflussen. Vielleicht hast auch Du schon einen unharmonischen Abend in scheinbar stimmigem Ambiente verbracht, da Du nicht auf Deine Intuation gehört hast, als Du diesen Raum betratst, in dem zwar alles optisch perfekt und wunderschön aussah und Du dennoch wahrnehmen konntest, dass etwas für Dich nicht ganz stimmig ist oder Du Dich hier fehl am Platz fühlst.

Wir haben gelernt, uns unseren Weg durchs Leben zu denken und verlernt, aus unserem Bauch heraus zu fühlen.

Die meisten Menschen denken fast ausschließlich nur rational, obwohl mit dem Verstand niemals jenes kristallklare und wahrhaftiges Wissen erreicht werden kann – dies gelingt nur mit unserer einzigartigen, göttlichen Gabe der Intuition.

***Spiritueller Impuls:*** Weisheit wurde durch Wissen ersetzt und Wissen durch Information.

*»Um im Leben die richtigen Entscheidungen zu treffen, musst Du in Kontakt mit Deiner Seele sein. Um dies zu tun, musst Du die Erfahrung der Einsamkeit erleben, wovor die meisten Menschen Angst haben, denn in der Stille hörst Du die Wahrheit und erkennst die Lösungen.«*

(UNBEKANNT)

Laut Abuna Semai müssen folgende Aspekte vorhanden sein, um von Intuition sprechen zu können:

- mental klärend
- muster-erkennend
- klarstellend in allen Bereichen
- geistklärend
- bewusstmachend
- emotional erhebend, freudvoll, friedvoll, liebevoll, fließend verbindend
- physisch kräftigend, energiegebend, kraftgebend, kraftbewahrend
- herzöffnend (ganz wichtig!)
- zeitlos (denn nach einer Wahrnehmung verstreicht keine Zeit)
- ein sogenanntes »*Aha-Erlebnis*«

- etwas, das nur von innen kommt (oft aber können äußere »*Zufälle*«, u.a. Bilder, Farben, Gerüche, Geschmäcker, Töne, Symbole, Zeichen, Hinweise geben, dem Erkennen intuitiver Impulse auf die Sprünge zu helfen.)

Intuitionen können auch Stoppsignale sein, um Dich vor etwas zu schützen. Intuition (vom Höheren Selbst) wird Dich auch nicht »*zutexten*«, sondern nur auf eine innere Frage hinweisen oder in für Dich besonders bedeutsamen Situationen von selbst auftreten. Wie schon erwähnt, ist Intuition nach einer Wahrnehmung immer sofort da und braucht keine Zeit – alles, was danach kommt (zum Beispiel bereits nach einer Sekunde), stammt nicht aus der Intuition.

**Ein Beispiel zur Differenzierung und zum besseren Verständnis:**

Wenn Dir zum Beispiel jemand ein Angebot oder einen Vorschlag macht und Du währenddessen und unmittelbar, nachdem dieser Mensch seinen Satz fertig gesprochen hat, zum Beispiel ein harmonisches Gefühl wahrnimmst und alle oben genannten Ebenen übereinstimmen, kannst Du sicher sein, dass dieser Impuls aus Deiner Intuition und damit vom Niederen Selbst stammt. Dem zu folgen, ist somit die richtige Entscheidung. Würdest Du Dir aber beispielsweise noch Bedenkzeit erbitten, um alles abzuwägen, um Freunde nach ihrer Einschätzung zu fragen, und Du dabei immer mehr zweifeln und unharmonischere Emotionen wahrnehmen, kannst Du Dir ziemlich sicher sein, dass diese Wahrnehmungen vom Falschen Selbst kommen, um Dich in die Irre zu führen. Würdest Du, wie schon erwähnt, dem ersten Impuls folgen, auch wenn dieser anfangs augenscheinlich vielleicht nicht als die beste Wahl erscheint, so ist es dennoch die richtige Entscheidung, die Dich letztlich Deinem Herzensweg näherbringt und dessen Erfüllung dienlich sein wird. Intuition ist Deine sichere innere Führung, die Dir immer Deinen wahrhaftigen authentischen Weg in die richtige Richtung zu Deinem höchsten Potential, Deinem herzbasierten Weg zeigt. Dieser muss deswegen allerdings nicht immer zwingend der einfachste sein. Ignorierst Du Deine Intuition öfters, dann stellst Du jedes Mal das Ego (Fasches Selbst) über Dein wahres Sein und Deinen Herzensweg, die Konsequenzen dessen sind Disharmonien im gesundheitlichen, sowie im zwischenmenschlichen und alltäglichen Leben.

***Spiritueller Impuls:*** Um nicht in die Irre zu leiten, liegt es mir noch am Herzen, zu betonen, dass es sich ausschließlich dann um eine saubere Intuition handelt, wenn alle Punkte der Aufzählung auf S. 47 gleichzeitig vorhanden sind! So kann es sein, dass alle Ebenen passen, die Eingebung aber herzlos ist, oder dass nach einer Wahrnehmung ein paar Sekunden verstreichen. In diesen Fällen hat sich auf genau dieser Ebene noch heimlich das Falsche Selbst eingemischt.

Um es noch einmal zu sagen: Intuition ist unter anderem ein Bauchgefühl (Niederes Selbst) oder ein kurzer Hinweis aus Deiner leisen inneren Stimme (Höheres Selbst)! Doch auch wenn wir laut Einstein das Geschenk der Intuition vergessen haben, ist das Gute, dass dies kein unumkehrbarer Prozess ist, sondern wir sie nicht nur für uns wiederentdecken, sondern auch trainieren bzw. entwickeln können. Denn jeder von uns hat trotz dessen diese riesige innere unerschöpfliche Bibliothek in sich.

## Intuitions-Training

Die subtile Fähigkeit der intuitiven Wahrnehmungen, also die plötzliche Lösung aus dem Nichts, wie sie Einstein nannte, sind für jeden Menschen wieder entwickel- und trainierbar, vergleichbar mit einem Muskel. Intuition kann gefördert werden, um sie eher erkennen bzw. wahrnehmen zu können. Je öfter Du Dich entscheidest, der Energie der Intuition zu folgen und somit die Richtung Deines Herzensweges einzuschlagen, desto besser kannst Du diese auch zukünftig wahrnehmen. Wenn Du immer den gleichen Pfad wählst, wird es Dir leichter fallen, intuitiv zu handeln. Wenn Du Dich jedoch oft gegen die Intuition entscheidest und auf das Falsche Selbst hörst und ihm folgst, wird die Intuition immer vernebelter und dadurch schwerer wahrnehmbar. Unsere Intuition zu ignorieren, würde bedeuten, unser tiefstes Wissen zu ignorieren. Um Deinen spirituellen, intuitiven Muskel zu trainieren, gebe ich Dir noch einen wichtigen Tipp mit auf den Weg:

Wenn Du während eines Gespräches mit einem Menschen den Impuls wahrnimmst, dass dieser nicht die Wahrheit spricht, dann solltest Du Deiner Intuition vertrauen und dies diesem Menschen mitteilen. Sag ihm, dass Du ihm oder ihr keinen Glauben schenkst, in etwa mit: »*Stopp! Ich will mir diese Unwahrheiten nicht länger anhören.*« Wenn Du das allerdings nicht aussprichst, oder zumindest des Öfteren nicht machst, dann würdest Du die Wahrheit betrügen. Du würdest die Intuition betäuben und die Folge davon wäre, dass Du dann keine genauen Anweisungen mehr von Deiner Intuition bekommen würdest, oder zumindest diese nicht mehr oder nur noch schwer wahrnehmen könntest.

Neueste Forschungen über Intuition und das Herz zeigen, dass letzteres eine dynamische, verbindende und kreative Intelligenz hat. Je mehr wir unsere Angst vor dem Schmerz in unserem Herzen loslassen und aus der Weisheit unseres Herzens leben, desto mehr kann Intuition wachsen. Howard Martin, Co-Autor von »*Heart Intelligence*« (Herzintelligenz), sagt, dass unsere Gedanken und Gefühle die Chemie beeinflussen, die unsere Gesundheit reguliert:

»*Die Herzintelligenz verbindet das physische Herz mit dem spirituellen (energetischen) Herzen. Aufgrund der umfassenden Kommunikation mit dem Gehirn und dem Körper ist unser Herz eng damit verbunden, wie wir denken, fühlen und auf die Welt reagieren.*«[29]

Das HeartMath Institut[30] erforscht die Rolle des Herzens bei der Verarbeitung und Dekodierung intuitiver Informationen. Die Forschung der Institutswissenschaftler zeigt seit 1991 in mehreren Experimenten, dass das Herz der Mittelpunkt unserer instinktiven und intuitiven Natur ist.

---

29 Siehe https://www.heartmath.com/howard/.

30 Vgl. https://www.heartmath.org/research/.

**Weitere spirituelle Life Hacks, mit denen Du am wirksamsten lernst, Deine Intuition mehr wahrzunehmen:**
Auch wenn es für Dich erst mal schwer vorstellbar ist, aber Du trägst alles Wissen, alle Antworten auf all Deine Fragen schon seit jeher in Dir. Das Zentrum dieses Wissensschatzes ist nicht außerhalb zu finden, sondern ist schon seit Anbeginn Deiner Existenz in Dir. Darum handelt es sich bei der leisen, inneren Stimme (Hohes Selbst) um unsere sicherste und wertvollste Informationsquelle. Wie wir diese dazu bringen, wieder mit uns zu kommunizieren, um an Informationen zu gelangen, die zu unserer Bestimmung auf der Erde, zu unserem Seelenplan führen, zeige ich Dir im Folgenden:

1. Übung: Die Intuitions-Frage

Eine mehr als zehnjährige Forschung von Gail Ferguson ergab, dass die sogenannte richtige Fragestellung den Übenden in den Intuitionskanal bringt. Die richtige Frage lautet: »*Was weiß ich über...?*« Führe dazu bitte die Anweisung jetzt durch:

Setz Dich so aufrecht wie möglich auf einen Stuhl, sodass Deine Wirbelsäule gerade ist. Komme dann in die Stille, indem Du Deine Augen schließt. Atme mehrmals tief durch Deine Nase ein und durch Deinen Mund wieder aus und entspanne Dich immer mehr. Richte Deine Aufmerksamkeit nach innen. Stelle Dir nun eine vorbereitete Frage, wie beispielsweise: »*Was weiß ich über meine Zukunft?*« Zur Konzentration kannst Du die Frage mehrmals wiederholen, insbesondere dann, wenn Deine Gedanken abgeglitten sind. Lenke Deine ganze Aufmerksamkeit, wie einen Lichtstrahl, immer wieder auf diese Frage. Sei dabei empfangsbereit wie ein offenes, leeres »*Gefäß*«, um die intuitiven Informationen aufzunehmen. Diese kommen ausschließlich von selbst und können nicht willentlich herbeigeführt oder gar erzwungen werden. Willentlich kannst Du nur die Frage stellen und Deine gesamte Aufmerksamkeit auf die Frage lenken. Der Rest kommt wenn dann nur von selbst. Warte zunächst noch ab und gib Dir selbst noch ein wenig Zeit, die Antworten nachwirken zu lassen, um sie im Anschluss aufzuschreiben.

Wenn die Antworten Überraschung oder Verwirrung auslösen, ist die Wahrscheinlichkeit groß, dass es sich dabei um intuitive Informationen handelt. So überraschte mich vor Jahren die innere Einsicht, dass ich mich schon bald nicht mehr mit der Flirt-Wissenschaft beschäftigen, sondern ganz allein nach spirituellen Erkenntnissen streben würde.

1. Übung: Münz-Werf-Technik

Du kennst sicherlich den Moment, in dem Du aus einem bestimmten Anlass schnell eine Entscheidung treffen musst. Du hast schon alles Dir Erdenkliche abgewogen, aber schaffst es dennoch nicht, Dich zu entscheiden, weil Du Dir nicht sicher bist, was die richtige Entscheidung wäre. Deshalb bräuchtest Du sofort, dringend, einen Impuls aus Deiner Intuition, die Dir aber, aus welchen Gründen auch immer (zum Beispiel durch Stress, Furcht, Angst, usw.) den Dienst verweigert und jetzt einfach nicht mit Dir kommunizieren will. Für diese missliche Situation habe ich, um sie doch noch zu Deinen Gunsten und erfolgreich abzuschließen, einen großartigen Tipp, der mir schon des Öfteren sehr behilflich war und auch Dir bei schnellen, unausweichlichen Entscheidungen sehr dienlich sein kann. Versuche mit der folgenden Technik, Deine Intuition aus Dir herauszukitzeln:

Wirf eine Münze: Kopf oder Zahl. Du kennst das sicherlich. Bei Kopf entscheidest Du Dich für Variante 1, die Du zuvor festgelegt hast, und bei Zahl für die zweite übrigbleibende Option. Und hier kommt Deine Intuition ins Spiel: Wenn Du jetzt die Münze hochwirfst, noch während die Münze durch die Luft fliegt, passiert es plötzlich: Auf einmal, noch während sich die Münze in der Luft befindet, nimmst Du wahr, welches Ergebnis (sprich welche Seite der Münze) Du bevorzugst, es ist Dir plötzlich ganz klar freudvoll bewusst, dass Dir lieber wäre, dass die Münze eben nur auf jene bestimmte Seite fällt, weil Dir eben diese Variante mehr zusagt, für Dich stimmiger ist. Dies ist der Moment, in dem Du Deine Intuition ungefiltert wahrnimmst, Du Deine bevorzugte Wahl jetzt erkennst.

***Spiritueller Impuls:*** Aus eigener, ausgiebiger Erfahrung weiß ich auch, dass es ebenso ein guter Rat ist, sich Informationen aus der eigenen Intuition unmittelbar zu notieren, ehe man diese vergisst – mögen diese auch erst mal keinen Sinn ergeben. Halte daher immer Stift und Zettel auf Deinem Nachttisch bereit, um Dir Deine intuitiven Einfälle, die bei der Einschlafphase recht häufig auftreten, notieren zu können.

**Ein Forschungsbeleg zur Kraft der Intuition:**
Der niederländische Psychologe Ap Dijksterhuis führte im Jahre 2004 mit Studenten ein spannendes Kunstdruck-Experiment durch.[31] Hierbei sollten drei Studentengruppen Kunstdrucke nach deren Darbietung auf unterschiedliche Art und Weise bewerten. Gruppe Eins listete ganz rational Pro- und Kontra-Aspekte der Motive auf. Gruppe Zwei sollte sich ganz spontan für ihr favorisiertes Poster entscheiden. Der dritten Gruppe wurden die Poster nur kurz dargeboten, dann wurden die Versuchsteilnehmer dieser Gruppe abgelenkt und mussten dennoch direkt im Anschluss ihr Lieblingsbild bestimmen.

Alle drei Gruppen durften ihren Lieblingskunstdruck nach dem Experiment behalten. Einige Wochen später erhielten die Studenten überraschend Anrufe von den Forschern, welche sie nach ihrer Zufriedenheit mit den von ihnen ausgewählten Drucken befragten. Die Antworten ergaben folgendes Meinungsbild: Wer sein Traumbild auf Basis der Pro- und Kontra-Liste erkor, war damit mehrheitlich unzufrieden; die Spontanentscheider waren hingegen durchaus glücklich mit ihrer Entscheidung – mit Abstand aber am glücklichsten mit ihrem Poster waren die Abgelenkten. Die Forscher schlussfolgerten, dass bei dieser Gruppe die Intuition für die Bewertung zuständig war. Demnach war deren (intuitive) Bewertungsfähigkeit so stark, dass sie in Folge die beste Entscheidung trafen.

31 Diese Studie knüpft an die ersten Ergebnisse von Jonathan Schooler an (der dieses Experiment zuvor mit nur zwei Gruppen durchführte – mit Spontanentscheidern und rational Abwägenden). Vgl. Dijksterhuis, A./van Olden, Z.: »*On the Benefits of Thinking Unconsciously: Unconscious Thought Increases Post-Choice Satisfaction.*«, in: Journal of Experimental Social Psychology 42 (2006), S. 627–631.

Nachdem Dir in diesem Abschnitt die Macht der Intuition bewusst geworden ist, sollst Du nun auch erfahren, welche Instanzen in Dir Deine Intuition erzeugen: Das Hohe sowie das Niedere Selbst.

## Das Hohe Selbst

Zur Begriffsbedeutung vom Hohen/Höheren/Höchsten Selbst: Es gibt verschiedene Hohe Selbste. Je älter das Selbst ist, desto höher ist es und desto mehr weiß es. Das älteste Selbst weiß daher am meisten und wird als das HÖCHSTE SELBST bezeichnet.

Diese Hohen Selbste unterscheiden sich also (lediglich) nach dem Grad ihres Wissens, ihrer Erfahrung, sind aber im Grunde genommen alle gleich. Man könnte diese drei Begriffe mit drei Brüdern vergleichen, von denen der älteste das Höchste Selbst darstellt, der mittlere das Höhere Selbst und der jüngste das Hohe Selbst. Im Folgenden wird daher nur noch vom Hohen Selbst gesprochen.

Das Hohe Selbst[32]: Es ist jener Anteil von Dir, der schon vorher weiß, was passieren wird. Das Hohe Selbst ist dazu da, Dir durch Intuition Informationen zu geben, wenn Du nicht komplett »in Deiner Mitte« bist. Vergleichbar wäre es mit dem Verhältnis von Vater und Sohn: Der Vater hat den Überblick, er kennt schon die Folgen bestimmter Situationen, die das Kind aber noch nicht weiß.

Das Hohe Selbst wird im christlichen Kontext auch die Stimme Gottes genannt und wirkt durch die mentale Ebene, indem es Dir durch Geistesblitze, Sätze, Eindrücke oder Bilder sagt, was es zu tun oder was es zu lassen gilt. Diese Mitteilungen erhältst Du unmittelbar und ohne zeitliche Verzögerung, so geschah es auch auf einer meiner Reisen: Im Februar 2017 reiste ich zum Paragliden nach Kapstadt in Südafrika. Dort war ich am letzten Abend vor dem Rückflug nach Hause schon auf dem Weg zum Abendessen in einem anderen Viertel, als mir eine Stimme im Kopf auf

32 In der Psychologie wird es auch als »*das Überbewusstsein*« bezeichnet.

einmal sagte: »*Lass Deinen Reisepass und Dein Flugticket so kurz vor Deinem Abflug lieber im Hotel!*« Gut, dass ich nach dieser Eingebung handelte, die mich noch einmal umkehren ließ, denn am Ende dieses Abends wurde ich das erste (und bisher einzige) Mal in meinem Leben ausgeraubt. Am nächsten Tag wäre ich ohne meinen Reisepass nicht nach Hause gekommen. So war zwar mein Geld weg, aber sonst war mir nichts passiert und ich konnte am nächsten Tag die Heimreise antreten.

> *»Mein Gehirn ist nur [der] Empfänger. Im Universum gibt es eine zentrale Stelle, aus der wir Wissen, Weisheit und Inspiration erhalten!«*
> (NIKOLA TESLA, 1856–1943)

## Das Niedere Selbst

Wichtig für das generelle Verständnis ist, dass das »*Hohe*« und das »*Niedere*« Selbst keine Wertung bedeuten! Der gewählte Wortlaut »*Hohes*« und »*Niederes*« Selbst meint also nicht etwa ein »*besser*« oder »*schlechter*«.

Das Niedere Selbst arbeitet im Unterschied zum Hohen Selbst nicht auf der mentalen Ebene, sondern mit Gefühlen, durch die es Dir vermittelt, was es zu tun oder was es zu lassen gilt. Es ist das, was wir »*Bauchgefühl*« nennen. Wichtig an dieser Stelle ist, dass das Bauchgefühl hier nicht als Synonym von Intuition zu verstehen ist (wie es ein Großteil der Bevölkerung tut). Zwar ist ein Bauchgefühl eine Art Intuition, aber eine Intuition ist nicht nur ein Bauchgefühl, sondern mehr, denn Intuition ist unmittelbares, nicht auf reflektierendes Denken gegründetes Erkennen. Folglich kann sich diese körperlich gesehen auch im Kopf bilden. (In diesem Fall wäre die intuitive Eingebung eine mentale und würde somit aus dem Hohen Selbst stammen). Ein wichtiges Kriterium ist, dass das Bauchgefühl aus dem Niederen Selbst (sowie auch ein intuitiver Impuls aus dem Hohen Selbst) auch immer unmittelbar nach einer Wahrnehmung eintritt. Alle Emotionen, die erst zu einem späteren Zeitpunkt eintreten, sind auf das »*Falsche Selbst*« zurückzuführen, also nicht auf

Intuitionen. Bleibt man bei der Metapher, dass das Hohe Selbst den wissenden Vater repräsentiert, so ist das Niedere Selbst die weise Mutter, und beide zusammen fungieren als das Ältere Selbst.

Ein Beispiel für eine der wichtigsten Intuitionen in meinem Leben ist die Entstehungsgeschichte dieses Buches. Ich war eigentlich mitten im Schreibprozess eines Buches über Glücksforschung und Lebensfreude und verfasste dafür auch am Ende noch ein Kapitel zum Thema Karma. Beim Schreiben dieses Kapitels erhielt ich einen Impuls meiner Lektorin und daraufhin sagte mir mein intuitives Bauchgefühl klar und deutlich: »*Walter, da ist noch viel mehr zu lernen – Du musst Karma- und Glücksforscher werden und ein Buch zu diesem Thema verfassen!*«

***Spiritueller Impuls:*** Intuition kann man über zwei Kanäle wahrnehmen: vom Höheren Selbst, wie durch einen Geistesblitz, oder vom Niederen Selbst, in Form eines Bauchgefühls. Diese beiden Selbste bedienen sich wiederum aus dem Wahren SELBST für alle Informationen (Seele). Darum gilt: Je mehr Du Dich mit Deinem ICH dem SELBST näherst, desto geringer wird auch der Abstand zueinander, infolgedessen benötigst Du dann auch immer weniger Informationen aus der Intuition, da Du dann immer mehr direkt ohne Umwege Zugang zu allen Informationen hast.

# Kapitel 4: Unsere Gedanken

Unsere Gedankenenergie ist in ständiger Bewegung und hat eine enorme Kraft. Welche dies ist und wie diese mit unserer inneren Stimme, mit Glaubenssätzen und Konditionierungen und unseren Wünschen mit der Karma-Lehre zu tun hat, wirst Du in den nächsten Seiten verstehen lernen.

## Unsere Gedanken – unser Denken

> *»Die Kraft der Gedanken ist unsichtbar wie der Same, aus dem ein riesiger Baum erwächst, sie ist aber der Ursprung für die sichtbaren Veränderungen im Leben des Menschen.«*
> (Leon Tolstoi, 1828–1910)

Da Gedanken, Handlungen und die daraus produzierten, ausgesendeten Emotionen die Ursachen des Karma-Erschaffens sind (wie schon im Kapitel zuvor erläutert), werde ich an dieser Stelle noch tiefer und genauer auf die Entstehung dieser und deren Wechselwirkungen eingehen. Ein wichtiger Aspekt hierbei ist, wie man Glaubenssätzen und Konditionierungen auf die Schliche kommt und wie man diese positiv für sich nutzen kann.

> *»Gedanken mit Bewertung sind eine Form von Energie, die Wirklichkeit schafft.«*
> (Walter Baumgartner)

Vieles, was Du in diesem Buch liest, stimmt nicht immer mit der Sicht der heutigen Populärwissenschaft überein – dies hast Du sicherlich bereits bemerkt. Interessant wird es aber dann, wenn ich Dir aufzeige, dass viele wissenschaftliche Theorien, die heute in den Köpfen der Otto-Normal-Bevölkerung vorherrschen, schlichtweg falsch sind. Lass mich Dir dazu drei Beispiele geben:

Haben Dir Deine Eltern auch immer wieder glaubhaft versichert, dass Du unbedingt Deinen Spinat aufessen musst, weil dieser einen besonders hohen Eisengehalt aufweist? Neue Forschungen haben jedoch ergeben, dass sich die Wissenschaftler vor rund 100 Jahren um eine Kommastelle verrechnet haben und Spinat 10 mg weniger Eisen enthält, als von der breiten Bevölkerung angenommen.[33] Solche Datenfehler machen übrigens selbst vor Nobelpreisträgern nicht halt. So haben 2013 Forscher von der Universität von Massachusetts in den Vereinigten Staaten die Hypothese der Nobelpreisträger Rogoff und Reinhart widerlegt, dass es bei einem staatlichen Haushalt eine magische Verschuldungsgrenze gäbe, deren Überschreiten zu erheblich verlangsamtem Wirtschaftswachstum führen würde. Während die EU-Politiker bei diversen, anderen Euro-Staaten auferlegten Sparprogrammen exakt dieser Theorie folgten, haben die Forscher nun errechnet, dass die Nobelpreisträger verschiedene, wissenschaftlich nicht hinnehmbare Datenverarbeitungsfehler machten. Das weltweit angesehene Fachjournal »*Nature*« hat ebenso aufgedeckt, dass viele Arbeiten, inklusive den darin enthaltenen Fehlern von anderen Autoren, einfach übernommen und veröffentlicht wurden, ohne diese zu prüfen.[34] Wenn dann eine genügende Anzahl von Autoren das Gleiche veröffentlicht, wird dies als Tatsache und als Stand der Wissenschaft abgesegnet, frei nach dem Motto: Es muss schon der Wahrheit entsprechen, wenn doch so viele das sagen. Ich möchte daher hiermit betonen, dass zum einen Informationen dadurch nicht wahrer werden, nur weil sie öfter wiederholt werden, und zum anderen, dass Wissenschaft nicht immer ohne Weiteres als der Weisheit letzter Schluss angesehen werden kann.

Diese nicht immer richtigen Annahmen der Wissenschaft zeigen meiner Meinung nach deutlich auf, dass

---

33 Vgl. etwa http://www.zeit.de/stimmts/1997/1997_41_stimmts oder http:// www.spiegel.de/wirtschaft/panne-mit-excel-tabelle-rogoff-und-reinhart-haben-sich-verrechnet-a-894893.html.

34 Vgl. hierzu https://www.welt.de/print/wams/wissen/article126613215/Falsche-Forscher.html.

wahre Erkenntnisse aus der Bewusstseinsforschung über der Wissenschaft und ihren Bildungseinrichtungen stehen können und deshalb beschäftige ich mich in diesem Buch ausschließlich mit diesen. Erfahrungsgemäß, wie oben aus der Spinat-Studie ersichtlich wurde, dauert es Jahrzehnte, bis sich umwälzende wissenschaftliche Erkenntnisse durchsetzen und ihre Wahrhaftigkeit allgemein akzeptiert wird. Denn nicht der hat Vorteile im Leben, der am meistes weiß, sondern der, der das Richtige weiß!

Aus niederen Beweggründen werden ihre Entdeckungen immer wieder unterdrückt, indem sie durch Desinformation entstellt oder diskreditiert wurden. Außerdem wagen sich viele Wissenschaftler erst gar nicht, das öffentlich auszusprechen, wovon sie oft schon längst wissen, wie es wirklich ist, weil sie sonst um ihren Job an einer Universität, an den sie gebunden sind, bangen müssten.

Wie dem auch sei, Karma beschäftigt sich hingegen immer mit den Dingen, die hinter der vermeintlich sichtbaren Welt liegen und ist deswegen auch jahrhundertelang abgewertet oder ins Reich der Esoterik verbannt worden.

Max Planck, ein bedeutender deutscher Physiker auf dem Gebiet der theoretischen Physik, bekräftigte diese Ansichten schon vor über 100 Jahren mit seinem Ausspruch:

> *»Irrlehren der Wissenschaft brauchen 50 Jahre, bis sie durch neue Erkenntnisse abgelöst werden, weil nicht nur die alten Professoren, sondern auch ihre Schüler aussterben müssen.«*
> (MAX PLANCK, 1858–1947)

Nach dieser kurzen, aber wichtigen Einführung, wie Wissenschaft in einigen Fällen unser Denken mit falschen Thesen beeinflusst, widmen wir uns dem eigentlichen Thema dieses Kapitels, nämlich, wie unsere Gedanken entstehen.

> *»Du bist dort, wo Deine Gedanken sind. Sieh zu, dass Deine Gedanken da sind, wo Du sein möchtest.«*
> (RABBI NACHMAN VON BARTZLAW, 1772–1810)

Hast Du Dir nicht auch schon einmal die Frage gestellt, weshalb schon früh morgens, bereits kurz nach Deinem Aufstehen und in der Zeit, in der Du am liebsten Dein Frühstück in aller Ruhe genießen würdest, unzählige Gedanken in Deinem Kopf kreisen? Welche wichtigen ToDo's hast Du heute noch auf der Arbeit zu erledigen, welche unangenehme Aussprache mit einem Bekannten steht heute Abend noch an und wieso hast Du gestern wieder einen so trostlosen, einsamen Abend verlebt? Gedanken, Gedanken, Gedanken und noch mehr Gedanken prasseln auf uns herein – unabhängig von der Tageszeit und ob Du es wünschst oder nicht. Als wäre das noch nicht genug, sind die meisten Kopfinhalte dazu unharmonisch und/oder kontraproduktiv. Kontraproduktiv sind sie deswegen, weil unharmonische Gedanken unharmonische Emotionen aussenden. Daher wird auch unharmonisches Karma produziert und infolgedessen ziehst Du unharmonische Wahrnehmungen sprich Erfahrungen in Dein Leben. Aber wie kommt es überhaupt, dass wir so destruktiv und unharmonisch denken? Wieso kommt es so oft vor, dass wir an Dinge denken, die wir eigentlich gar nicht haben wollen?

*»Dein ärgster Feind kann Dir nicht so sehr schaden wie Deine eigenen unachtsamen Gedanken.«*
(BUDDHA)

Unser sogenanntes unharmonisches Kopfkino beginnt schon am Morgen nach dem Klingeln unseres Weckers. Das hängt auch mit unserer biologischen Natur zusammen:

In früheren Zeiten war es überlebenswichtig, dass sich Menschen verstärkt auf die eher nicht freudvollen Wahrnehmungen konzentrieren mussten, da wir damals ständig mit Giften, Schädlichem und verschiedensten Gefahren konfrontiert waren. Stell Dir doch einfach mal vor, was früher sinnvoller war: Den wunderschönen Sonnenuntergang, der gerade im Meer versinkt, in seiner vollen Pracht zu genießen oder eher achtzugeben, ob nicht ein auf seine kapitale Fleischmahlzeit hungriger Säbelzahntiger gierig aus dem Gebüsch springt und auf einen unachtsamen Augenblick von

Dir wartet? Dies ist einer der elementaren Faktoren, weshalb es für Menschen früher überlebenswichtig war, sich eher beständig unharmonische Dinge ins Bewusstsein zu rufen, als sich Traumstrände und Sonnenuntergänge vor dem inneren Auge auszumalen. Dein Gehirn ist aufgrund früherer Gefahren bzw. Prägungen noch immer darauf konditioniert, Dich am Leben erhalten zu wollen, das ist der Grund, warum es sich noch immer eher auf negative Dinge fokussiert. Heutzutage sind Säbelzahntiger zwar ausgestorben, aber dieses uralte psychologische Erbe wurde über zehntausende Jahre in unser Überlebens(denk)muster übertragen und so neigt unser Gehirn eher dazu, sich weiter mit unharmonischen Überlegungen zu beschäftigen.

Andererseits liegt die elementare, nicht-biologische Ursache in der Lehre, mit der wir uns in diesem Buch beschäftigen: dem Karma. Wir werden (nur) bei unserer allerersten Inkarnation, nur als reines »*Licht und Liebe*« in seiner allerreinsten Form geboren. Allerdings wegen des falschen Umgangs mit unserem freien Willen, in Form von lieblosen Gedanken und Handeln, kommen wir dann in allen Inkarnationen danach nicht mehr rein, unbefleckt und frei von unharmonischer Karma-Last auf die Erde. Niemand also kommt mehr als unbeschriebenes Blatt zur Welt, sondern alles angesammelte, noch nicht abgetragene Karma nehmen wir mit, sobald wir (wieder) inkarniert werden. Das noch vorhandene Karma, das wir mitnehmen, ist natürlich weitgehend nicht harmonisch.

Nun stellt sich die Frage, wie wir diese unharmonischen Gedanken eindämmen können. Etwas, das wir sofort tun können, um diese Gedanken und den daraus resultierenden unharmonischen Handlungen zu entfliehen, ist, uns dazu zu entscheiden, unser Kopf-Kino sofort auf harmonische Gedanken zu lenken, wenn wir uns bei unseren mentalen Worst-Case-Szenarien ertappen. Manchmal ist es aber zum einen so, dass Menschen geradezu versessen darauf sind, in unharmonischen Gedanken und in Folge dessen in dementsprechend unharmonischer Emotions-Produktion zu verweilen.[35]

35 Inspiriert von Gassner, Manuela.

> *»Bist Du jemals mit einer Liste in den Supermarkt gegangen, auf der stand, was Du nicht willst? Und warum machst Du das dann außerhalb des Supermarktes?«*
> (UNBEKANNT)

Zum anderen ist den meisten auch nicht das Ausmaß dessen bewusst, wie viel unharmonisches Karma und welche dadurch entstehenden unharmonischen Wahrnehmungen und gesundheitlichen Folgen für ihre Zukunft schon jetzt in ihr Leben ziehen. Mentaltrainer beschäftigen sich mit der positiven Kraft und Auswirkung der Gedanken auf den Menschen und helfen dabei – wenn man im Gedankenkarussel feststeckt – neue Denkmuster erfolgreich in den Allag zu transferieren.

> *»Du lebst den größten Teil in Deinem Kopf! Achte daher darauf, dass Du mit Deinen gewählten Gedanken dort einen in Liebe VOLLEN Raum hinterlässt.«*
> (WALTER BAUMGARTNER)

Es gibt Menschen, die ernähren sich gesund, trinken ausschließlich Wasser, machen Sport im Freien, joggen, verweigern Alkohol, machen Yoga, durchlaufen jegliche Vorsorgeuntersuchungen beim Arzt, und dennoch spricht ihr Körper durch viele unharmonische Symptome zu ihnen. Natürlich könnten wir diese Entwicklung jetzt auf die Veranlagung des jeweiligen Körpers schieben, aber das ist nicht die ganze Wahrheit. Der Grund liegt klar auf der Hand: Es liegt an jenen zu häufig unharmonisch ausgesendeten Emotionen, die Gift für Körper, Geist, Seele und harmonisches Karma sind. Jede unharmonische Emotion lässt Zellen verfaulen und in Folge dessen auch die umliegenden Zellen verkümmern. Da nützt all der gesundheitsfördernde Aufwand wenig, wenn es bei der Wahl der richtigen Gedanken und Emotionen beständig hakt.

> *»Wenn Deine gedachten Gedanken und Deine gesprochenen Worte auf Deiner Haut erscheinen würden, wärst Du dann noch schön?«*
> (FREI UND ADAPTIERT VON WALTER BAUMGARTNER NACH AULIQ ICE)

***Spiritueller Impuls:*** Bei jeder körperlichen Erkrankung findet man ihre Ursache in einem geistigen Fehlverhalten, das aus einem mangelnden Bewusstseinsprozess für die Wirklichkeit des Lebens entsteht. Körperliche Symtome sind gleichzeitig aber auch ein Hilfeschrei Deiner Seele, die Dir durch körperliche Symptome als Sprache exakte Botschaften übermitteln, um Dich darauf aufmerksam zu machen, dass Du in Deinem Leben dringend etwas verändern solltest. Diese Symtome gilt es von uns zu entschlüsseln, um herauszufinden, was diese uns kommunizieren wollen. Unsere ungeliebten Symptome sind daher keine Fehler der Natur – auch wenn es ihr gerne oft in die Schuhe geschoben wird – sondern unser bester Freund und Helfer, da sie unsere geistigen seelischen Disharmonien und Verfehlungen durch physischen Ausdruck als Kommunikationsmittel für uns sichtbar machen.

*»Geh Du vor«, sagte die Seele zum Körper,*
*»auf mich hört er nicht. Vielleicht hört er auf Dich. «*
(ULRICH SCHAFFER, *1942)

Oft habe ich das Gefühl, dass man manchen Menschen das Paradies auf den Bauch binden könnte und sie würden es noch immer nicht finden. Aber die, die dieses Buch aufmerksam lesen, werden sich in Zukunft hüten, sich in unharmonischen Emotionen zu suhlen und die Aufmerksamkeit stattdessen stets auf harmonische Wahrnehmungen lenken. Infolgedessen wird ihr Leben positivere Züge annehmen.

***Spiritueller Impuls:*** Weitläufig wird von der unbewussten Annahme ausgegangen, dass, wenn man an das denkt, was man nicht haben möchte, auch das verhindert, was man nicht haben möchte. Dem ist nicht so. Denn es wurde in diese Richtung gedacht und dadurch werden auch Energiewellen in diese Richtung produziert, die so das Fokussierte mit der entsprechenden Kraft in Dein Leben ziehen.

Man muss also harmonische Gedanken in jene Richtung aussenden, die man gerne haben möchte, und entsprechende

Energiewellen in ebendiese schicken, um infolgedessen die gewünschten (harmonischen) Wahrnehmungen oder Erfahrungen zu manifestieren, oder anders ausgedrückt: in sein Leben zu ziehen! Deswegen unterstreiche ich an dieser Stelle noch einmal: Wenn Du etwas nicht haben möchtest, dann darfst Du NICHT dorthin denken!

Ein Beispiel zur Verdeutlichung: Jeden Abend sind in Deinem Viertel alle Parkplätze belegt und Du denkst: »*Ich möchte kein Stadtviertel mehr, in dem restlos jeder Parkplatz besetzt ist.*« Wenn Du so denkst, erhöhst Du nur die Chance, keine freien Parkplätze vorzufinden. Wenn Du aber stattdessen denkst: »*Ich freue mich auf einen freien Parkplatz*«, dann erhöhst Du durch positive Gedanken viel eher Deine Chancen, einen zu finden.

Man muss sich entscheiden, die richtigen Emotionen und die richtigen Gedanken zu produzieren. Atme nun kurz durch, spüre in das gerade Gelesene noch einmal hinein und lies dann den vorangegangenen Absatz noch einmal. Die Unabdingbarkeit von wohlgeformten Gedanken für die menschliche Existenz zieht sich als Weisheit übrigens nicht nur durch die Epochen, sondern wie ich Dir anhand von Beispiel-Lehren aufzeige, durch 2000 Jahre der Weltgeschichte. Die erste Lebensweisheit stammt aus der Bibel:

> *»Denn wie der Mensch in seinem Herzen denkt, so redet er.«*
> (Mt 12,34)

Von dem römischen Kaiser und Philosophen Mark Aurel (auch Marcus Aurelius genannt) stammt die Feststellung:

> *»Wir sind das Ergebnis unserer Gedanken.«*
> (Mark Aurel, 121–180 n. Chr.)

Siddharta Gautamas (Buddhas) Lehre entstammt die Aussage:

> *»Was Du denkst, bist Du, was Du bist, strahlst Du aus, was Du ausstrahlst, ziehst Du an.«*
> (Siddhartha Gautama, 563–483 v. Chr.)

Der Vater der amerikanischen Psychologie, William James, fasste die Erkenntnisse seines Lebens in dem Satz zusammen:

> *»Der Glaube erzeugt die Tatsachen.«*
> (WILLIAM JAMES, 1842–1910)

Der berühmte Lehrer des positiven Denkens der Neuzeit, Joseph Murphy, der unzählige Menschen durch seine Vorträge und Schriften inspiriert und angeregt hat, ging von der elementaren Erkenntnis aus:

> *»Die Inhalte Ihres Denkens und Glaubens gestalten Ihre Persönlichkeit, Ihr Leben, Ihre Zukunft.«*
> (JOSEPH MURPHY, 1898–1981)

Daraus ergeben sich für Dich zwei klare Handlungsanweisungen:

a) Wenn Du etwas nicht mehr in Dein Leben ziehen möchtest, dann darfst Du einfach auch nicht mehr in diese Richtung denken. Entscheide Dich von nun an, Dich bei jeder Wahrnehmung nur noch auf das Positive, Harmonische zu konzentrieren, da Du dann auch automatisch harmonischere Emotionen produzierst und aussendest.

b) Du selbst bist der für Dein Leben Verantwortliche und kannst frei wählen, welche Emotionen in welche Richtung Du durch Deine Gedanken und Handlungen produzierst und als deren Resultat auch aussendest. Ganz entscheidend ist hierbei, wie viel Energie Du darauf verwendest, das heißt, wie lange und wie intensiv Du gedenkst, in unharmonischen Gedankenstrudeln zu verweilen. Denn je länger und intensiver Du in Emotionen verweilst, desto mehr karmische Energie wird in diese Richtung ausgesendet. Und diese Energie, gleichgültig ob harmonisch oder unharmonisch, muss und wird dann unweigerlich eines Tages wieder zu Dir zurückkehren. Das ist ein universelles Gesetz.

***Spirituelle Impuls:*** Schöpfungen der materiellen Welt werden durch den geistigen Beobachter erschaffen.

Zur Veranschaulichung dieses Sachverhaltes ist es sinnig, dass wir uns in eine sehr besondere Art von Lagerhalle begeben. Stell Dir eine unerschöpfliche Wunsch-Erfüllungs-Lagerhalle in riesigem Ausmaß vor, in der all Deine Wunsch-Päckchen jederzeit abrufbereit, bestell- und lieferbar sind. Die Lagerhalle mit allen Wunsch-Päckchen ist allerdings nicht beleuchtet, sondern dunkel, und daher sind diese für Dich noch nicht sichtbar (Deine zukünftigen Erlebnisse). Du bekommst ausnahmslos nur jene Wunsch-Pakete geliefert, welche Du mit Deinem Gedankenscheinwerfer beleuchtest und diese so dadurch für Dich als Realität sichtbar werden. Du lädst sozusagen alles in Dein Leben ein, was Du vorher mit Deinem freien Willen in Deinen Lichtstrahl gegeben hast und damit Aufmerksamkeit oder Beobachtung schenkst (bzw. beleuchtest) und ziehst exakt diese schließlich in Dein Leben. Je öfter und intensiver Du Deine Wünsche (ob für Dich harmonisch oder nicht) beleuchtest und mit je mehr Emotionen und inneren Bildern Du Deine Pakete dabei frankierst, einen desto schnelleren Expressservice wirst Du von der fleißigen Spedition bekommen und desto sicherer und schneller werden Dir Deine Wunsch-Pakete geliefert. Ob Du Deine gelieferten Wünsche dann gut findest oder auch nicht, ist dabei irrelevant. Du schreibst als eigener Regisseur Deines Lebens mit Deinen selbst gewählten Gedanken und dadurch entstehenden Emotionen Deine eigene Geschichte, der Du je nachdem, in welche Richtung Du mit Deinem Gedankenscheinwerfer hinleuchtest, dort Leben einhauchst, und diese wird sich in Deinem Leben als Realität zeigen.

***Spiritueller Impuls:*** Nichts kann Dich aus der Realität berühren, solange Du es nicht mit Deinen gewählten Gedanken als Erfahrung selbst einlädst.

*»Der Mensch hält sein Schicksal für etwas Fremdes, weil ihm das innere Band verborgen ist. Aber die*

*Seele enthält jedes Ereignis, das sie erleben wird, denn das Ereignis ist nur der Gedanke, der sich nach außen projiziert, und das, worum wir zu uns selbst beten, wird uns immer gewährt.«*
(RALPH WALDO EMERSON, 1803–1882)

***Spiritueller Impuls:*** Mir ist natürlich bewusst, dass es in unserer heutigen, schnelllebigen und viel beschäftigten Welt nicht immer einfach ist, ständig harmonische Emotionen durch Gedanken auszusenden. Von einfach war nie die Rede! Dennoch ist mir aber klar, dass wir mit Übung (zum Beispiel mit der Vipassana-Meditation[36], die ich jedem wärmstens empfehle) sehr wohl ein Level erreichen können, auf dem es auch im Alltag sehr viel einfacher wird, mit unharmonischen Wahrnehmungen umzugehen. Ich praktiziere Vipassana einmal im Jahr und folge diesem Vorhaben auch konsequent, unabhängig davon, wie oft ich schon an einem solchen Meditations-Kurs teilgenommen habe.

Wie machtvoll Deine eigenen Gedanken nicht nur bei Dir, sondern auch auf andere Menschen wirken, zeige ich Dir anhand eines simplen, aber zugleich spannenden Experiments von Dr. Bradley Nelson, dem Erfinder des sog. »*Emotionscodes*«, welchen er regelmäßig in seinen Workshops mittels eines sogenannten Muskeltests zur Demonstration benutzt.

*Zur kurzen Erklärung:*

*Der Muskeltest wurde in den 1960er Jahren von Dr. George Goodheart entwickelt. Ein Muskeltest ist – was allerdings die meisten Menschen nicht wissen – eine sichere Methode, wie man mit dem Unterbewusstsein kommunizieren bzw. aus diesem Informationen erhalten kann und gilt vor allem in der Kinesiologie als anerkannte Methode. Streckt eine Testperson bei einen Muskeltest den Arm fest gerade nach vorne und der Therapeut fragt nach etwas, das der Wahrheit ent-*

36 Vipassana ist eine der ältesten Meditationsformen Indiens, die in Europa in zehntägigen (kostenlosen) Kursen nach dem Vorbild von S.N. Goenka betrieben werden kann.

*spricht oder mit Positivem konnotiert ist (wie »Liebe«), würde sein Arm, wenn man versucht, ihn hinunter zu drücken, dem Druck gut standhalten – ebenso ist dies die nonverbale, positive Reaktion einer wie auch immer gearteten Fragestellung. Sagt man dagegen etwas Unwahres oder Unharmonisches (wie zum Beispiel »Hass«), würde sich der Arm verhältnismäßig leicht hinunterdrücken lassen, was wiederum als Nein bzw. negativ zu dekodieren ist.*

Jetzt konkret zum Experiment von Dr. Nelson:

Dr. Nelson bittet eine freiwillige zu testende Person auf die Bühne und platziert ihn, mit dem Rücken und mit geschlossenen Augen, zum Publikum, so dass es der Versuchsperson unmöglich ist, etwas von den anderen Teilnehmern mitzubekommen. Anschließend erklärt er den übrigen Teilnehmern, dass er sie über Handzeichen anweisen wird, der zu testenden Person nonverbale, positive Gedanken wie »*Liebe*« oder »*Du bist wunderbar*« (Daumen hoch) und anschließend negative wie »*Du bist schrecklich*«, »*Ich hasse Dich*« (Daumen runter) zu schicken. Wie gesagt: Dabei wird genau darauf geachtet, dass die zu testende Person nichts von diesen Vorgängen auf irgendeine Weise mitbekommt. Während dieses Tests überprüft Dr. Nelson die Testperson mit dem Muskeltest auf Antworten: Ausnahmslos jedes Mal, wenn die Teilnehmer der Testperson nonverbal positive Gedanken senden, reagiert die Testperson auf der Bühne positiv-stark, sprich, der Arm hält dem Druck stand. Bei vom Publikum zu ihm negativen gesendeten Gedanken zeigte sich der Arm schwach, sodass er sich jedes Mal verhältnismäßig leicht hinunterdrücken ließ.

Fazit: Negative Gedanken schwächen auf sofortige Weise, nicht nur uns selbst, sondern auf anschauliche Weise auch andere Menschen, während positive Gedanken wiederum stärken. »*Natürlich haben Ihre eigenen Gedanken die stärksten und unmittelbarsten Auswirkungen auf Ihr eigenes Energiefeld. Wenn Sie Ihr Denken von positiv auf negativ umschalten, ändert sich unser Schwingungsenergie ebenfalls allmählich auf positiv. Dies wird unausweichlich positi-*

*ve Konsequenzen haben. Die offensichtlichste und unmittelbarste ist eine allgemeine Stärkung des Körpers.«*[37]

***Spiritueller Impuls:*** Vielleicht ist es Dir auch schon mal Folgendes widerfahren: Dir ist spontan etwas eingefallen und Du bist gerade dabei, dies mit Deinen eigenen Worten, die Du soeben in Deinem Kopf formuliert hast, wiederzugeben, als genau in diesem Moment jemand anderer, weil er Dir eben zuvorgekommen ist, Deine beabsichtigen Worte mit exakt denselben Worten, wiedergibt. Wir teilen uns auf eine Art und Weise, bis zu einem bestimmten Punkt, unseren Geist bzw. sind mit dem unserer Mitmenschen verbunden!

***Selbsttest:*** Überzeuge Dich selbst, dass und wie enorm andere Deine Gedanken-Energie wahrnehmen können, indem Du einen Selbsttest machst und Du einmal versuchst, aus einer großen Menschenmenge eine x-beliebige Person auszuwählen und Dich gezielt eine Weile lang auf deren Hinterkopf zu fokussieren. Du wirst erstaunt sein, denn nach einiger Zeit wird diese sich umdrehen und Dir geradewegs in die Augen sehen.

## Innere Stimme

Deine inneren Selbstgespräche bestimmen maßgeblich, welche zukünftigen Erfahrungen Du machen wirst!

Kennst Du das? Du stehst in der Früh auf, gehst ins Bad und Deine innere Stimme textet Dich schon früh morgens voll. Wer spricht denn da? Gedanken? Woher kommt nun diese innere Stimme?[38]

Was ist nun diese innere Stimme, welche in einigen Fällen die Form eines unsichtbaren Quälgeistes annehmen kann,

37 Nelson, Bradley: Der Emotionscode. So werden Sie krank machende Emotionen los, VAK, 2019, S. 86–87.

38 Anmerkung: Die innere Stimme ist nicht gleichzusetzen mit Deinen Gedanken.

der es uns nicht immer einfach macht, harmonische Emotionen auszusenden? Die innere(n) Stimme(n) kann bzw. können im Gegensatz zu Gedanken nur auditiv wahrgenommen werden, Gedanken zum Beispiel jedoch auch visuell.

Die möglichen Quellen der inneren Stimme(n) sind:

- das Höhere Selbst
- das Niedere Selbst
- das Falsche Selbst (Konditionierungen, Glaubenssätze vom Ego)
- die Intuition (die wiederum aus dem Höheren oder Niederen Selbst kommt)
- der Instinkt
- Deine inneren Kinder[39]
- ein für Dich als Meister bewerteter Mensch, also eine äußere Stimme, die in Dir erklingt
- ein Mensch, der gerade neben Dir steht, weil Du seine Bewusstseinsstrahlen empfängst. Diese kannst Du jederzeit empfangen, sie gehen durch alle Zeiten, alle Frequenzen und durch alle Räume hindurch.

Solltest Du in einer Partnerschaft leben, kennst Du bestimmt jene Situation nach einer Auseinandersetzung, bei der man eigentlich nichts anderes möchte, als vom Partner in den Arm genommen zu werden, während man ihn aber von sich wegstößt. In Dir ist dann das bockige Innere Kind aktiv, das Dir sagt: »*So schnell will ich jetzt noch nicht nachgeben, ich will erst mal schmollen!*«

***Spiritueller Impuls:*** (zur leichteren Unterscheidung zwischen Intuition und anderen Quellen): Die Stimme des Höheren und des Niederen Selbst (Intuition) sowie die von als Meistern bewerteten Menschen werden Dich nicht »*volltexten*«, sondern nur auf eine innere Frage hin oder in für Dich besonders bedeutsamen Situationen von selbst auftreten. Sie würden Dir im genannten Beispiel eingeben: »*Es ist doch alles gut.*«

39 Eine Beschreibung des Konzepts der »*inneren Kinder*« findet sich in Kapitel 12.

## Glaubenssätze: Die unsichtbaren Stolpersteine in Deinem Leben

> *»Negative Glaubenssätze sind die unsichtbaren Stolpersteine auf Deinem Weg zum Erfolg.«*
> (NORBERT GALOR HOFER)

Glaubenssätze sind innere Leitsätze, die wir selbst meist unbewusst wählen, sagen oder denken und an die wir glauben und nach denen wir leben. Da wir an sie glauben, haben sie ein sehr großes Gewicht in unserem Leben. Ein solch großes Gewicht, dass sie es sind, die für die Ursachen der Disharmonien in unserem Leben verantwortlich sind. Und es ist daher essentiell, dass wir erkennen, welche unsere individuellen Glaubenssätze sind, wie wir diese für unser Glück sowie unseren Erfolg bewusst wählen und durch Affirmationen (siehe im Folgenden) ändern können.

Glaubenssätze werden oft ungefiltert von der eigenen Familie und der Gesellschaft übernommen und repräsentieren meist ein veraltetes und einengendes Denken, ähnlich einer Art von Gedankenprogrammierung. So sind beispielsweise bei vielen Menschen verankerte Glaubenssätze:

- »*Das Leben ist hart.*«
- »*Das Leben ist ungerecht.*«
- »*Im Leben bekommt man nichts geschenkt.*«
- »*Ohne Fleiß keinen Preis.*«
- »*Spinat ist SEHR gesund.*«

Glaubenssätze bewirken nur eines: Sie stören die Wahrheit. »*Glaubenssätze sind die Brille, durch die wir die Wirklichkeit sehen.*«[40] Gleichzeitig dienen sie aber auch als Generalfilter unserer Wünsche. Diese Filter haben wir selbst installiert, allerdings sind sie dem Falschen Selbst zuzuordnen, besonders, wenn sie als störend empfunden werden. Wenn Du dem Höheren und Niederen Selbst nicht vertraut hast, sprich Deiner

40 Stahl, Stefanie: Das Kind in Dir muss Heimat finden, Kailash Verlag, München 2015, S. 52.

Intuition nicht gefolgt bist, dann hast Du auf das Falsche Selbst (Ego) gehört und bist stattdessen ihm gefolgt.

*Wie Dein Intellekt schon in Kindheitstagen eigentlich positiv gemeinte Trojaner-Glaubenssätze aufnahm (und noch heute Karma produziert):*

Diesen Ausspruch hat jedes Kind schon unzählige Male vernommen: »*Sprich auf gar keinen Fall mit Fremden!*« Die Schutzfunktion dieses Spruches und das, was Eltern, Großeltern und die Grundschullehrer damit bezwecken möchten, in allen Ehren – aber dieser Spruch hat eine viel längere Halbwertzeit als vermutet. Denn viele Erwachsene wundern sich, warum sie ein signifikantes Problem damit haben, auf fremde Menschen zuzugehen, geschweige denn fremde Gruppen anzusprechen. Aus der Glaubenssatz-Welt ihres kindlichen Ichs betrachtet, ist dies aber der einzig logische Schluss, den die frühere Programmierung »*Sprich niemals mit Fremden*« nach sich ziehen konnte.

Oder lass mich Dir ein weiteres Beispiel für aktive Glaubenssätze geben, die noch heute karmisch auf Dein Leben einwirken:

Eine gute Freundin von mir hatte schon seit längerer Zeit keine funktionierende Beziehung mehr. Nachdem sie mir alle Details von ihrer letzten Affäre erzählt hatte, sagte sie Sätze zu mir, wie: »*Ich habe es schon immer gewusst, es gibt einfach keine gescheiten Männer mehr. Die besten Männer sind eh schon vergeben. Männer wollen eh immer nur das Eine.*« Was denkst Du, welche Männer sie (oder generell Partner suchende Frauen und Männer) ständig in ihr Leben gezogen hat, wenn sie so und vielleicht noch weitere ähnliche für die Partnersuche unvorteilhafte Glaubenssätze in sich trägt? Leider genau jene Typen von Mann, die ihr in den Folgejahren sehr viel Kummer bereiteten. Es verlangte sehr viel tiefgreifende Glaubenssatzarbeit von ihr, bis sie sich aus dieser Verstrickung lösen konnte.

***Spiritueller Impuls:*** Befreie Dich von Deinen unsichbaren Gitterstäben, indem Du Deine unvorteilhaften Glaubensätze ein für alle Mal auflöst.

## Konditionierung

Der Begriff »*Konditionierung*« ist eine durch mehrfaches Wiederholen tief in den Geist eingeprägte Verhaltensweise, die reflexartig bestimmte festgelegte Reaktionen in entsprechenden Situationen auslöst. Der Begriff wurde erstmalig vom russischen Forscher, Nobelpreisträger und Professor für Physiologie Ivan Petrowitsch Pawlow (1849–1936) geprägt, der während einer Forschungsarbeit eher zufällig den Nachweis der klassischen »*Konditionierung*«, auch »*der bedingte Reflex*« genannt, entdeckte. Pawlow bemerkte während seiner Forschungen zum Verdauungsapparat von Hunden, dass immer, wenn er seinen Vierbeinern Futter darbot, diese mit vermehrtem Speichelfluss reagierten. Hierbei handelt es sich um eine automatisch ablaufende Reaktion, die dem Hund angeboren ist. Eine solche Verhaltensweise, die unbewusst abläuft, bezeichnet man als unbedingten Reflex.

Pawlow beobachtete aber dann im Verlauf seiner Experimente, dass schon allein die Schritte des Wärters, der für die tägliche Fütterung zuständig war, bzw. dessen klingelnder Schlüsselbund Speichelfluss bei den Hunden auslöste, obwohl noch gar kein Futter in Sicht war. Er vermutete, dass allein das Geräusch des Schlüsselbundes, dem regelmäßig die Fütterung folgte, für die Hunde mit Fressen verbunden war.

Pawlow arrangierte anschließend sein Experiment nun so um, dass unmittelbar vor der Verabreichung des Futters eine Glocke klingelte. Da es das Futter nun immer erst nach einem Klingelzeichen gab, lernte der Hund, auf den Klingelton zu reagieren. Nach einiger Zeit begann der Vierbeiner schon zu sabbern, wenn nur diese Glocke ertönte – noch bevor er das Futter sehen oder riechen konnte. Der Hund hatte gelernt, dass nach dem Klingelton unweigerlich eine Belohnung in Form von Nahrung folgte. Bereits die Tonwahrnehmung reichte nun aus, um bei dem Versuchshund einen Speichelfluss auszulösen. Man nennt diese von Pawlow beschriebene Reaktion den bedingten oder konditionierten Reflex. Es handelt sich dabei um einen erlernten, nicht natürlichen Reflex.[41]

41 Vgl. Pawlow, I. P.: Conditioned Reflexes: An Investigation of the Physiological Activity of the Cerebral Cortex, London: Routledge and Kegan Paul 1927.

Lass mich Dir nun ein Beispiel aus Deinem Leben zeigen, bei dem Du sehen kannst, dass auch Menschen sehr leicht konditionierbar sind.

*Wie Dein Instinkt schon in Kindheitstagen konditioniert wurde (und noch heute Karma produziert):*

Hunde sind für viele Kinder unglaublich spannende und Neugier weckende Geschöpfe. Doch mit Sicherheit hast auch Du in Deiner Kindheit in der Nachbarschaft einen böse kläffenden und Zähne fletschenden Vertreter dieser Tierart kennengelernt. Je nachdem, wie Deine Erfahrung ausgegangen ist, also, ob dieser laute und vermeintlich böse Hund sich hinter einem Zaun befand oder sich Dir freilaufend näherte, haben sich in Dir instinktive physiologische Reaktionen in Deiner Kindheit herausgebildet, die oft noch heute als Erwachsener bestehen. Wenn Du immer noch spürst, wie Dein Körper beim Anblick eines großen Hundes Adrenalin ausstößt, weißt Du nun, wie lange dieses antrainierte Reaktionsmuster Dich bereits begleitet.

Ein weiteres Muster, unter dem rund die Hälfte aller Erwachsenen leidet: Lampenfieber bei Vorträgen und öffentlichen Auftritten. Wenn Du zum Beispiel einmal Angst entwickelt hast, vor einer großen Menschenmenge zu sprechen – weil Du z.B. einmal bei einem Referat in Deiner Grundschulzeit von Mitschülern wegen eines Blackouts ausgelacht wurdest – dann wirst Du das nächste Mal, wenn Du wieder eine Rede oder ein Referat hältst, automatisch wieder Angst empfinden. Du kannst in diesem Moment nicht entscheiden, jetzt keine Angst zu haben.

> ***Merke:*** Ein Automatismus ist ein »*kein neues, frisches und freies Wählenkönnen*«. (Quelle: Abuna Semai)

Solche Konditionierungen werden oft zu allem Überfluss noch von Glaubenssätzen begleitet, wie zum Beispiel: »*Das gehört zum Leben einfach dazu, diese Angst ist ganz normal, weil sich das eben nicht gehört. Diese Angst haben alle Menschen.*«

Konditioniertes ist all das, worüber Du im Augenblick keine Kontrolle hast. Natürlich willst Du das nicht, aber Du hast in dem Augenblick nicht die Wahl für andere Wahrnehmungen.

Alle Automatisierungen sind Konditionierungen, und glaube mir, es sind leider mehr als Du Dir jemals erträumt hättest! Die Summe aller Konditionierungen produziert ständig Emotionen, die Du eigentlich gar nicht willst, und dies produziert dadurch auch ständig neues Karma.

Man könnte auch sagen, Konditionierungen sind eine karma-produzierende Maschine im Dauerbetrieb. Dies ist der Grund, warum es wichtig ist, Deinen Konditionierungen auf die Schliche zu kommen.

Stell Dir Konditionierungen und Glaubenssätze als vor Urzeiten installierte Programme vor, welche permanent im Hintergrund arbeiten, ohne dass es Dir bewusst ist. Diese sind immer noch installiert, weil frühere Prozesse noch nicht beendet wurden und diese Programme somit immer noch einen Zweck erfüllen. Wenn diese Ereignisse allerdings schon vergeben oder aufgelöst wurden und Du mit ihnen Frieden geschlossen hast, dann nimmst Du eine den oben beschriebenen Situationen ähnelnde zwar wahr, aber Du wirst keine verfälschten mentalen Impulse, Gefühle und Emotionen bezüglich dieser Situation produzieren.

Wenn Du einen neuen Gedanken ganz frisch, ganz natürlich, unbefleckt und kindlich, ohne Konditionierungen oder behindernde Glaubenssätze neu wählen kannst, dann bist Du frei!

> *»Reagierst Du auf automatisierte, nicht bewusst gewählte Gedanken mit jeglicher Emotion, hauchst Du ihnen Leben ein und manifestierst sie.«*
> (Abuna Semai)

# Kapitel 5: Die Entstehung von Karma

Karma wird in unserm Körper auf drei Ebenen produziert, nämlich im mentalen, im emotionalen und im physischen Körper.

## Der mentale Körper: Deine Gedanken

Es gibt kein Karma ohne Gedanken! Im mentalen Körper befinden sich Deine Gedanken. Der mentale Körper dehnt sich je nach Entwicklung hell leuchtend oder dunkel wirkend um den Emotionalkörper herum aus und hat eine noch feinstofflichere Energie als der emotionale Körper, welcher nicht selbst bewerten kann, er schwingt einfach.

Im mentalen Körper ist der Platz, ist die Wurzel im Kern, da, wo die Karma-Produktions-Maschinerie in Gang gesetzt wird. Durch Deine Gedanken entstehen Deine Gefühle, durch Deine Gefühle, die einer Bewertung unterliegen, entstehen Emotionen und durch ausgesendete Emotionen wird Karma produziert. Dies ist der Karma-Mechanismus Deines bewusst oder unbewusst gewählten Wunsches.

Ein flüchtiger Gedanke alleine produziert noch kein Karma, er muss sich nicht per se karmisch ausdrücken, sondern erst, wenn darauf reagiert wird. Ein Gedanke ist erstmals wie ein Windhauch, der kommt und geht. Wenn aber darauf irgendwie innerlich reagiert wird, zum Beispiel emotionaler oder physischer Art, entsteht Karma sehr wohl. Der Kern jeder emotionalen oder physischen Handlung ist ein Gedanke. So entsteht die Kette von der mentalen auf die emotionale Ebene, nämlich etwa dann, wenn der Gedanke, der aufkommt, nicht sein darf und bewertet wird, wie: »*Das darf nicht sein. Das ist falsch. Das darf ich nicht denken. Das mag ich nicht.*«

Mehr zum Verständnis über die mit Emotionen geladenen Gedanken im Folgenden.

## Der emotionale Körper: Deine Emotionen

### Abgrenzung von Gefühlen und Emotionen

Gefühle sind physische Energie. Gefühle bestehen in Deinem Geist immer aus den vier Elementen Wasser, Erde, Feuer und Luft und sind die unmittelbare Folge eines mentalen Impulses, einer bewussten oder nicht bewussten Wahl, zum Beispiel aufgrund einer Reaktion oder Aktion aus einer Wahrnehmung heraus. Gefühle sind immer vorhanden und sind das, was wir über unsere Sinneskanäle an Empfindungen empfangen (zum Beispiel Hunger, Hitze, Kälte, Kribbeln, Pulsieren, Ziehen, Druck).

Emotionen sind keine Gefühle, sondern die Bewertungen der Gefühle. Laut Paul Eckmann sind die Ur-Emotionen: Freude (Lust, Belohnung, Glück), Überraschung, Trauer, Ekel, Wut, Angst (Furcht) und Verachtung, Scham, Schuld, Verlegenheit und Scheu.[42] Emotionen benötigen zwingend Gefühle, das heißt, ohne Gefühle gibt es auch keine Emotionen. Gefühle benötigen dagegen keine Emotionen. Gefühle mit Bewertung werden zu Emotionen.

Im emotionalen Körper sind Deine Gefühle angesiedelt und Gefühle, die einer Bewertung unterliegen, werden zu produzierten, ausgesendeten Emotionen (also zu Deinem bewusst oder unbewusst gewählten Wunsch). Ein Gefühl ist zum Beispiel Hitze; dieses ist per se noch unbewertet. Wenn Du dieses aber als nicht gut ansiehst (weil Dir zu heiß ist), dann wird jetzt Hitze ein bewertetes Gefühl, welches dann zu einer Emotion wird. So wird Karma produziert. Die Emotion ist dann die zeitlich versetzte Bewertung dieses Gefühls und Energie in Bewegung. Wichtig für Dein Verständnis ist, dass der emotionale Körper und das dort stattfindende Aussenden von Emotionen der Hauptakteur der Karma-Produktion aus den drei Ebenen ist. So sind die hauptsächliche »*Karma-Erzeugung*« und dadurch auch Deine zukünftigen erschafften Erfahrungen nicht aus Deinen Gedanken entstanden, auch wenn dort der

42 Vgl. Eckmann, P.: Gefühle lesen, Berlin/Heidelberg: Spektrum Akadamischer Verlag 2007.

ursprüngliche Beginn ist, sondern aus Deinen durch diese Gedanken hervorgebrachten Emotionen. Daher gilt:

> *»Nicht Deine Gedanken erschaffen deine Zukunft, sondern Deine Emotionen.«*
> WALTER BAUMGARTNER

Bei diesem Körper ist von großer Bedeutung, dass wir uns vom Alltagsgebrauch der deutschen Sprache lösen und uns gemeinsam auf den Gebrauch der spirituellen Wörter verständigen. Während im Alltag »*Gefühl*« und »*Emotion*« oft als Synonyme verwendet werden, gibt es innerhalb des emotionalen Körpers eine verwandte, aber andere Bedeutung.

> ***Merke:*** Gefühle alleine produzieren kein Karma; Emotionen, sprich Gefühle mit Bewertung, jedoch schon.

Wenn Du mit der Zeit, zum Beispiel durch regelmäßiges Praktizieren von Meditation oder fortgeschrittenem Yoga ein Level erreicht hast, dass Du nahezu ständig in Gleichmut leben kannst, sprich auf Wahrnehmungen, die sich im alltäglichen Leben zeigen, nicht mehr marionettenhaft reagieren musst, produzierst Du auch keine Emotionen und daher auch kein Karma mehr.

Der emotionale Körper baut sich auf und ist die Folge aus diesen beiden Inhalten (Gedanken und Gefühle). Er ist zum einen dazu da, um für unser Überleben zu sorgen und zum anderen verleiht er unserem Leben Farbe. Man könnte sagen, er ist unser Parameter, um zu sehen, in welchem Zustand sich unser Körper befindet.

> *»Deine durch Gedanken ausgesendeten Emotionen verdienen besondere Achtsamkeit, denn sie sind der Funke, der Deine Karma-Zündschnur in Brand setzt.«*
> (WALTER BAUMGARTNER)

Von der Verortung her dehnt sich der emotionale Körper oval um den physischen Körper aus. Je geheilter dieser ist, desto leuchtender, desto strahlender und desto weiter ist er. In diesem Körper sind alle Verletzungen, Begierden, Schocks sowie alle noch nicht bewältigten Emotionen aus dieser und aus früheren Inkarnationen gespeichert und er ist eng mit unseren inneren Kindern[43] und unserem Solar Plexus verbunden. Solche Blockaden werden vom Anderen/vom Gegenüber – auch unbewusst – wahrgenommen, so kann man die Aura des Gegenübers wahrnehmen (dazu muss man nicht aurasichtig sein) – und sich dann wiederum entsprechend verhalten. Häufig fallen dann auch Aussagen wie »*Die Chemie stimmt einfach nicht zwischen uns*«. Hierin ist dann der Grund zu finden, warum Menschen in gewissen Situationen so oder so reagieren oder handeln, warum man sich etwa zueinander hingezogen bzw. auch voneinander abgestoßen fühlt.

**Beispiele:**

1. Du bist öfters ungeduldig und die entsprechenden, von Dir ausgesendeten Emotionen, zum Beispiel Ungeduld, produzieren für Dich entsprechendes Karma, ziehen also entsprechende Erfahrungen in Dein Leben. Wenn Du Dir dann zum Beispiel in diesem unharmonischen Zustand wünschst, geduldiger zu sein, Dich dabei aber unharmonisch fühlst, wirst Du bald wieder eine demensprechende Erfahrung machen, da Du ja die Emotion Ungeduld ausgesendet hast. So könnte Dir zum Beispiel einige Wochen später der Zug vor der Nase wegfahren, sodass Du gezwungen bist, auf den nächsten zu warten, um zu Deinem Ziel zu gelangen. Dein unbewusster Wunsch (den Du eigentlich gar nicht wolltest) hat sich dadurch erfüllt. Du kannst jetzt wählen, Dein Karma abzubauen, indem Du diese Wahrnehmung emotionslos bzw. in Gleichmut erlebst, oder eben xauch weiteres Karma produzierst, indem Du wieder Emotionen wie Ungeduld und Unmut aussendest, während Du auf den nächsten Zug wartest.

***Merke:*** Eine »*Wahl*« ist es auch dann, wenn sich eine Situation ergibt, die man sich augenscheinlich nicht ausge-

43 Für mehr Informationen über die inneren Kinder siehe S. 229.

sucht hat. Denn: Nichts kannst Du in Dein Leben ziehen, das Du Dir vorher nicht schon irgendwann mal (durch Deine durch Denken und Handeln ausgesendeten bewussten oder unbewussten Emotionen) gewünscht hast.

2. In jedem Restaurant und jeder Bar kannst Du Dich so wohlfühlen, als würdest Du Dich gerade in Deinem Wohnzimmer aufhalten. Doch Du denkst: »*In meinem Wohnzimmer fühle ich mich besser, weil es mir gehört und es mir bekannt ist.*« Das stimmt nicht, denn ein Raum mit Tisch und Stühlen oder Couch und Fernseher ist ein Raum mit Tisch und Stühlen oder Couch und Fernseher. Alles Weitere sind lediglich Deine Einbildungen auf der emotionalen Ebene. In diesem Beispiel werden die Emotionen durch das Revierdenken geschürt.

***Spiritueller Impuls:*** Wie oben schon erwähnt, wird ein flüchtiger Gedanke kaum Auswirkungen auf unser Karma und unsere zukünftigen Erfahrungen haben. Wählen wir aber unzählige Male immer und immer wieder dieselben Gedanken, so wie sich zum Beispiel Menschen oft im täglichen Straßenverkehr dazu entscheiden, sich über andere Verkehrsteilnehmer aufzuregen, dann werden diese irgendwann in Summe auch eine große Wirkung entfalten, so wie der berühmte Tropfen, der einen Stein aushöhlt. Ausreden wie so mancher Klassiker »*das machen doch alle*«, »*naja, das bekommt eh keiner mit*« oder »*das ist aber schwer, sich nicht zu ärgern bei so vielen …*« helfen an der Stelle wenig. Dein persönliches, unsichtbares Karma-Konto ist noch präziser als ein Schweizer Uhrwerk, nimmt alles auf und es geht auch nichts verloren. Entscheidest Du Dich generell eher dafür, unharmonische Emotionen zu produzieren, oder bist Du bei dem oben erwähnten Beispiel eher überwiegend tolerant, geduldig und verständnisvoll, für vermeintliche Fehler anderer? Es liegt einzig und allein bei Dir, wie Du wählst, auf bestimmte Wahrnehmungen zu reagieren. Und wie Buddha schon sagte: »*Schaue niemals auf gute Handlungen herab, nur* *weil sie vielleicht klein sein mögen: Selbst kleinste Tropfen Wasser füllen schließlich auch den größten Behälter«.* Milliarden und Abermilliarden winziger Momente sind es, auf die wir besonders achtgeben müssen, denn das sind jene, die unser zukünftiges Leben ausmachen. Es ist Deine Wahl, Dein zukünftiges, selbst erschaffenes Leben.

*»Karma ist ein Wunder an Präzision, dessen Sinn und Zweck darin besteht, dass Du umdenkst.«*
(SAI BABA, 1926–2011)

Neueste Forschungen lieferten in den letzten Jahren drei voneinander unabhängige Experimente mit erstaunlichen Befunden, wie durch unsere Emotionen unsere physikalische Realität beeinflusst wird.

## Menschliche Emotion formt unsere physikalische Realität

Beim ersten Experiment wurde menschliche DNA eines Spenders in einem verschlossenen Behältnis isoliert und dann in einem Raum platziert. Wissenschaftler gaben dann dem Spender, der sich in einem anderen Raum befand, emotionale Anreize und stellten erstaunlicherweise fest, dass dadurch die DNA dieser Testperson im anderen Raum beeinflusst wurde. Bei unharmonischen Emotionen zog sich die DNA zusammen. In der Präsenz von harmonischen entspannten sich die Spulen der DNA. Die Wissenschaftler folgerten daraus: *»Menschliche Emotion produziert Effekte, welche sich über konventionelle Gesetze der Physik hinwegsetzen«.*[44]

Ein zweites, ähnliches, aber vollkommen unabhängiges Experiment wurde von einer anderen Gruppe von Wissenschaftlern durchgeführt. Sie entnahmen einem Spender weiße Blutzellen (Leukozyten), und damit man an ihnen elektrische Veränderungen messen konnte, platzierte man

44 Poponin, V./Gariaev, P.: The DNA Phantom Effect, Institute of HeartMath, Boulder, Kalifornien 1995.

sie in Kammern. Der Spender wurde in einem Raum mittels Videoclips emotionalen Stimulationen ausgesetzt, um bei ihm unterschiedliche Emotionen auszulösen. In einem anderen Raum, aber im selbigen Gebäude, wurde seine DNA platziert. Der Spender und seine DNA wurden mit einer Messung (anhand elektrischer Reaktionen) genauestens überwacht. Nahm der Spender emotionale Tiefstwerte bzw. Höchstwerte wahr, zeigte die DNA ohne jegliche Übertragungszeit, sprich Zeitverzögerung, ebenfalls exakt identische Reaktionen. Jetzt wollten es die Wissenschaftler genauer wissen und gingen noch einen Schritt weiter, indem sie Spender und DNA räumlich noch stärker voneinander trennten. (Genau genommen wollten sie in Erfahrung bringen, bei welcher Entfernung von Testperson und DNA sie noch die gleichen Auswirkungen erreichen konnten.) Nachdem sie Spender und DNA 50 Meilen, umgerechnet 80,47 km, voneinander trennten und immer noch exakt die gleichen Ergebnisse erzielten, nämlich keine Übertragungszeit, keine Verzögerungszeit, brachen sie die Versuche ab.

Die identischen Reaktionen ohne Verzögerungszeit von Spender und DNA ließen die Wissenschaftler schlussfolgern, dass der Spender und seine DNA auch über Zeit und Raum hinaus miteinander kommunizieren können.[45]

Das dritte und letzte Experiment beweist uns noch etwas viel Bahnbrechenderes, nämlich wie unsere jeweils ausgesendeten Emotionen unsere physische Welt beeinflussen:

Licht-Photonen bilden die Welt um uns herum. Diese wurden in einem Vakuum beobachtet. Komplett dem Zufall überlassen war ihr natürlicher Standort. Dann wurde dem Vakuum menschliche DNA hinzugefügt. Faszinierenderweise verhielten sich die Licht-Photonen dann aber nicht mehr länger einfach zufällig, sondern folgten präzise der Geometrie der DNA. Die Wissenschaftler, die das Verhalten der Photonen untersuchten, beschrieben es als »*überraschend und entgegen dem, was man erwarten würde*« und fügten wortwörtlich hinzu: »*Wir sind gezwungen, die mögliche Existenz*

---

45 Vgl. etwa http://i-uv.com/new-research-shocks-scientists-human-emotion-physically-shapes-reality.

*einer neuen Form von Energie zu akzeptieren«*. Sie kamen zu der Erkenntnis, dass menschliche DNA sprichwörtlich das Verhalten von Lichtphotonen steuert, welche unsere Realität oder Wahrnehmungen beeinflussen.[46]

Alle drei Studien zusammengefasst bringen uns zu folgender Erkenntnis: Unsere ausgesendeten Emotionen beeinflussen und verändern unsere physische Welt. Das wiederum bedeutet abgeleitet, dass das Grundgesetz von Karma nach über 2000 Jahren auch in der Wissenschaft belegt wurde.

## Der physische Körper: Deine Handlungen

> *»All Deine Taten werden Dich finden.«*
> (INDIANISCHE WEISHEIT)

Der physische Körper ist jener Körper, den man physisch anfassen und mit den Augen sehen kann. Wir können unseren physischen Körper nutzen, um mit unseren Armen, Händen und Fingern die Welt zu ergreifen, mit unseren Beinen unseren Standpunkt zu vertreten oder zu verändern, mit unserem Gehirn und den Sinnesorganen Wahrnehmungen zu erfahren. Diese Körperteile und Funktionen können wir als unsere Werkzeuge bezeichnen, mit denen wir die Möglichkeit haben, unsere Fähigkeiten und unser Potenzial auf der Erde umzusetzen.

> ***Spiritueller Impuls:*** Ein wichtiger Punkt, den es zu beachten gilt, ist, dass Du nicht selbst der Körper bist, sondern unsterbliches, reines Bewusstsein, Liebe, Friede, Existenz. Du benutzt und bewohnst mit Deinem Bewusstsein nur (D)einen physischen Körper. Das macht den Körper lebendig – er ist sozusagen unser Haus, in dem unser Bewusstsein wohnt. Diese Reflektion kann Dir sehr schnell bewusstwerden, wenn Du tief durchatmest, in Dich gehst

46 Rein, G./McCraty, R.: Local and Non-Local Effects of Coherent Heart Frequencies on Conformational Changes of DNA, Institute of HeartMath, Boulder, Kalifornien 1993.

und Dir dabei folgende Frage stellst: »*Bin ich mein Körper selbst oder bewohne ich mit meinem Bewusstsein meinen Körper?*« Daraus abgeleitet ergibt sich, dass es in unserer eigenen Verantwortung liegt, wie liebevoll wir unseren Körper, das Haus unseres Bewusstseins, hegen und pflegen oder schädigen, sodass es eine Freude oder ein Albtraum ist, in ihm während unseres ganzen Erdenaufenthaltes zu wohnen. Der physische Körper ist sozusagen wie eine Leihgabe, deren Mietdauer ungewiss ist und der uns zu jeder Zeit wieder genommen werden kann.

*»Ich bin unsterbliches Bewusstsein.«*
(RAMANA MAHARSHI, 1879–1950)

***Merke:*** Durch unsere Taten, die wir gewählt haben zu tun, werden entsprechende Energien/Emotionen ausgesendet, die, je nach Absicht, sowohl harmonisches als auch unharmonisches Karma produzieren können.

Unabdingbar und von größter Bedeutung ist jedoch die Absicht, die dahintersteckt (also aus welchen Gründen wir entsprechende Handlungen vollziehen), entsprechende, zukünftige Erfahrungen in unser Leben ziehen zu wollen. Denn bei gleicher Handlung können wir vollkommen unterschiedliche Motive haben und in Folge dessen unterschiedliche Energien/Emotionen aussenden und entsprechend unterschiedliches Karma produzieren. Eine Absicht ist die zielgerichtete Bündelung von Gedankenenergie.

Ein Arzt beispielsweise, der einem Menschen, mit der Absicht ihn zu gesunden, den Bauch aufschneidet, aber dieser trotzdessen stirbt, wird andere Energien/Emotionen aussenden und Karma produzieren als etwa ein Mörder mit denselben Handlungen und demselben Ergebnis, aber mit der Absicht, jemanden zu töten. Um es zu verdeutlichen, stell Dir bitte einmal vor, welche Unmengen an hasserfüllten Emotionen schon alleine nur während der wochenlangen Planung einer solchen Tat produziert werden, welche es nicht zuletzt überhaupt erst möglich macht, eine solche Handlung zu begehen.

**Metapher zu den drei Ebenen:**
Für die Differenzierung und zum besseren Verständnis der drei Ebenen (mentaler Körper, emotionaler Körper, physischer Körper) beschreibe ich diese jetzt mittels einer Metapher, um zu verstehen, wie diese Ebenen für die Karma-Produktion verantwortlich sind:

- Ein flüchtiger Gedanke ist, als würde man etwas in Wasser schreiben.
- Eine Emotion ist, als würde man es in Sand schreiben.
- Eine Tat ist, als würde man es in Stein meißeln.

***Anmerkung:*** Zum Vergleich: Bei einer folgenschweren unharmonischen physischen Tat werden ganz andere Energien, sprich viel intensivere Emotionswellen produziert und ausgesendet, als etwa bei einem bloß flüchtigen Gedanken.

***Spiritueller Impuls:*** Alle Energien/Emotionen, die Du durch Deine Handlungen und Dein Denken aussendest, kommen irgendwann wieder zwingend zu Dir zurück, um wieder ganz und vollständig zu sein, damit Du wieder aus 100 Prozent Energie bestehst. Denn mit jedem Aussenden von Emotionen wird ein kleiner Teil Energie von Dir ausgesendet. Emotionen aussenden = Wunsch aussenden = Energie aussenden = Karma-Produktion. Dies ist ein universelles Gesetz.
Zur besseren Verständlichkeit dieser essentiellen Thematik werde ich Dir ein sehr einprägsames Beispiel geben und Dir direkt im Anschluss die karmische Analyse liefern, die Dir die Augen öffnen wird.

**Beispiel:**
Durchaus mehr Menschen, als man vermutet – in vielen Fällen muss man sich nur genauer in der Nachbarschaft umhören –, passiert es im Laufe ihres Lebens, dass ihr Partner ihnen untreu wird und fremdgeht. Falls auch Dir das bereits widerfahren ist oder vielleicht einem guten Freund oder einer guten Freundin, fragst Du Dich vielleicht: »*Was hat das nun mit meinem, seinem oder ihrem Karma zu tun?*«

**Analyse:**

(Der Einfachheit und Verständlichkeit halber nehmen wir bei der Analyse an, es sei Dir widerfahren.)

Anstatt wie der Otto-Normal-Betrogene darauf nur mit Schuldzuweisungen an den Partner zu reagieren (und dadurch unharmonisches Karma zu produzieren) und der Überzeugung zu sein, dass der Partner die alleinige Schuld trägt, solltest Du besser die Lupe auf Dein Karma richten. Denn, was Du bisher nicht in Betracht gezogen hast, ist: Du hast irgendwann an einem Zeitpunkt in der Vergangenheit durch das Aussenden von Emotionen (= Wunschenergie), mittels Deiner gewählten Gedanken/Handlungen, Karma erschaffen. Irgendwann, in diesem oder eben auch erst im nächsten Leben, ziehst Du jetzt jene unharmonische Erfahrung (Untreue des Partners) in Dein Leben, welche exakt den oben ausgesendeten Emotionen entspricht. Das heißt, dass Deine in der Vergangenheit produzierte Wunschenergie (Karma) sich jetzt als Erfahrung zeigt und nun aufgelöst werden möchte.

Wie genau Du diese Wunschenergie ausgesendet hast, lässt sich leicht an einem praktischen Beispiel nachvollziehen: Vielleicht zählst Du zu jenen Menschen, die schon immer das Gefühl hatten, dass ihr Partner sie eines Tages mit Sicherheit betrügen würde. Garantiert unternimmst Du einiges in Gedanken, aber auch im realen Leben, um dies zu verhindern. Dabei ist es nur natürlich, dass man sich den tatsächlichen Betrug auch ausmalt. Aber in diesem Moment, in dem Du Dir das Fremdgehen Deines Partners vorstellst, wird dieses nicht verhindert, sondern es wird gefördert, denn Du produzierst unharmonisches Karma in eben genau diese Richtung. Es wird weitläufig von der (unbewussten) Annahme ausgegangen, dass man, wenn man an das denkt, das man nicht haben möchte, dieses auch verhindert. Dem ist (leider) nicht so. Denn es wurde dorthin gedacht und dadurch wurden auch Energiewellen in diese Richtung produziert, die es mit aller Kraft in Dein Leben ziehen. Deswegen unterstreiche ich an dieser Stelle nochmal: Wenn Du etwas nicht haben möchtest, darfst Du auch nicht in diese Richtung denken!

Zurück zum nächsten Akt des Beispiels: Leider ist dieses Wissen bei den meisten Menschen im westlichen Kulturraum nicht vorhanden und so produzieren sie beständig weiter Karma, indem sie noch eifersüchtiger werden, Rachegelüste hegen oder schwerwiegende Gegenmaßnahmen treffen. Unter Umständen hast Du genauso reagiert und Deinem Partner beispielsweise verboten, mit seinen »*Jungs*« rauszugehen, im Café bei der attraktiven Kellnerin zu bestellen oder auf den Punkt gebracht: Du witterst insgesamt überall Gefahr und bist beseelt von dem Gefühl, es Deinem Partner bald so richtig heimzuzahlen.

**Analyse (weitergeführt):**

Das Fließband der unharmonischen Karma-Produktion (durch das Aussenden von unharmonischen Emotionen) läuft so besser als in manchen VW-Werken.

Auf der Analyseebene kannst Du Dir die Karma-Produktion in diesem Fall so vorstellen: Das von Dir in der Vergangenheit produzierte Karma (die Wunschenergie), das sich soeben auflösen und dadurch zu Dir zurückfließen möchte, wird wegen Deiner erneuten Wunsch-Aussendung (denn Du wehrst Dich durch die im Beispiel genannten Maßnahmen) mittels Aversion oder Verlangen blockiert. Denn schließlich sendest Du weiterhin die Energie aus, obwohl zeitgleiches Aussenden und Empfangen nicht möglich ist, da der Kanal durch das Aussenden in diesem Moment bereits belegt ist.

Der eigentliche Weg, dieses sich soeben zeigende Karma aufzulösen und dadurch dafür zu sorgen, dass Du eine solche Erfahrung nicht mehr in Dein Leben ziehst, ist, es in Gleichmut anzunehmen.

> ***Spiritueller Impuls:*** Gleichmut ist das Nicht-Aussenden von Emotionen und in Frieden mit dem zu sein, was Du gerade wahrnimmst.

Wählen wir die Emotion Traurigkeit als Beispiel. Wenn Du mal traurig bist und dies momentan nicht verhindern kannst, dann musst Du diese Emotion in Gleichmut annehmen, damit sich die Traurigkeit auflösen kann. Wenn Du aber darauf reagierst und wegen der Traurigkeit auch Trauer empfindest, dann wird zum einen der Auflösungsprozess gestoppt und es werden auch noch neue unharmonische Emotionen durch Gedanken produziert. Zum anderen wirst Du neben dem nicht aufgelösten Karma auch noch neues Karma erzeugen und neue, sogar verstärkte, Erfahrungen dieser Kategorie in Dein Leben ziehen. Immer und immer wieder, ein Teufelskreis!

So etwas kennst Du vielleicht aus Deinem Bekanntenkreis, wenn etwa eine Freundin immer den gleichen Typ Mann anzieht, der ihr exakt jedes Mal dieselben Probleme bereitet. Dann ist das ein sicheres Zeichen, dass sie altes Erlebtes nicht in Gleichmut angenommen und stattdessen darauf reagiert hat. Sie war jedes Mal aufs Neue nicht in Frieden damit, was sich soeben zeigte, indem sie mit unharmonischen Emotionen reagierte und deswegen sich das noch ausstehende, sich gerade auflösen wollende Karma nicht auflösen konnte. Selbstverständlich ist mir bewusst, dass dies leichter gesagt als getan ist, denn in so einem Fall kommt nämlich das Falsche Selbst wieder ins Spiel, dessen Lieblingshobby es ist, wieder neues unharmonisches Karma zu produzieren, indem es versucht, den Energierückfluss, den Du durchlebst, entweder zu stoppen, zu verringern oder zu vermehren. Kurz gesagt, es will den natürlichen Energierückfluss manipulieren. Wenn Du aber bei allem, was sich in Deinem Leben zeigt, in Gleichmut bleibst, sprich keine unharmonischen Emotionen mehr durch Gedanken aussendest, dann kann sich Dein noch nicht abgetragenes Karma auflösen und Du wirst irgendwann befreit von diesen alten Verstrickungen sein und in Zukunft keine solchen Erfahrungen mehr in Dein Leben ziehen.

Zurück zur Analyse: Wenn es Dir noch nicht gelingt, in Gleichmut zu bleiben, produzierst Du mit dem »*sich Wehren*« wieder neues Karma, das sich mit dem noch nicht abgetragenen Karma addiert, weil Du bei dem »*sich Wehren*« zum einen das sich soeben zeigende Karma, das sich auflösen möchte, stoppst, und zum anderen wieder neue Emotionen (= Wunschenergie) aussendest. Dies ist auch der Grund, warum Menschen immer wieder die gleichen Erfahrungen in ihr Leben ziehen und die Wahrnehmungen oft immer unharmonischer werden. Dieses »*sich Wehren*« ist wegen der

Unwissenheit allerdings eine Option, die leider von sehr vielen Menschen gewählt wird.

Die Suppe, die Du Dir selbst durch Deine ausgesendeten Emotionen eingebrockt oder versalzen hast, ob sie Dir schmeckt oder nicht, musst Du nun selbst wieder auslöffeln. Wenn Du diese aus irgendeinem Grund nicht auslöffeln willst und stattdessen noch mehr Salz hineinstreust, entsteht eine noch weniger schmackhafte Suppe, sprich verstärktes Karma.

Karma ist sowohl für die harmonischen als auch für die als unharmonisch empfundenen Erlebnisse ursächlich. Das, was Du säst, wirst Du ernten. Diese Ernte kann für Dich süß oder auch sauer ausfallen. Darum empfehlen die meisten Religionen auch stets, so viele gute Taten wie möglich auszuführen, weil dies gute Früchte tragen wird. Darüber hinaus hast Du auch weniger Zeit für schlechte Taten, Gedanken und Emotionen, die faule Früchte tragen würden.

***Spiritueller Impuls:*** Es ist nichts wahrnehmbar – sprich Erlebnisse, Erfahrungen, die Du in Dein Leben gezogen hast –, das nicht in irgendeiner Form mit Deinem Karma zu tun hat. Also: Du wirst nur Dinge erleben, die dafür da sind, Energie wieder zu Dir zurückfließen zu lassen. Kein Mensch kann Dir etwas Böses antun, wenn es nicht irgendwie noch mit Deinem Karma zu tun hat.

Zusammenfassend möchte ich, da diese Botschaft so essentiell ist, Folgendes nochmals mit aller Deutlichkeit und vielen Ausrufezeichen unterstreichen:

Karma entsteht immer dann, wenn Du Dich bewusst oder unbewusst dazu entschieden hast, einen Wunsch auszusenden. Man sendet beziehungsweise wünscht fast immer – außer Du hast durch jahrzehntelange Meditationserfahrung die vollkommene Selbsterkenntnis erlangt. Ich verwende an dieser Stelle bewusst den Begriff »*immer*«, da Du fast immer denkst, wahrnimmst und handelst. Bei allem, was Du erlebst und worauf Du dann verlangend oder ablehnend reagierst, entsteht Karma. Emotionen, die Du egoistisch ausgesendet hast, bewusst oder unbewusst, müssen und werden irgendwann wieder zu Dir zurückkehren, da sie zu 100 Prozent aus Energie bestehen.

Du kannst in Dein Leben nur das ziehen, was Du Dir vorher gewünscht, sprich gedacht und wahrgenommen hast! Das heißt im Umkehrschluss: Du kannst keine Erfahrung in Dein Leben ziehen, die vorher nicht, egal ob bewusst oder unbewusst gewünscht oder durch eine Handlung, getätigt wurden. Es kann Dir nichts passieren, was Du vorher nicht ausgesucht, sprich gedacht oder durch Handlungen getätigt bzw. entschieden hast zu denken oder zu handeln. Du musst immer vorher Energiewellen in der Vergangenheit, unabhängig ob in diesem oder in einem vergangenen Leben, mittels Denkens oder Handlungen in eine von Dir gewählte Richtung gesendet haben, um jetzt eine entsprechende Wahrnehmung zu machen.

Jeder Wunsch, jeder Gedanke mit emotionalem Anteil ist karmaproduzierend, da jeder Wunsch, wie bei einer Kettenreaktion, etwas ins Laufen bringt, welches sich in Deinem Leben zu einem bestimmten Zeitpunkt wieder zeigen wird (also zu Dir zurückkommt).

***Spiritueller Impuls:*** Karma kann man nicht unterteilen in »*gut*« oder »*böse*«, »*schwarz*« oder »*weiß*« und es ist auch kein Richter, der Dich streng bewertet, beurteilt und schuldig spricht. Karma ist stattdessen nur die Konsequenz, oder anders ausgedrückt, das universelle Gesetz von Ursache und Wirkung Deiner ausgesendeten Emotionen und Deiner bewusst oder unbewusst produzierten Gedanken oder getätigten Handlungen. Ab jenem Zeitpunkt, an dem Du aufhörst zu reagieren, wenn etwas in Dein Leben tritt, wird Karma aufgelöst und es entsteht auch kein neues Karma mehr. Der Wunsch, der sich gerade in Deinem Leben zeigt, sprich die Situation, die Du selbst in Dein Leben gezogen hast, wird wahrgenommen und die volle Verantwortung dafür übernommen. Das Wichtigste ist, sich dem voll hinzugeben, das heißt, keine Gedanken und Emotionen nach Wahrnehmungen zu produzieren, in Gleichmut zu bleiben und die Situation emotionslos in Frieden anzunehmen. Das Karma wird aufgelöst und tritt nie wieder in Dein Leben, außer Du wünschst es Dir erneut.

Es ist leider so, dass in der heutigen Zeit so viele Menschen in ihrem emotionalen Körper derart verletzt sind, dass sie schon Belangloses von ihren Mitmenschen als Angriff interpretieren, überreagieren und sofort zurückschlagen. Das heißt, dass sie mit Aversion bzw. Verlangen reagieren und dadurch die Karma Produktions-Maschine wieder von vorne beginnt. Die meisten von uns lassen sich die Freude am Leben wirklich schon wegen Kleinigkeiten und Belanglosigkeiten verderben. Daher empfehle ich Dir aus tiefstem Herzen: Wirf all Deine bisher unvorteilhaften Verhaltensweisen ein für alle Mal über Bord, bei denen Du jedes Mal auf bestimmte Wahrnehmungen unharmonisch reagiert hast oder reagierst. Beende den Teufelskreis und bleib in Frieden mit dem, was kommt, denn diese unharmonischen Erfahrungen werden sich dann von selbst auflösen, und Du wirst ein glücklicher und zufriedener Mensch werden!

Unsere augenblickliche innere Gefühlswelt bestimmt, wie wir auf bestimmte Wahrnehmungen reagieren und dadurch Karma produzieren. Sind wir, um ein Paradebeispiel aufzugreifen, soeben frisch verliebt, oder haben wir uns wegen einer vorrausgegangenen Situation von ganzem Herzen gefreut, herrscht in uns sicherlich in dem Moment Hochstimmung. Mit einem solchen harmonischen »*inneren Klima*« werden wir auf einen griesgrämigen Chef, die spitze Bemerkung des Arbeitskollegen oder das unangemessene Verhalten eines Verkehrsrowdys viel harmonischer oder eben weniger reagieren, als wenn uns durch vorausgegangene Erfahrungen aktuell ein unruhiger, aufgewühlter Geist beherrscht. Die Erkenntnis, die wir daraus ziehen können, ist, dass die größte Rolle, wie wir auf Wahrnehmungen reagieren und dadurch auch entsprechend Karma produzieren, hauptsächlich unsere augenblickliche Stimmung spielt und nicht die soeben erlebte Wahrnehmung. Da wir immer durch selbst gewählte Gedanken wählen können, welches innere Klima in uns gerade herrscht, verfügen wir auch über die Wahl, es uns erheblich einfacher zu machen, ob und wie wir auf Wahrnehmungen reagieren. Nicht Deine Wahrnehmungen entscheiden also über Dein Karma, sondern Deine Reaktion darauf, wie Du auf bestimmte Wahrnehmungen reagierst. Nur auf der Basis von innerer Ruhe können wir klar und sauber agieren und gelangen so von einem marionettenhaften Reagieren zu einem selbst-bewusst-gewählten Handeln.

Deswegen ist es von größter Bedeutung, eine große Achtsamkeit dafür zu entwickeln, welche Gedanken Du wählst zu denken. Denn wenn wir anfangen, uns selbst dahingehend zu beobachten, welche Gedanken wir in unserem Kopf produzieren und welche Emotionen dadurch entstehen, können wir uns allmählich vom ständigen Produzieren unharmonischen Karmas befreien. Ein guter Rat ist es, auch wenn es nicht gerade einfach ist, zunächst einmal in Gleichmut zu bleiben, richtig tief durchzuatmen und den zeitlichen Raum zwischen Wahrnehmung und Reaktion mit jedem Atemzug zu vergrößern. Je länger Du dies schaffst, desto besser kannst Du die Wahrnehmung verstehen, in Frieden annehmen und die Dinge so sehen, wie sie wirklich sind.

Jedes Reagieren auf Wahrnehmungen produziert Karma und verhindert, dass sich altes Karma auflösen kann. Damit wir nicht mehr auf Wahrnehmungen reagieren – sprich unharmonische Erlebnisse in Gleichmut annehmen – müssen wir dies auch trainieren und brauchen somit Gelegenheiten, die es uns ermöglichen, dies zu üben. Solche Herausforderungen werden uns hier auf unserem Planeten erfahrungsgemäß nie ausgehen. Daher ist es von größter Bedeutung, dass wir solche Erlebnisse ab sofort aus einer ganz neuen und für uns viel gewinnbringenderen Perspektive betrachten: Anstatt dass wir, wenn uns etwas Unharmonisches widerfährt/ wir angegriffen werden, immer gleich in Disharmonie und in einen Verteidigungs- oder Rache-Modus übergehen, sollten wir ab jetzt eine für uns viel vorteilhaftere Vorgehensweise wählen und dankbar für solche Wahrnehmungen sein, da sie uns ein kostenfreies Gleichmuts-Training bieten, um immer besser darin zu werden, nicht mehr auf unharmonische Wahrnehmungen zu reagieren.

Wenn wir leiden, finden wir normalerweise sofort einen Schuldigen oder Verantwortlichen dafür und denken, der Fehler liege bei dieser oder jener Person. Statt aber den Fokus darauf zu legen, Racheakte zu schmieden, es erstmal dem Schuldigen gleich doppelt und dreifach heim zu zahlen, machen wir es ab sofort bei weitem besser, indem wir uns als erstes in Erinnerung rufen, dass wir selbst durch unser noch vorhandenes, noch nicht abgetragenes Karma solche Erlebnisse angezogen haben. Zudem sollten wir uns wieder bewusst machen, was Leid eigentlich ist: Leid sind karmische Schulden aus der Vergangenheit, denen wir uns unter normalen Voraussetzungen sowieso nicht entziehen können. Auch von großem Vorteil ist es, wenn wir uns bewusst machen, dass Leid auch immer etwas zeitlich Begrenztes ist und dass dies ohne unser Zutun von selbst wieder abklingen wird. Daher brauchen wir uns von unharmonischen Emotionen nicht beeindrucken lassen.

Von einem tieferen spirituellen Standpunkt her tun uns unsere Widersacher sogar einen Gefallen. Wir können solche Menschen, die in uns unharmonische Emotionen hervorrufen, als unsere spirituellen Lehrer ansehen, die es uns ermöglichen, uns selbst dahingehend zu überprüfen, wie weit wir eigentlich schon in unserer Entwicklung sind. Ohne Herausforderung und Provokation von unseren Mitmenschen wäre es uns nicht möglich, Gleichmut, sprich das »*Nicht-Reagieren*«, zu trainieren. Angegriffen zu werden, ist daher für uns äußerst nützlich und sogesehen eines der besten Dinge, die uns passieren können, denn nur so können wir uns entwickeln und uns verbessern. Daraus ergibt sich gleich eine ganze Palette von Vorteilen. Erstens: Nur im Nicht-Reagieren kann sich altes, sich gerade zeigendes Karma auflösen. Zweitens produzieren wir dadurch auch kein neues Karma mehr und schlussendlich bekommen wir bei unharmonischen Wahrnehmungen zusätzlich ein kostenfreies, reales Training, damit wir in Zukunft gewappnet sind und immer besser im »*Nicht(-mehr)-Reagieren*« werden.

Mit dieser wunderbaren neuen Herangehensweise – mit der wir leidvolle Wahrnehmungen ab sofort als äußerst nützlich betrachten – wird es uns in Zukunft viel einfacher gelingen, solche friedvoll, gelassen und in Gleichmut anzunehmen, ohne dabei zu reagieren.

*»Tue nichts im Zorn! Warum in dem Augenblick an Bord gehen, wo ein rasender Sturm das Meer aufwühlt?«*
(Weisheit aus Indien)

Spirituelle Übung für Fortgeschrittene: Falls Du bei einer unharmonischen Wahrnehmung nicht achtsam genug auf Deine Gedanken aufgepasst hast und in ein Feuerwerk an unharmonischen Emotionen geraten bist, dann scanne Deinen Körper Stück für Stück ganz genau auf emotionale Wahrnehmungen hin ab, indem Du Deinen Fokus gezielt nach innen richtest, und benenne diese gedanklich.

Ein Beispiel zur Veranschaulichung einer unharmonischen Wahrnehmung aus meinem Innenleben in Form einer Achtsamkeitsübung: Ich nehme gelegentlich ein leichtes Druckgefühl im Herzbereich wahr. Dieses Gefühl hat die Form und Größe eines Tennisballs. Meine Kopfhaut zieht sich zusammen und kitzelt links hinten leicht. Hitze macht sich breit, ein kribbelndes Gefühl durchfließt meinen ganzen Körper. Am Rücken bekomme ich eine Gänsehaut. Ich fühle einen Kloß im Hals. Ich nehme ein Ziehen im Nackenbereich wahr, der sich mittlerweile ziemlich verspannt hat. Meine Beine fühlen sich an, als wenn sie davonlaufen möchten. Auch kann ich ein ganz feines Kribbeln an den Unterschenkeln wahrnehmen.

Der große Benefit beim Abscannen Deines Körpers ist also, dass Du nicht nur achtsamer wirst, sondern sich zudem Deine unharmonischen Emotionen automatisch auflösen.

***Spiritueller Impuls:*** Sieh in Zukunft unharmonische Wahrnehmungen als Training an. Wenn Du das nächste Mal wieder so eine Situation in Dein Leben ziehst, stell Dir einfach vor, dass Du gerade einen Test bekommst, ob Du es schon schaffst, karma-frei – nämlich nicht – zu reagieren, die Wahrnehmung in Gleichmut anzunehmen. Du kannst das Ganze sogar noch um eine Stufe steigern, indem Du Dich jedes Mal für eine solche eher unharmonische Situation innerlich bedankst.

Keine Sorge, am Ende des Buches wirst Du all diese Prinzipien verinnerlicht haben.

# Kapitel 6: Die Macht des Wünschens

Du wirst in den vorangegangenen Kapiteln schon bemerkt haben, dass ein Wunsch für die Karma-Lehre ein sehr wesenlicher Begriff ist. Ebenso wirst Du nun gleich verstehen, dass damit nicht ein Wunsch im herkömmlichen Sinne gemeint ist. Ein Wunsch ist ein Gedanke, der harmonische Emotionen wie Mitgefühl, Güte, Freude und Wohlwollen beinhalten und auch aussenden kann. Ein Wunsch kann auch dazu dienen, jemandem etwas zu gönnen. Aber genauso kann ein Wunsch auch die Form unharmonischer Emotionen wie Hass, Angst, Zorn, Neid, Wut, Übelwollen, Missgunst, Feindseligkeit, Bitterkeit und noch viele weitere Emotionen annehmen und diese aussenden.

Was in der Karma-Forschung wirklich unter Wunsch verstanden wird, ist: Ein Wunsch entsteht immer, wenn durch Gedanken eine Emotion ausgesendet wird. Oder wenn Du Dich entschieden hast, etwas zu denken, ob Dir dies bewusst ist oder nicht, harmonisch oder nicht, ist dabei nicht relevant. Es bleibt immer Dein gewählter Wunsch, auch wenn Du das Resultat eigentlich nicht magst und manchmal unbedingt verhindern möchtest.

Ein Wunsch entsteht immer dann, wenn Du durch Deine Gedanken und Dein Handeln entsprechende Emotionen aussendest. Dein gewählter Wunsch mit den entsprechenden ausgesendeten Emotionen kommt unweigerlich mit den entsprechenden Emotionen irgendwann wieder zu Dir zurück, das heißt, dass Du irgendwann eine Erfahrung in Dein Leben ziehen wirst, bei der Du exakt die gleichen Emotionen darin wahrnimmst. Dies ist dann Dein selbst produziertes Karma.

***Spiritueller Impuls:*** Karma produziert man, indem man Emotionen durch Denken und Handeln aussendet.

Ein Wunsch entsteht also durch Deine Entscheidung, eine Emotion auszusenden, indem Du Dich vorher entschieden hast, etwas zu denken. Viele Menschen richten ihren Wunschfokus auf monetäre Ziele wie: »*Ich will eines Tages viel Geld besitzen!*« Nimm Dir kurz Zeit und sprich diesen Satz laut aus. Wie hast Du Dich bei dieser Aussage gefühlt? Wiederhole diesen Wunsch innerlich und spüre in Dich hinein. Was nimmst Du dabei innerlich wahr? Denn sehr oft kommt es vor, dass man sich bei einem Wunsch unsicher fühlt. In jenem Beispiel bist Du Dir bestimmt unsicher, auf welchem Wege dieses Geld zu Dir gelangen soll. Die Konsequenz ist, dass Du dann auch keinen nennenswerten Geldbetrag in Dein Leben ziehst. Der Wunsch wird sich nicht verwirklichen, denn Du hast die Emotionen »*Skepsis*« und »*Unsicherheit*« durch Deine Gedanken als trojanisches Pferd in Deinen Wunsch eingeschleust. Der Wunsch nach mehr finanziellem Reichtum wird sich am besten dann verwirklichen, wenn Du ihn mit den Emotionen der Dankbarkeit, Leichtigkeit und Freude, weil Du den ensprechenden Reichtum schon erreicht hast, auf die Reise schickst.

***Spiritueller Impuls:*** Du bekommst nicht das, was Du glaubst, verdient zu haben, sondern ziehst ausnahmslos Erfahrungen in Dein Leben, die eine Folge dessen sind, welche Emotionen Du in der Vergangenheit überwiegend durch Dein frei gewähltes Denken und Handeln in entsprechende Richtungen ausgesendet hast.

*»Das Universum ist eine riesige Kopiermaschine unserer Gedanken. Wollen wir, dass sich eine Sache ändert, müssen wir aufhören, die dazugehörigen Gedanken auf den Kopierer zu legen.«*
(NEALE DONALD WALSCH, *1943)

Ein weiteres Beispiel verdeutlicht diesen Sachverhalt: Einem Arbeitskollegen gegenüber empfindest Du wegen eines vorangegangenen unharmonischen Erlebnisses, wie z.B. einem Streit, die Emotion des Grolls, und wünschst Dir, dass es ein derartiges Erlebnis in Deiner Beziehung nie wieder geben soll. Durch die in diesem Wunsch vorhandene Emotion »*Groll*« wurde jedoch genau wieder dieser Wunsch in diese Richtung ausgesendet. In Folge wird irgendwann wieder exakt jene Erfahrung (mit diesem Arbeitskollegen oder auch mit einem anderen Menschen), da sie ausgesendet wurde, in Dein Leben gezogen.

***Spiritueller Impuls:*** Wie gerade dargelegt, werden viele Wünsche unbewusst produziert, da die meisten Menschen viele Wünsche unbewusst aussenden, indem sie Emotionen, die sie eigentlich gar nicht haben möchten, mit ihren Gedanken produzieren und aussenden. Welche Emotionen (Wünsche) Du auch immer aussendest – ob harmonisch oder unharmonisch – sie kehren mit exakt derselben Intensität bzw. Energie unweigerlich irgendwann wieder zu Dir zurück. Es verhält sich exakt wie bei folgender Aussage aus der Bibel: »*Denn was ein Mensch sät, wird er auch ernten.*« (Galater 6,7) Wenn man diese Phrase des Sähens und Erntens aus der Bibel tiefgründiger analysiert, dann kommt man schnell zu dem Ergebnis, dass hier damit auch nur die Summe der ausgesendeten Energien gemeint ist, die Du durch Deinen freien Willen, Dein selbst gewähltes Denken und Handeln ausgesendet hast und noch nicht wieder bei Dir aufgenommen hast. Die Ernte ist dann das Erlebnis, sprich die Energie, die wieder zu Dir zurückfließt.

Wenn Du harmonische Emotionen wie Liebe, Frieden, Begeisterung, Vorfreude und Lebensfreude durch Dein Denken aussendest, wirst Du Menschen in Dein Leben ziehen, die ebenfalls so positiv durch ihr Leben gehen. Wenn Du durch Dein Denken unharmonische Emotionen aussendest, werden wiederum genau solche Menschen in Deinem Leben auftauchen – so wie der streitsüchtige Arbeitskollege. Wir geben den Ereignissen in solchen Fällen dann gerne den Namen »*Zufall*«, »*Schicksal*« oder im positiven Falle »*Glück*«. Es handelt sich hierbei jedoch nicht um Zufall, Schicksal oder Glück, denn: Du wählst, was Du erleben möchtest.

## Woran liegt es, dass Wünschen à la »The Secret« so selten funktioniert?

Sie kennen sicher das Werk von Rhonda Byrne bzw. den Film mit dem Titel »*The Secret*«.[47] Es zählt zu den am meisten ver-

47 Byrne, Rhonda: The secret – Das Geheimnis, Arkana, 2007.

kauften Büchern weltweit. In diesem Buch wurde zum ersten Mal einer breiten Öffentlichkeit bekannt gemacht, wie und dass erfolgreiches Wünschen funktioniert.

Solange Dein Wunschkanal mit einer Konditionierung besetzt ist, ist es nicht möglich, einen reinen Wunsch ohne unharmonische Bestandteile auszusenden. Daher wird, wenn der Wunsch von einer Aversion[48] gegenüber dem aktuell Erlebten begleitet wird, sofort die schon vorhandene und unharmonische Konditionierung aktiviert. Das ist wie bei einem Radio, das auf Deiner Arbeit leise, aber beständig den ganzen Tag vor sich hin spielt: Die Konditionierung ist wie diese Dauerbeschallung auf einer ganz bestimmten Frequenz. Es ist nicht möglich, auf dieser Frequenz einen neuen, sauberen Wunsch zu 100 Prozent zu manifestieren, wenn dort noch etwas anderes in Dauerschleife gespielt wird!

Wenn Du Dir zum Beispiel wünschst, eines Tages in die Riege der Millionäre aufzusteigen, Du aber gleichzeitig beliebte Glaubenssätze wie »Geld macht nicht glücklich«, »Geld verdirbt den Charakter« oder »Geld ist die Wurzel allen Übels« in Deiner Wunschenergie oder Deinem Wunschkanal hast, ist es unmöglich, Reichtum in Dein Leben zu ziehen. Schließlich sendest Du keine saubere, kristallklare Wunschenergie aus.

Wünsche entstammen oft dem Falschen Selbst und sind zum Beispiel:

- Wünsche, um Menschen beeindrucken zu wollen
- Wünsche, um Anerkennung zu erfahren
- Wünsche, bei denen anderen Lebewesen geschadet werden würde
- Wünsche, um einen Mangel ausgleichen zu wollen, unter anderem einen Partner in sein Leben ziehen zu wollen, um einen Eigenmangel, der sich durch die Emotion »Einsamkeit« zeigt, nicht mehr spüren zu müssen oder ausgleichen zu wollen. So etwas wird für etwas Dauerhaftes kaum gelingen.

---

48 Eine Definition des Begriffs »*Aversion*« findest Du in Kapitel 9 im entsprechenden Unterkapitel.

### Der Baum der Wünsche

*Es war einmal ein armer und einfacher Mann, der während einer Wanderung müde wurde. Er schlief angelehnt an einen Baum ein, ohne zu wissen, dass es sich um den Baum der Wünsche handelte, der einem im Handumdrehen alle Wünsche erfüllt.*

*Als der Mann aufwachte, sich räkelte und streckte, dachte er, wie schön es wäre, wenn er nicht mehr alleine wäre, sondern eine schöne, junge Frau hätte. Kaum hatte er diesen Wunsch gedacht, stand eine wunderschöne, junge Frau vor ihm und schaute ihn verliebt an. Der arme Mann konnte sein Glück kaum fassen. Er stellte sich vor, wie schön es wäre, reich zu sein und in einem wunderschönen Haus zu leben. Und schon saß er mit seiner Frau in einem Traumpalast und schwamm in Geld. Er hatte nun alles, wovon er jemals geträumt hatte.*

*Doch nun beschlichen ihn Zweifel und Ängste. »Wieso habe ich so viel Glück? Sicherlich muss ich für all dieses Glück teuer bezahlen!« Und schon nahm das Unglück seinen Lauf und das herrliche Haus mit dem ganzen vielen Geld verschwand. Die Gedanken des Mannes verstärkten sich. »Jetzt, da ich arm bin, wird es nicht lange dauern und meine Frau wird mich verlassen!« Wenig später verschwand seine Frau aus seinem Leben. »Nun habe ich nur noch meine Gesundheit. Wenn ich die auch noch verliere ...« Kaum gedacht, überkam ihn eine schwere Krankheit.*

*Nun saß der Mann wieder neben dem Baum ohne Frau, ohne Haus, ohne Geld, krank und dachte: »Bei all dem Unglück, das ich anziehe, muss ich bestimmt bald sterben.« Das waren seine letzten Gedanken.*[49]

Diesen Baum der Wünsche trägt jeder in sich. Deshalb ist es so wichtig, auf seine bewussten und unbewussten Gedanken zu achten, denn sie werden sich verwirklichen – die unharmonischen wie auch die harmonischen. Und wie ein Baum in der Natur braucht auch Dein innerer Baum der Wünsche ständig neue, wertvolle Nahrung, um weiterwachsen und gedeihen zu können.

---

49 Der Autor dieser Geschichte ist unbekannt.

> *»Das Universum bestraft Dich nicht und es belohnt Dich nicht. Es antwortet einfach auf die energetische Haltung, die Du ausstrahlst.«*
> (ABRAHAM HICKS, 1927–2011)

## Das effektivste Wünschen für ausgezeichnete Resultate

> *»Glaube bedeutet Vertrauen in das, was wir nicht sehen, der Lohn dieses Glaubens besteht darin, dass wir das sehen, worauf wir vertraut haben.«*
> (AUGUSTINUS AURELIUS, 354–430)

Nachdem Du erfahren hast, warum das Wünschen für die meisten Menschen einem Schlag ins Wasser gleicht, ist nun der Boden bereitet, um Dir wirksame Schritte aufzuzeigen, wie Wünschen wirklich erfolgreich funktionieren kann. Alle folgenden Tipps ergänzen sich in ihrer Wirkung, vergleichbar mit einem Seil, bei dem sich die einzelnen, feinen Fäden ergänzen und zusammen zu einem starken Seil werden.

In diesem Abschnitt erhältst Du sechs erfolgreiche Strategien, mit denen Du Deine Wünsche bald wahrnehmen kannst. Das sind die mir bekannten, am besten funktionierenden Wunscherfüllungsbeschleuniger, damit Deine Wünsche nicht nur in Deiner Vorstellung existieren, sondern in Erfüllung gehen. Mit ihnen wirst Du, wenn Du beharrlich am Ball bleibst, die Wunscherfüllungs-Zündschnur entflammen!

> ***Spiritueller Impuls:*** Gedanken haben telepathische Eigenschaften und ihre Energie ist augenblicklich überall, vor allem aber dort, wo Du Deine Aufmerksamkeit auf etwas richtest. Die dahinter liegende (Schöpfungs-)Energie unserer frei gewählten Gedanken, die unmittelbar mit unseren Emotionen gekoppelt ist, ist die eigentliche Wirkkraft. Die Intensität dieses Energiefeldes (und daher auch der Grad an meiner Schöpfungs-Manifestations-Kraft) kann ich durch Emotionsbeladung, wie der Steigerung meiner Bewusstheit, inneren Bildern, das Aussenden entsprechender

Emotionen, das sich mein Wunsch bereits erfüllt hat, und meiner Beharrlichkeit, gesteigert werden. Alle Schöpfungen dieser materiellen Welt werden durch den geistigen Beobachter erschaffen und als Realität für uns sichtbar. Veränderst Du Deine (gewohnten) Beobachtungen, veränderst Du auch Deine Welt um Dich herum. So erschaffst Du Dir als eigener Regisseur immer (D)eine Realität, die irgendwann als Erfahrung auf Deinem Bildschirm erscheint. Die Zeitverzögerung allerdings macht es nicht immer einfach, die selbst erschaffenen Wünsche, ob harmonisch oder unharmonisch (z.B. gewählte Gedanken über andere Verkehrsteilnehmer), damit in Verbindung zu bringen.

*»Werde Dir bewusst, was Du denkst, und Du wirst ein Gesetz zwischen Deiner Stimmung und den Dich umgebenden Umständen erkennen.«*
(NEVILLE GODDARD, 1905–1972)

## Die wahren Herzenswünsche

*»Der einzige Weg, der Dich auf Dauer frei macht, ist der Weg des Herzens, auch wenn er nicht immer der einfachste ist.«*
(WALTER BAUMGARTNER)

Bevor Dir diese sechs Strategien erläutert werden, möchte ich auf die Wichtigkeit Deiner wahren Herzenswünsche eingehen, denn wer seinen Herzensweg kennt und diesem auch folgt, wird von vielen Benefits profitieren, da er dadurch weitgehend von negativen Kosequenzen (Probleme, Krankheiten, Streit ...) verschont werden wird und gleichzeitig sich auch so, und nur so, des inneren Frieden erfreuen kann.

Nur wirkliche Herzensziele werden Dir Erfüllung bringen und Dich glücklich machen. Aber Hand aufs Herz: Kennst Du diese?

Es ist leider so, dass, wenn ich jetzt spontan 100 Menschen auf der Straße nach ihren Zielen und Wünschen fragen würde, mir gefühlte 97 Personen davon auf Anhieb keine konkreten Ziele nennen könnten. Die Mehrheit würde nach einigem Überlegen entgegnen: »*Mein Ziel ist es, gesund zu bleiben, viel Geld zu besitzen, eine glückliche Beziehung zu haben; generell glücklich zu sein, sowie Ruhm und Macht oder gesellschaftliche Anerkennung zu erwerben.*« Auch wenn das auf den ersten Blick nach der Kategorie »*Ziel*« klingen mag, handelt es sich eher um Allgemeinplätze, die meilenweit von Herzenswünschen entfernt sind, bei denen man schnell wahrnehmen kann, dass sich der Befragte darunter nicht viel vorstellen kann.

Stell Dir vor, Du würdest zum Flughafen- oder Bahnticketschalter gehen, und nachdem Du gefragt wirst, wohin Du möchtest, sagst Du: »*Ach, irgendwo hin, wo es schön warm ist*« oder »*Irgendein schönes Ziel, an dem ich mich wohlfühle und glücklich bin*«. Denkst Du, dass der Angestellte am Ticketschalter dann weiß, wo Du eigentlich hinreisen möchtest? Ungefähr so planlos wie der Herr am Ticketschalter würde im übertragenen Sinne auch die göttliche Schöpfung dastehen, wenn Du solche unkonkreten Wunschäußerungen aussendest.

***Spiritueller Impuls:*** Die kristallklare Klarheit und Absicht (D)eines Herzenswunsches in Kombination mit den dazu passenden geistigen inneren Bildern verursachen die entsprechenden Emotionen, die Grundvoraussetzungen für all Deine Schöpfungen sind. Je intensiver Deine Emotionen und je klarer die dazugehörigen geistigen inneren Bilder, umso schneller werden sich Deine Herzenswünsche in Deinem Leben als Realität zeigen.

*»Wer seinem Herzen folgt, wird durch das Leben von Herzen versorgt.«*
(Marco Behrens, *1985)

Für das Herausfinden Deiner Herzenswünsche ist die verstärkte Wahrnehmung Deiner Intuition ausschlaggebend, deswegen ruf Dir auch das Kapitel 3 dazu in diesem Buch noch einmal zur Unterstützung ins Gedächtnis. Es nützt Dir wenig, wenn Du Dir Unmengen wünschst und Ziele setzt, die aus Deinem Falschen Selbst stammen und nicht aus Deinem Herzen. Solche Wünsche verschaffen Dir letzten Endes keinen inneren Frieden und machen Dich nicht glücklich, auch wenn sie anfangs noch so erscheinen und sich als sehr verführerisch darstellen mögen. Schlussendlich kommt bei solchen Wünschen und Zielen immer irgendwann die Ernüchterung und die Wahrheit ans Licht.

*»Erschaffe ein Leben, das sich im Inneren gut anfühlt, nicht eins, das nur von außen gut aussieht.«*
(UNBEKANNT)

*»Nur wer sein Ziel kennt, findet den Weg.«*
(LAOTSE, 6. JHD. V. CHR.)

***Spiritueller Impuls:*** Erschaffe Dir den perfekten Ruheort und komme durch Meditation in die Stille, durchsuche jeden Winkel Deiner Seele und finde Deine wahren Herzenswünsche! Das sind die einzigen Wünsche, die Dich wirklich glücklich machen werden. Entlarve Deine Egowünsche, die Du oft schon daran erkennen kannst, dass diese vor allem dazu dienen, andere Menschen damit beeindrucken zu wollen: *»Mein Haus, mein Auto, mein Boot, meine vorzeigbare Partnerschaft, mein erfolgreiches Leben«*. Oft sind das auch jene Dinge, von denen es Dir wichtig ist, diese als Beweis für Deinen Erfolg auf Internetplattformen wie Facebook, Instagram und Co zu posten.

*»Die Stille stellt keine Fragen, aber sie kann uns auf alles eine Antwort geben.«*
(ERNST FERTI, *1955)

Alle Motive, nach denen Menschen handeln, basieren in erster Linie nur auf dem Wunsch, sich besser zu fühlen:

- Wenn jemand einen Partner haben möchte, dann, um harmonischere Emotionen wahrzunehmen.
- Wenn jemand materielle Dinge besitzen möchte, dann, um harmonischere Emotionen wahrzunehmen.

- Wenn jemand viel Geld haben möchte, um finanziell abgesichert zu sein, dann ebenso wiederum nur, um harmonischere Emotionen wahrzunehmen.

Ohne saubere und genau definierte Herzenswünsche wird es Dir nicht gelingen, erfolgreich zu sein, geschweige denn ein harmonisches Leben führen zu können. Wünsche, die Deinem Seelenplan entsprechen, sind die Wünsche, die ein glückliches Leben zur Folge haben.

Du wirst Deine Herzenswünsche am schnellsten in Dein Leben ziehen, wenn Du zuvor die notwendigen Vorbereitungen triffst, um gezielte saubere Emotionen auszusenden!

> »*Wenn Deine Absicht im Einklang mit dem Universum ist, beginnen Dinge zu geschehen.*«
> (UNBEKANNT)

1. Übung: Herzenswünsche finden und eine Liste erstellen

> »*Wer den Hafen nicht kennt, in den er segeln will, für den ist kein Wind der richtige.*«
> (LUCIUS ANNAEUS SENECA, 54 V.CHR. – 39 N.CHR.)

Begib Dich an einen ruhigen Platz, an dem Dich niemand stören kann. Leg einen Zettel und einen Stift neben Dich und bringe Dich (am einfachsten durch Meditation) in den Zustand der Stille, bis Dein Geist ruhig ist. Stell Dir dann innerlich die Frage: »*Was sind meine wahren Herzenswünsche?*« oder: »*Wie lauten meine wahren Herzenswünsche?*«. Warte ruhig und gleichmütig, bis Du aus der Intuition Deine Antworten erhältst. Hab dabei Geduld und dränge nicht nach Antworten. Schreib dann alle Impulse, die Du wahrnehmen kannst, auf. Welche diese auch sein mögen, ist zunächst einmal unbedeutend.

Notiere Dir also alle Antworten, welche Du vom Höheren Selbst (der Intuition) wahrnimmst. Das können auch immaterielle Wünsche sein, wie zum Beispiel mehr Selbstbewusstsein, Selbsterkenntnis, einen besseren Gesundheitszustand oder eine positivere Lebenseinstellung. Ich weiß, ich wiederhole mich, aber lediglich, weil es so wichtig ist: Du kannst nur dann wirklich glücklich werden und inneren Frieden erlangen, wenn Du Deinen persönlichen Seelenplan gefunden hast und seinem Ruf auch folgst.

*»Wenn Du auf dem richtigen Weg bist,*
*öffnen sich Türen wie von selbst!«*
(UNBEKANNT)

Wenn Du alle Wünsche zusammengetragen hast, fühle Dich in jeden einzelnen hinein. Dann schau, welcher Wunsch sich am harmonischsten anfühlt und formulier den Dir am meisten am Herzen liegenden Wunsch in Form eines Leitsatzes. Stell jedem Leitsatz die Formulierung voran: »*Auf vollkommene Art und Weise …*«, dann folgt Dein Satz. Hier ein Beispiel für den Wunsch nach mehr Lebensfreude: »*Auf vollkommene Art und Weise bin ich voller Lebensfreude*« und nicht: »*Ich möchte viel Lebensfreude erreichen*« oder ähnliches. Die Sätze müssen so formuliert sein, als ob sich die Wünsche schon realisiert hätten. Sollte Deine Wahrnehmung bei Deiner persönlichen Wunsch-Formulierung noch immer ein wenig unharmonisch sein, kannst Du dieser zum Beispiel noch hinzufügen: »*Ich öffne mich für die weitere Erhöhung*« oder »*Ich bin offen dafür*«. Bezogen auf unser Beispiel ergibt sich daraus:

*»Auf vollkommene Art und Weise öffne ich mich für*
*die weitere Erhöhung meiner Lebensfreude.«*

Generell gilt die Regel, dass es besser ist, wenn die Sätze als feststehende Tatsachen formuliert sind. Nur wenn Du bei einem dieser Sätze noch eine leichte Disharmonie wahrnehmen kannst, solltest Du die abgeschwächte Variante nehmen. Vergiss nicht: Nur Deine ausgesendete Emotion ist entscheidend dafür, wie schnell Du etwas in Dein Leben ziehst. Tüftel mit ein wenig Entdeckertum, welcher Satz sich für Dich am harmonischsten anfühlt. Wenn Du mit der Zeit immer mehr eine Art Gottvertrauen entwickelst, dann wirst Du Deine Wünsche noch viel einfacher realisieren.

*»Wer den Weg der Wahrheit geht, stolpert nicht.«*
(Mahatma Gandhi, 1869–1948)

***Kleiner Tipp:*** Ein guter Umgang mit Deinen Wünschen ist für den Anfang, wenn Du Deine Herzenswünsche vorerst einmal für Dich behältst, da viele Deiner Mitmenschen Dich eventuell durch Kommentare oder Spott verunsichern könnten. Solch unharmonische Wahrnehmungen werden Dein Wunscherfüllungs-Programm nur schwächen und verlangsamen, Dein Vertrauen mindern und es werden Dir in Folge wieder Zweifel kommen.

2. Übung: Das Vision-Board

Für all jene, die gerne visuell arbeiten, eignet sich besonders die folgende Übung:

Damit sich Deine Wünsche auch visuell verankern und Du in Deinem Alltag immer wieder an diese erinnert wirst, kannst Du Dir ein Vision-Board anfertigen:

Schneide Dir dafür Bilder aus Zeitschriften aus, die Dich am meisten ansprechen und die sich zugleich am harmonischsten anfühlen, und klebe diese, ähnlich wie bei einer Collage, auf eine Unterlage. Die für Dich besten Bilder sind Fotos, die Deine Herzenswünsche möglichst exakt darstellen. Wenn Du zum Beispiel einen Partner haben möchtest, dann suche Dir exakt so ein Bild heraus, wie dieser Partner aussehen soll. Noch besser wäre gleich ein Bild von Dir selbst dazuzukleben, damit in Dir die richtigen bzw. die starken, harmonischen Emotionen ausgesendet werden.

Wenn Du dann ständig Deine Wünsche siehst, werden Deine Gedanken auch in die gewünschte Richtung gelenkt, was gleich zwei Fliegen mit einer Klappe schlägt, da Du dann weniger Zeit hast, in unharmonischen, für Dich unproduktiven Gedanken zu verweilen. Des Weiteren wird es Dir immer einfacher gelingen, harmonische Emotionen wahrnehmen zu können, da das Gehirn wie ein Muskel trainier- bzw. veränderbar (Neuroplastizität) und so aufgebaut ist, dass man, je öfter man in harmonischen Gedanken und Emotionen verweilt, diese dann auch leichter abrufen kann. Ähnlich wie bei Trampelpfaden: Wenn man immer denselben Weg über eine Wiese geht, wird er immer sichtbarer und einfacher zu gehen.

***Spezialtipp:*** Ein sehr wirkungsvoller Tipp zur Verstärkung Deiner Emotionen ist es, wenn Du Dir bei all Deinen Visualisierungen Deine absolute Lieblingsmusik anhörst, die Dir regelrecht vor Freude eine Gänsehaut hervorruft und Dich gerade so durch das Feuerwerk an Emotionen sprudeln lässt. Diese Technik wird schon seit langem weltweit von Spitzensportlern eingesetzt.

*»Sobald der Geist auf ein Ziel gerichtet ist,*
*kommt ihm vieles entgegen.«*
(JOHANN WOLFGANG VON GOETHE, 1782–1832)

Nachdem Du all Deine Wünsche liebevoll aufgeklebt hast, platziere diese dort, wo Dein Blick möglichst oft auf Deine Wunsch-Collage fallen kann. Denke und fühle Dich in diese Bilder hinein, stell Dir vor, Du seist die abgebildete Person. Lass Deiner Phantasie freien Lauf, alles ist erlaubt! Versuche, Dich so gut wie möglich mit Deinen Zielen zu identifizieren, und Vorfreude auf das, was kommt, zu entwickeln, ja, freu Dich zu früh! All das hilft Dir, Deiner Wunscherfüllungs-Maschine liebevoll in den Hintern zu treten.

Wenn Du Dir das Wunschposter oft genug ansiehst, Dich hineindenkst, hineinfühlst, wirst Du auf einmal feststellen, dass Du Dich im Laufe der Zeit auch mit geschlossenen Augen immer besser visuell in die einzelnen Bilder und Szenen hineinversetzen kannst. Je stärker Du Deine Ziele verinnerlichst, umso schneller wirst Du die Realisierung Deiner Wünsche auch physisch wahrnehmen.

3. Übung: Der Herzenswunsch-Kalender

Eine weitere wirksame und einfache umzusetzende Technik lässt sich mit jenen Kalendern, bei denen jeder Tag eine eigene Seite hat, anwenden:

Schreibe darin jeden Abend beim Zubettgehen vor dem Einschlafen Deine Herzenswünsche auf, die Du gemäß Übung 1 (»*Herzenswünsche finden und eine Liste erstellen*«)

ausgearbeitet hast. Als Notlösung, falls Du es einmal am Abend nicht geschafft hast, kannst Du dies auch früh morgens nach dem Aufwachen nachholen. Denke immer daran: Deine Beharrlichkeit, sprich wie oft, wie lange und wie intensiv Du Deine Emotionen – egal bei welchen Wünschen auch immer – aussendest, ist entscheidend dafür, wie schnell sich Deine Ziele und Wünsche realisieren. Bleibe am Ball!

***Spiritueller Impuls:*** Klar formulierte Wünsche aufschreiben hat etwas Magisches an sich. Hast Du gewussst, dass Michael Jackson an seinem Badezimmerspiegel einen Zettel aufgehängt hat, auf dem stand: »*Michael Jackson, Bad, 100 Millionen Alben*«? Bis heute wurden von seinem 1984 veröffentlichten Album Thriller etwa 108 Millionen Emplare verkauft.

*»Es ist nicht das, was wir manchmal tun, was unser Leben verändert, sondern das, was wir beständig immer wieder tun.«*
(Anthony Robbins, *1960)

4. Übung: Wunscherfüllungs-Hörbuch

Eine ebenfalls sehr starke Technik, um sich materielle und immaterielle Wünsche so tief wie nur möglich einzuprägen, ist, wenn Du ein Hörbuch mit Deinen Wünschen aufnimmst und Dir diese jeden Tag anhörst. Heutzutage geht das ziemlich einfach: Benutze zum Beispiel die Aufnahmefunktion auf Deinem Handy und sprich Deine Herzenswünsche darauf. Nimm diese so lange in einer sich wiederholenden Schleife auf, bis die Aufnahme insgesamt 20 Minuten beträgt, und spiele diese dann so oft wie möglich ab, bis Du sie wirklich verinnerlicht hast.

5. Übung: Fokussierung Deiner Wünsche

Um Deine Wunschvorstellungen so präzise wie möglich kennenzulernen, ist die folgende Übung hervorragend geeignet: Verschaffe Dir über die Art und das Aussehen Deiner Ziele Klarheit, um Deinen Geist und Dein Unterbewusstsein in die gewünschte Richtung zu lenken und um Dir Deinen Wunsch so präzise wie nur möglich einzuprägen, indem Du Dich im Alltag mit den gewünschten Dingen verstärkt beschäftigst. Hierzu zwei Beispiele:

**Beispiel 1:**
Ist Dein Herzenswunsch eine Villa, dann mach Spazierfahrten und Spaziergänge in fremde Städte und nimm die tollsten Villen unter die Lupe und fühle Dich in sie hinein. Unterhalte Dich mit den Besitzern, falls es möglich ist. Bei Immobilienfirmen kannst Du Dich über Angebote von Villen informieren. Beschäftige Dich generell mit so vielen Objekten, wie es Dir nur möglich ist, damit Du exakt so eine Traumvilla findest, die Du Dir wünschst. Dann entwirf einen einfachen Bauplan von so einem Traumobjekt und ergänze diesen auf Deinem Wunscherfüllungs-Poster.

**Beispiel 2:**
Solltest Du z.B. den materiellen Wunsch in Dir hegen, einen dunkelblauen Audi RS6 Dein Eigen zu nennen, dann informiere Dich bei verschiedenen großen Autohäusern in Deiner Nähe, ob sie exakt diese Version Deines Wunschfahrzeuges in Deiner Lieblingsfarbe in ihren Verkaufshallen stehen haben. Besuche das Audi-Werk in Ingolstadt und lass Dich über alle möglichen Ausstattungsvarianten des gewünschten Fahrzeuges beraten. Zu Hause kannst Du gleich den größten Audi-Händler besuchen, um eine Probefahrt zu organisieren. Bei diesem Vorgehen geht es wie bei allen anderen Techniken immer nur um eines: In welche Richtung lenkst Du Deine Gedanken, die wiederum die Emotionen produzieren, die Deinen Lebensverlauf bestimmen?

**Beispiel 3:**
Vielleicht hegst Du als Frau aber auch den Wunsch, Deinen Wunschpartner zu finden und eine wahre Traumhochzeit mit Deinem Herzensmenschen zu feiern. Schnapp Dir Deine beste Freundin und besucht gemeinsam ein Brautkleider-Geschäft. Probiere die schönsten Stücke an, bis Du Dein Lieblingskleid gefunden hast. Stelle Dich vor den Spiegel und betrachte Dich hingebungsvoll und verliebe Dich in die-

ses Bild von Dir. Stell Dir in Deinen Gedanken vor, wie Dich Deine beste Freundin als Trauzeugin an Deinem schönsten Tag begleitet und wie Du auf Deinen perfekten Mann, der schon sehnsüchtig auf Dich wartet, um Dich zu seiner Frau zu nehmen, in diesem Kleid zuschreitest. Visualisiere dieses Bild mit allen Facetten und allen Sinnen. Was siehst Du, was hörst Du, was spürst Du, was riechst Du? PS: Und vergiss nicht, ein Foto zu machen, um es auf Deinem Vision-Board platzieren zu können, damit es Dich so oft wie möglich an diesen bevorstehenden Traumtag erinnert und in Dir die ensprechenden Emotionen erweckt. Denn nur jene Emotionen, die Du überwiegend aussendest, bestimmen, welche Erfahrungen Du in Dein Leben ziehst.

> *»Das Universum folgt keinem festen Plan. Sobald Sie eine Entscheidung treffen, arbeitet es damit. Es gibt kein richtig und kein falsch, nur eine Vielzahl von Möglichkeiten, die sich mit jedem Gedanken, jedem Gefühl und jeder Tat ändern.«*
> (Deepak Chopra, *1946)

6. Übung: So tun und so fühlen, als ob

> *»Der Körper kann nicht zwischen einer Erfahrung und einem Gedanken unterscheiden. Du kannst Deine Biologie, Deine Neuronalen Schaltkreise, Chemie, Hormone und Gene buchstäblich verändern, indem Du einfach nur eine innere Erfahrung machst. «*
> (Dr. Joe Dispenza)

Um außergewöhnliche Resultate zu erzielen, muss man außergewöhnliche Methoden und Handlungen anwenden!

Die effektivste mir bekannte Technik, um Wünsche zu manifestieren, ist, wenn Du Dich schon so verhältst und fühlst, als hättest Du Deinen Wunsch bereits erreicht. Du tust und fühlst Dich einfach so, als ob! Das heißt, Du begibst Dich in den Zustand, als hätte sich Dein Herzenswunsch bereits erfüllt und in Deinem Leben manifestiert, und als würdest Du diesen schon in vollen Zügen harmonisch und friedvoll genießen. Strahl mit Deinem Verhalten schon diese Emotionen aus, als ob der Wunsch bereits physisch real sei. Verhalte Dich so, als ob er sich schon längst erfüllt hätte. Unser Gehirn macht beim Aussenden von Emotionen keinen Unterschied, ob man nur visualisiert oder ob etwas schon real ist. Probiere es aus und überzeuge Dich selbst.

Auch Kurt Tepperwein fasst die Funktionsweise dieser Technik auf den Punkt zusammen und ich kann seine Lehren genau so wie seine Videoproduktionen uneingeschränkt für Deine weitere Entwicklung empfehlen.

> *»Das Gefühl der absoluten Gewissheit der erfolgten Erfüllung Deines Wunsches, in Kombination mit Deiner gefühlten Dankbarkeit ehrlichen Herzens heraus und anschließender Leichtigkeit, weil sich Dein Wunsch schon realisiert hat, verändert Deine energetische Signatur und ist so der schnellste Weg der Erfüllung Deines Wunsches.«*[50]
> (KURT TEPPERWEIN, *1932)

Diese Botschaft möchte uns auch Kevin Kunert vermitteln:

> *»Glauben und Sein sind eins, deshalb ist der Anfang jedes Wunders darin begründet, dass Du Deinem Wunsch solch eine Lebendigkeit einhauchst, dass Du das Gefühl hast, es wäre eine gegenwärtige Tatsache.«*
> (KEVIN KUNERT, *1991)

Nehmen wir an, Du möchtest gerne einen Partner haben, mit dem Du in einer glücklichen Beziehung lebst. Dann stell (und vor allem fühle) Dir einfach vor, er sitzt jetzt gerade neben Dir, er berührt Dich, schreibt Dir Nachrichten, wenn er nicht in Deiner Nähe ist, ruft Dich an und fragt, wie Dein Tag war ... Verhalte Dich und empfinde wirklich so, als ob er

---

50 Siehe »*Kurt Tepperwein: Das Geheimnis der Wunscherfüllung*« unter https://www.youtube.com/watch?v=IItCvDmE7Uk&t=37s.

neben Dir sitzen würde! Deck den Tisch beim Mittagessen für ihn mit. Frage ihn, ob er noch einen Nachschlag haben möchte, ob es ihm geschmeckt habe, warum er bei dem Bissen das Gesicht so verzogen habe. Umarme ihn, küsse ihn und setz dieses Spiel so lange fort, wie Du magst. Das Wichtigste und vor allem der Sinn dahinter ist wiederum, dass Du die Emotionen dieses Zustandes fühlst, so wie Du Dich an der Seite Deines absoluten Wunschpartners fühlen möchtest, als ob er schon Teil Deines Lebens wäre. Deine dadurch beständing in diese Richtung ausgesendeten Emotionen sorgen dafür, dass Dein Wunschpartner bald in Deinem Leben erscheinen wird. Fühle, wie es ist, wenn er sich so liebevoll um Dich kümmert, nimm wahr, wie angenehm es sich anfühlt, dass er Dir so aufmerksam zuhört. Fühle die einzigartige Geborgenheit, die er Dir vermittelt, wenn er Dich umarmt. Fühle das Vertrauen, dass er Dir entgegenbringt und auch schenkt. Spüre die kribbelnde Vorfreude, wenn er gleich nach Hause kommt. Gib Dich voll den Emotionen hin, die er in Dir auslöst, wenn er Dich zum Lachen bringt. Nimm wahr, wie wunderbar es sich anfühlt, wenn er Dich gerade unverhofft mit zwei Flugtickets zu Deinem Wunschziel überrascht. Fühle einfach alles, was in Dir (in Bezug auf Deinen Wunschpartner) die intensivsten harmonischen Emotionen auslöst.

Und stell Dir immer wieder die Frage: »*Wie möchte ich mich in meiner perfekten Wunschpartnerschaft fühlen bzw. welche (Wunsch-)Emotionen möchte ich dabei wahrnehmen?*« und sende diese aus. Je länger, sauberer und intensiver Du Deine Emotionen ausstrahlst, desto schneller werden sich Deine Wünsche manifestieren! Dann wirst Du bald einen Partner in Dein Leben ziehen, weil Du ja ständig die entsprechenden Emotionen (Wünsche) in die richtige Richtung ausstrahlst. Genieße bereits diese Vorfreude in vollen Zügen!

Dies kannst Du natürlich mit all Deinen Wünschen so handhaben, ob es sich nun um Geld, eine bessere Gesundheit oder um berufliche Themen handelt, ist egal, es funktioniert bei allem! Vorfreude ist ja bekanntlich die schönste Freude. Das belegen auch Studien der Psychologie und

Hirnforschung. Wenn wir uns schöne Dinge vorstellen, wir also Emotionen der Vorfreude und die Vorstellung, es wäre bereits so, wählen, schüttet unser Gehirn Glückshormone aus. Diese wiederum schießen dann die für die Wunscherfüllung benötigten Energiewellen in die richtige Richtung wie einen Bumerang ab, die dann nach einer gewissen Zeit als Manifestation wieder zu uns zurückkommen.

***Spiritueller Impuls:*** Simpel erklärt: Der universelle Schlüssel für die erfolgreiche Erreichung all Deiner Wünsche hängt nur von einem ab, nämlich: Ob es Dir gelingt, dass Du Deinen Körper dazu bringen kannst, dass er sich (vorher) schon emotional so (wohl) fühlt, sprich, dass Du mit ihm schon die entsprechenden Emotionen (schon vorher) aussendest, wie sich die Zukunft anfühlen wird, die Du gerne als Wunsch-Realität haben möchtest, bevor die Erfahrung sich bei Dir als Realität zeigt! Dies ist gleichzeitig auch die eigentliche Herausforderung für Dich und der einzige Sinn aller oben genannten Techniken, denn in jedem Augenblick, in welchem Du Wohlstand fühlst, wirst Du Wohlstand generieren.

*»Ich kenne keinen effizienteren Weg, um unser Verlangen und unsere Wünsche zu realisieren, als das in unserer Vorstellung zu erfahren, was wir in der Realität erfahren würden, wenn wir unser Ziel bereits erreicht hätten.«*
(NEVILLE LANCELOT GODDARD, 1905–1972)

Wünsche werden oft auf Umwegen erfüllt, oder anders ausgedrückt: Zu einem Zeitpunkt oder auf eine Art, mit der man nicht gerechnet hat. Dazu habe ich eine wunderbare Geschichte, die sich folgendermaßen so zugetragen hat:

### Unerwarteter Antrag

*Ein Taubenliebhaber namens John aus Houston, Texas, wollte seine Freundin Ida mit einer extravaganten Idee überraschen. Er entschied sich, ihr einen Hochzeitsantrag per Brieftaube zu machen. Obwohl er alles fein säuberlich geplant und mit der Taube geübt hatte, nahm das (von uns gerne fälschlicherweise so genannte) Schicksal seinen Lauf und der Vogel verirrte sich und brachte den Brief stattdessen zu einer Frau namens Rita. Diese lud John zu einem Date ein, woraufhin die beiden sich verliebten und schließlich heirateten.*[51]

Die Moral der Geschichte: John ging zu dem Treffen, da er neugierig war, wohin sich seine Taube verirrt hatte. Da wusste er noch nicht, dass sein Seelenplan, der für ihn schon lange geschrieben stand, eine ganz andere Geschichte, als er ursprünglich annahm, für ihn vorbereiten wird: Nämlich, dass er seinen Herzenspartner hiermit treffen wird. Aus dieser Geschichte kann man entnehmen, wie sich Erfahrungen und Wahrnehmungen zusammenfügen, wie man Dinge in sein Leben zieht, obwohl wir eigentlich in eine ganz andere Richtung geplant haben; dass es letztendlich etwas gibt, das bewirkt, dass das Leben die für uns vorgesehene Richtung nimmt. Der Seelenplan erfüllt sich und findet immer den für uns vorgesehenen Weg.

Ohne klar definierte Ausrichtung unserer Ziele verpufft unsere Energie fast wirkungslos. Beharrlichkeit, zielgenaue Fokussierung und die Fähigkeit, mit hoher Konzentrationsfähigkeit seine Wünsche zu entfalten, sind der Schlüssel für effektivsten Erfolg, denn diese Kombination bündelt Deine Gedanken/Emotionen und Wunscherfüllungsenergie wie ein Brennglas, das mit Sonnenstrahlen ein Feuer entfacht. Und sei bei Deinen Versuchen, Deine Wünsche in Dein Leben zu ziehen, stehts so beharrlich wie früher, als Du das Laufen gelernt hast, dann gibt es für Dich keine Nichterfüllungen mehr.

In China gibt es eine Bambusart, die sich folgendermaßen verhält: Wird der Bambus angepflanzt, wächst er im ersten Jahr keinen einzigen Millimeter. Im zweiten Jahr wieder

---

51 Ripley Entertainment Inc. [o.V.]: Ripley's Einfach unglaublich!, Hamburg: Hoffmann und Campe Verlag 2009, S. 126.

keinen einzigen Millimeter und im dritten Jahr auch wieder keinen einzigen Millimeter. Im vierten Jahr jedoch schießt der Bambus förmlich in die Höhe und wächst pro Tag sage und schreibe bis zu einem Meter. Die Frage ist aber: Was ist passiert, warum hat sich in den ersten drei Jahren (offensichtlich) nichts getan? Oder hat es sich eigentlich gar nicht um einen Zustand des Stillstandes gehandelt, sondern war es für unsere physischen Augen bis dato nur nicht sichtbar? Genau das ist der korrekte Sachverhalt, denn hätte man einen Blick unter die Erdoberfläche werfen können, hätte man mit Staunen registriert, dass dort die ganze Zeit über eine gewaltige Wurzelbildung stattfand. Der Bambus bildete in den ersten drei Jahren sozusagen als Vorbereitung ein gewaltiges unterirdisches Geflecht auf einer Fläche von bis zu 30 Quadratmetern, um anschließend dem bis zu 50 Meter hohen und extrem schnell wachsenden Stamm ein stabiles Fundament gewährleisten zu können.

### Das Quantenfeld

Im Folgenden machen wir einen kleinen Abstecher in die faszinierende Welt der Quantenphysik, um Dir einen kurzen, aber außerordentlich wichtigen Einblick dafür zu geben. Der folgende Abschnitt soll Dich nämlich dabei unterstützen, Dein Vertrauen in die Wirksamkeit der von mir oben angeführten Techniken zu vertiefen. Vertrauen in die bei der Durchführung angeführten Techniken zu haben, ist sehr bedeutsam bzw. unabdingbar, denn erst der felsenfeste Glaube an etwas sendet für Dich die richtigen Energiewellen aus, die zum Erschaffen Deiner Wünsche nötig sind. Du wirst bemerken, dass die Theorien des Quantenfeldes nahezu nahtlos an die von mir hier aufgezeigten Thesen und Techniken anknüpfen. [52]

Das Quantenfeld ist ein für uns unsichtbares, intelligentes Energie- oder Informationsfeld, welches alles Physische bzw. Materielle verbindet und vereint. Es ist eine Art offener Raum unbegrenzter Möglichkeiten, in dem alle Schöpfungen stattfinden. In diesem – mit unseren Sinnen nicht wahrnehmbaren, aber überall vorhandenen – Energiemeer existieren unendlich viele elektromagnetische Frequenzen, welche Träger von Bewusstsein (in unendlich vielen Bewusstseinsebenen) bzw. Informationen sind. Der Clue: Wir haben die Möglichkeit, auf dieses unerschöpfliche Potential zuzugreifen. Den Zugriff auf diese unerschöpfliche Datenbank der unbegrenzten Möglichkeiten gelingt mit unserem Geist, sprich, was wir als Intention bzw. als Absicht beobachten. Es ist das Prinzip vom Geist, der die Materie belebt. Gedanken produzieren eine elektrische Ladung, Emotionen produzieren eine magnetische Ladung, und wie Du denkst und wie Du fühlst, sendet eine elektromagnetische Signatur ins

52 Der folgende Exkurs ist eine Zusammenfassung von mir aus unterschiedlichen, aber ausreichend gut recherchierten inspirierenden Quellen, unter anderem und vor allem von Dr. Joe Dispenza.

unbegrenzte Feld der Schöpfung, des Energiemeeres, die jedes einzelne Atom in Deinem Leben beeinflusst. Diese Energie, die aus einer für uns nicht wahrnehmbaren Feinheit besteht, hat die Fähigkeit, unseren Absichten zu folgen, da sie eine bestimmte Intelligenz besitzt. In diesem Zusammenhang kannst Du Deine Gedanken und die dazugehörigen Emotionen (sofern sie in Kohärenz mit Deinen Gedanken sind) als eine Art Schlüssel zur göttlichen Schatzkammer sehen. (Wichtig zu wissen ist allerdings auch, dass Schöpfung durch uns dauernd stattfindet, weil wir ununterbrochen Gedankenenergie-Wellen in den Kosmos senden.) So können wir das hochenergetische Quantenfeld für uns arbeiten lassen, indem wir eine klare Intention haben und auf das achten, was wir mit unserem Geist beobachten. Das von uns Beobachtete werden wir dann in unserem Leben als Realität generieren. Wir geben als subjektives Bewusstsein dem Elektron durch unsere Beobachtung eine Form (Seite 108). So sendest Du mit Deinen bewusst gewählten Gedanken (Deiner klaren Absicht) und höheren ausgesendeten Emotionen (höhere Energie als in der Vergangenheit) eine völlig neue für Dich bessere Information oder Signatur ins Quantenfeld, die Dir schlussendlich auch ein schöneres Leben hervorzaubert.

*»Wer von der Quantentheorie nicht schockiert ist, der hat sie nicht verstanden.«*
(Niels Bohr, 1885–1962)

## Sechs Gründe, warum sich Wünsche nicht erfüllen

1. Mangelnder innerer Frieden

Der häufigste Grund, warum es Menschen nicht gelingt, Wünsche erfolgreich in ihr Leben zu ziehen, ist, dass sie noch keinen inneren Frieden gefunden haben oder wahrnehmen können. Wenn Du zum Beispiel keine einfache Kindheit erfahren hast oder aus früheren Inkarnationen noch einige Lasten mit Dir herumschleppst, sodass Du, wie oben erwähnt, noch keinen inneren Frieden im Herzen gefunden hast, dann musst Du Dich erst um Deine inneren Kinder (siehe hierzu Kapitel 12) kümmern, mit allen Menschen Frieden schließen, allen Menschen verzeihen, die Dir Deiner Meinung nach Unrecht getan haben! Was, denkst Du, wird in Dein Leben gezogen, wenn Du bei Deiner Wunsch-Aussendung auch solche Emotionen wie etwa Groll, Wut, Missgunst oder Rache auf den Ex-Partner, Arbeitskollegen sowie andere negative Charaktere Deines Lebens aussendest? Ich behaupte ja nicht, dass es unmöglich ist, trotzdem Deine Ziele zu erreichen, aber das Ganze macht es wirklich um einiges schwieriger, je nachdem, welche Emotionen sich noch zu Deinen klaren Herzenswünschen dazu gemischt haben.

Daher: Befreie Dich von alten Wunden, den tiefen inneren Gräben in Dir, Verletzungen, inneren Spannungen und Deiner Skepsis. Entfessele Dich von den zweifelnden inneren Stimmen, verdrängten inneren Konflikten, Ängsten und Groll! Löse Dich von den unsichtbaren Ketten Deiner Vergangenheit, die Dich im Dauerbetrieb Deiner Lebenskraft berauben. Dafür gibt es eine Vielzahl an Möglichkeiten und Herangehensweisen, eines davon ist dieses Buch.

> *»Die Zeit heilt keine Wunden, sie erlaubt Dir nur, dass diese sich ins Unterbewusstsein verlagern. So ist die gesamte Vergangenheit in Dir gespeichert, die Du Tag für Tag mit Dir herumträgst. Du strahlst Entsprechendes aus, das wiederum bestimmt, welche Erfahrungen Du in Dein Leben ziehst. Ganz gleich wie*

*schmerzhaft Deine Erfahrungen in der Vergangenheit immer auch waren: Innerer Frieden, Freiheit, Erfüllung und Lebensglück beginnen, indem Du Dein Herz für die innere Ausheilung öffnest, allem verzeihst und Frieden mit der Vergangenheit schließt.«*
(WALTER BAUMGARTNER)

*»Ein verletztes Herz wird nicht geheilt, wenn wir es verschließen.«*
(ALEXANDRA HERDT, *1971)

Ich bin der festen Überzeugung, dass einer der Hauptgründe dafür, dass sich nur bei sehr wenigen »*The Secret*«-Anwendern die eigentlichen Wünsche manifestiert haben, war, dass die meisten ihre Wünsche mit alten Verletzungen von noch nicht geheilten seelischen Wunden vermischt haben. Daher: Schließe zuerst Frieden mit Dir selbst und mit allen Menschen, mit denen Du noch im Unreinen bist. Verzeih Dir selbst, mach Schluss mit den Selbstvorwürfen und vor allem: Fang an, Dich selbst zu lieben, falls Du es noch nicht tust!

Im Kapitel 13 erfährst Du, wie Dir das gelingt.

Nach Deiner »*inneren Ausheilung*« kannst Du wieder wahren Frieden in Dir wahrnehmen und dann funktionieren die folgenden Techniken um ein Vielfaches besser.

*»Nichts wird jemals weggehen, bis es uns lehrt, was wir wissen müssen.«*
(SIDDHARTHA GAUTAMA, 563–483 V. CHR.)

2. Unglaube und Unsicherheit

Unglaube und Unsicherheit führen mit Sicherheit zur Abbestellung Deines Wunsches. Wenn Du Deinen Wunsch klar aussendest, er sich jedoch nicht in der von Dir geglaubten Zeit für Dich manifestiert, schwächst Du, vielleicht unbemerkt, somit Deine (vielleicht schon sich auf dem Weg zu Dir befindende) »*Bestellung*« ab, weil sich mit der Zeit unbewusst Unglaube, Unsicherheit oder dergleichen mit einmischen. Dies wiederum setzt eine neue Ursache, die sich dann für Dich erfüllt, indem Du Ähnliches denkst wie: »*Das funktioniert bei mir anscheinend doch nicht.*«

3. Mangel

Viele Wünsche, die Du erreichen möchtest, gehen auch deshalb nicht in Erfüllung, weil die falschen Botschaften ausgesendet werden: Wenn Du Deine Wünsche aus einem Mangel heraus definierst, das heißt, wenn Du etwas unbedingt haben möchtest, dann sendest Du Verlangen aus.

»*Haben-Wollen, Brauchen*« ist ein klares Zeichen von Mangel, der noch in Dir schlummert. Wenn Du überwiegend mit Mangel behaftete Emotionen aussendest, dann wird Dir auch nur Mangel und nicht Dein tatsächlicher, eigentlich gewollter Wunsch geliefert. Denn es wird Dir, wie Dir bereits bekannt ist, immer zu 100 Prozent (genau) das geliefert, was Du mit Deinen Emotionen (Wünschen) aussendest. Ob Dir das beim Aussenden bewusst oder unbewusst ist, ist dabei irrelevant. Geliefert wird ausschließlich die ausgesendete Emotion.

Beim Aussenden Deines Wunsches mit Mangelanhaftung sendest Du zusätzlich zu Deinem tatsächlichen Wunsch noch die Emotion von »*etwas noch nicht haben*« aus, weil Du etwas unbedingt haben möchtest. Du sendest »*wollen*«, weil Dir etwas fehlt, und zugleich ebenfalls ein Defizit aus: »*Ich bin unvollständig*«, »*Es ist noch nicht gut so, wie es ist.*« Du hast etwas nicht und spürst innerlich einen Drang, etwas unbedingt haben zu wollen, das Dir vermeintlich fehlt, um glücklich zu sein. Dies alles impliziert, dass noch ein Mangel in Dir herrscht und Du noch nicht in Frieden mit dem bist, was Du hast und wie es ist. Es mischt sich daher zu Deinem eigentlichen bewusst gewählten Teil des Wunsches ein noch größerer unbewusst gewählter Teil an unharmonischen Emotionen, wie zum Beispiel Minderwertigkeit, Bedürftigkeit, Einsamkeit und Glaubenssätzen, die tief in Dir schlummern, ein.

So strahlst Du zu Deinem tatsächlich bewusst gewählten Wunsch auch noch aus: »*Ich habe mir das nicht verdient*« (z. B. glücklich zu sein, dieses schöne Leben, Geld, eine glückliche Partnerschaft ...), »*Ich bin nicht gut genug*«, »*Ich bin noch so verletzt*«. Du sendest dies von Deinem Inneren aus, ohne es zu bemerken, anstatt Deinen Wunsch zielgenau wie einen Laser nach oben zu schießen. Stattdessen ist dieser Laserstrahl zu unscharf, unvollständig, unklar, zu wenig kraftvoll, trüb und die Wünsche-Leitung ist obendrein noch verstopft.

Welche Metaphern und Analogien Du für diese Gesetzmäßigkeit auch verwenden möchtest, ist irrelevant, ich möchte nur, dass Du den Sinn dahinter verstehst. Wenn Du Deine Herzenswünsche aus einem Mangel heraus aussendest, dann wird es Dir wahrscheinlich nicht gelingen, genau die Erfüllung Deiner Wünsche in Dein Leben zu ziehen, weil Deine unbewusst ausgesendeten Mangel-Energien so stark sind, dass auch nur Mangel zu Dir zurückkommt.

Wenn Du allerdings Deine Wünsche voller Vorfreude und mit innerem Frieden aussendest und Dich schon so verhältst und so empfindest, als wäre Dein Wunsch bereits wahr geworden (blättere hierzu wenige Seiten zur »*6. Übung: So tun und so fühlen, als ob*« zurück), dann wirst Du sehr schnell das in Dein Leben ziehen, was Du gerne haben möchtest.

An dieser Stelle gebe ich Dir noch eine finale Metapher mit auf den Weg: Wenn Du per Telefon eine Bestellung tätigst und der Mensch am anderen Ende der Leitung, der die Bestellung entgegennimmt, Dich wegen des gestörten Empfangs so undeutlich versteht, dass es nahezu unmöglich ist, das Gesagte oder überhaupt irgendetwas zu verstehen, dann wirst Du nichts oder nicht das Richtige erhalten. Im Gegensatz: Wenn eine knisterfreie Verbindung bestehen würde, wird Deine Bestellung rasch und exakt geliefert. Ähnlich verhält es sich mit den Wünschen, die Du aussendest: Je klarer, desto besser und desto schneller erscheinen sie in Deinem Leben.

4. Fehlende Beharrlichkeit

> *»Nicht das Beginnen wird belohnt, sondern einzig und allein das Durchhalten.«*
> (SIDDHARTHA GAUTAMA, 563–483 V. CHR.)

Der vierte wichtige Grund, warum sich Wünsche nicht manifestieren, ist, dass Menschen oft »*Geduld-resistent*« sind.

Dabei handelt es sich zwar um eine Wort-Eigenkreation von mir, aber sie ist nunmal weit treffender als unsere existierenden Wörter. Gemeint ist damit, dass ich die Erfahrung gemacht habe, dass viele Menschen schlicht und einfach zu bequem sind, zu wenig Durchhaltevermögen haben und zu früh aufgeben, um ihre Wünsche auch tatsächlich erreichen zu können. Stattdessen schieben sie eine Ausrede nach der anderen vor, à la: »*Ich habe keine Zeit, mich darum zu kümmern, weil ...*« Doch Zeit ist für uns täglich im Umfang von 24 Stunden vorhanden. Selbst nach Abzug von durchschnittlich acht Stunden Arbeit und acht für den Schlaf reservierte Stunden bleiben Dir ganze acht Stunden für Deine Wünsche und die Arbeit an ihnen. Es geht lediglich darum, wofür man sich entscheidet, die Zeit zu verwenden. Ehrlicher wäre es zu sagen: »*Mir ist etwas anderes wichtiger*«, aber das würde sich wieder nicht gut anfühlen, daher bleiben die meisten doch lieber beim altbewährten Hamsterrad-System.

> *»Am Ende der Ausreden beginnt Dein Leben.«*
> (UNBEKANNT)

Ich zum Beispiel habe eine sehr förderliche Eigenschaft über die Jahre entwickelt: Ich betrachte meine geplanten Vorhaben so gut wie immer erst dann als beendet, wenn ich diese auch realisiert habe – so wie zum Beispiel dieses Buch zu veröffentlichen. Ich habe in all den Jahren bei der Arbeit zu diesem Werk, die deutlich herausfordernder war als erwartet, nicht aufgegeben und bin solange am Ball geblieben, bis ich die Idee, ein Buch über Karma und glückliches Leben zu schreiben, als fertiges Buch in meinen Händen halten konnte. Und das solltest Du auch tun! Bleib solange dran, bis Du Deine Herzenswünsche in Dein Leben gezogen hast! Dein innerer Schweinehund und Deine Bequemlichkeit sollen von Dir ein für alle Mal ins Abseits befördert werden und sich nie mehr blicken lassen!

> *»Es ist keine Schande, hinzufallen, es ist nur eine Schande, nicht wieder aufzustehen.«*
> (SIDDHARTHA GAUTAMA, 563–483 V. CHR.)

> *»Jeder Misserfolg trägt für den, der von sich und seinem Ziel überzeugt ist und in seinen Bemühungen nicht nachlässt, den Keim eines weit größeren Erfolgs in sich!«*
> (NAPOLEON HILL, 1883–1970)

> *»Schwierigkeiten sind nur günstige Gelegenheiten in Arbeitskleidung!«*
> (ANDREAS BREMER, *1972)

> *»Alles kommt im richtigen Moment zu Dir, sei geduldig.«*
> (WALTER BAUMGARTNER)

5. Zweifel

Ein weiteres Hindernis für die erfolgreiche Wunscherfüllung ist zu zweifeln, also ein nicht felsenfester Glaube, dass sich dieser Wunsch auch wirklich erfüllen wird. Fehlendes Vertrauen darin, dass sich Dein Wunsch auch wirklich erfüllt, ist die Abbestellung oder das Nicht-Manifestieren Deines Wunsches. Daher: Glaub daran! Denn: Zweifel, also nicht wirklich an Deinen Wunsch zu glauben, sind die Nicht-Erfüllung Deines tatsächlichen Wunsches.

> *»Sei stark, bleib dran und gehe kontinuierlich Deinen Weg, bis Du Dein gewünschtes Ziel erreicht hast.«*
> (PIERRE FRANCKH, *1953)

6. Alte festsitzende Emotionen

Der letzte Grund und damit der richtig fiese Hauptakteur und Gegenspieler, warum sich Deine Wünsche trotz Deiner Kontinuität und Beharrlichkeit um einiges schwieriger verwirklichen lassen, sind die in Dir noch unharmonischen, alt eingeschlossenen Emotionen. Diese schwingen ständig mit und beeinflussen Dein Energiefeld kontraproduktiv. Im Detail: Es handelt sich hierbei um festsitzende, ständig mitschwingende Emotionen, die in konstanter Inkohärenz mit

Deinen eigentlich angestrebten Wünschen (Gedanken) stehen. Da kann es sein, dass Du Dein Bestes gibst, beharrlich versuchst, immer positiv zu denken, das Glas immer als voll betrachtest, aber Du dennoch nicht, aufgrund der noch in Dir festsitzenden Emotionen, die für Deine erwünschte Zielerreichung reinsten Emotionen aussendest. Trotz Deiner Bemühungen fallen Dir diese unterbewussten Emotionen oft in den Rücken, indem sie subtil und kontraproduktiv in Dauerschleife mitschwingen und unerwünschte Frequenzen zu Deiner eigentlichen Wunschenergie ins Universum aussenden. Sie sind zwar unsichtbar, aber dennoch allgegenwärtig, sodass sie immer eine bestimmte Beeinträchtigung unseres Energiefeldes, das wir eigentlich ausstrahlen möchten, zur Folge haben.

Solche in uns eingelagerten Emotionen können in unserem Leben einen dann doch erheblichen Einfluss auf die Ergebnisse unserer Bemühungen haben. Selbstverständlich kannst Du bis zu einem gewissen Punkt mit Deinem freien Willen noch immer frei wählen, welche Gedanken Du denken und welche Emotionen Du ausstrahlen möchtest, aber wie wir wissen, ist dies um einiges herausfordernder, da es uns so sehr leicht fällt, mit diesen unharmonischen Emotionen in Resonanz zu treten. Es fühlt sich dann so an, als ob wir regelrecht – bildlich gesprochen – gegen den Strom schwimmen müssten. Keine Sorge, Du bist hiermit nicht alleine, denn ich behaupte, jeder, wirklich jeder, trägt eingelagerte Emotionen mit sich und erreicht auch so seine Wünsche, da es auch ein bisschen ein Ding der Natur ist, sprich von ganz oben erlaubt ist, aber es macht das ganze Wünschen um einiges herausfordernder. Es geht darum, sich bewusst zu werden, wie viele solcher Emotionen im Laufe der Zeit wir schon in uns angesammelt haben und wie es sich mit erheblich weniger davon gleich viel leichter, besser und gesünder leben lässt. Nicht nur ließe es sich somit besser leben, sondern das Wünschen, um das es uns in diesem Fall eigentlich geht, ginge dann ebenso noch viel einfacher und zügiger. Ich habe für Dich eine wirklich sehr gute Nachricht:

Solche Emotionen lassen sich ganz einfach lösen, beispielsweise mit Hilfe des von Dr. Bradley Nelson entwickelten Emotionscodes. Bist Du jedoch nicht so der Leser und wünscht Dir stattdessen lieber eine professionelle Anleitung, so komm einfach zu mir (siehe »*Meine Angebote für Dich*« am Ende dieses Buches) und wir lassen dieses emotionale Gepäck und diesen Ballast mit Magneten ein für allemal frei, damit Du in Zukunft befreit und in der Lage bist, reine saubere Wunschenergie ins Universum auszusenden, um dadurch den Weg Deiner Zielerreichung um einiges zu erleichtern und erheblich zu beschleunigen. Warum den Feldweg, wenn wir gleich die Autobahn nehmen können.

# Kapitel 7: Alles ist mit allem verbunden

Da die allumfassende Wahrheit, dass alles mit allem verbunden ist, noch nicht jedermann geläufig ist, will ich Dich gerne mit (unserer westlichen) Argumentationslogik auf die Reise dorthin nehmen. Ich werde Dich an dieser Stelle mit objektivem Wissen aus wissenschaftlichen Experimenten an die Hand nehmen, die Dir auch kognitiv diese Aussage bestätigen. Diese Erkenntnis soll auch wirklich in Deinem Kopf bewusst gespeichert bleiben, um so bei Deinem zukünftigen, gewählten Denken und Handeln nicht nur in Bezug auf andere Menschen die richtigen Entscheidungen wählen zu können, um in Folge so für Dich ein harmonisches Leben zu erschaffen. Gleichzeitig wird es Dir auch wie Schuppen von den Augen fallen, da Dir ein für alle Mal bewusstwird, wieso es so ist, dass es so etwas wie Zufälle nicht gibt, sondern Dir etwas nur zum exakt richtigen Zeitpunkt zufällt.

## Wissenschaftliche Experimente, die belegen, dass Gedanken unsere Realität formen

### Wie durch Worte Schönheit oder Verfall entstehen

Das folgende Experiment[53] eignet sicah hervorragend für einen Selbst-Test zu Hause! Probier' es aus – Du wirst staunen!

Ein interessantes Experiment führte die britische Fernsehkommentatorin Nikki Owen durch. Sie nahm einen Apfel und schnitt ihn in zwei exakt gleiche Hälften. Sie trennte die beiden und brachte über der einen Apfelhälfte ein Schild an mit dem Text »*Liebe*« und über der anderen Apfelhälfte ein Schild mit dem Text »*Hass*«. Sie sagte eine Woche lang mehrmals täglich liebevolle Dinge zu der

---

53 Vgl. http://www.dailymail.co.uk/femail/article-3271504/Can-rot-apple-mind-sounds-bonkers-promoted-new-self-help-book-women-swear-directing-negative-feelings-it.html.

»*Liebes-Hälfte*« und bösartige Dinge zu der »*Hass-Hälfte*«. Nach einer Woche war die gehasste Apfelhälfte von einer beträchtlich stärkeren Fäulnis befallen als die geliebte. Auf dem unharmonisch beeinflussten Stück hatte sich also sehr viel Schimmel angesetzt, auf dem harmonisch besprochenen war hingegen weitaus weniger Schimmel. Hunderte von Leserinnen der britischen »*Elle*« haben dieses Experiment wiederholt und immer wieder stellte sich genau dieses Ergebnis ein.

## Masaru Emotos Wasser-Experiment

### Wie mächtig Gedanken wirklich sind

Einen weiteren eindrucksvollen Beweis, was Gedanken alles bewirken können, lieferte ein japanischer Forscher namens Masaru Emoto, der 30 Jahre damit verbrachte, Wasser zu fotografieren. Die enorme Wichtigkeit des Zusammenhanges dieser »*Wasserexperimente*«, nach welchem alles mit allem verbunden ist, wird uns erst dann so richtig bewusst, wenn wir uns veranschaulichen, dass unser menschlicher Körper zu über 70% aus Wasser besteht.

Vor dem Ablichten nahm Emoto mit einer Pipette einen Tropfen Wasser, gab ihn auf eine Glasscheibe und ließ ihn in einem Eisschrank schockgefrieren. Jeder weiß: Wenn Wasser gefriert, dehnt es sich aus. Emoto sägte dann die oberste Schicht des gefrorenen Tropfens ab, legte sie unter ein Mikroskop und fotografierte sie. Wenn ein Wasserkristall auf diese Art abgebildet wird, ordnet er sich wie ein Sechseck – ähnlich einer Bienenwabe – an. Dann schaute Emoto ganz genau hin, denn seine Forschungsfrage war, wie und ob sich verschiedene äußere Einflüsse auf die fotografierten Kristalle auswirken.

Eine interessante Begebenheit dazu: In Japan gab es einen Stausee, den Fujiwara Damm, der biologisch umgekippt war (das bedeutet, dass kein Leben in diesem Wasser mehr möglich ist). Herr Emoto nahm einen Tropfen aus genau diesem See und vollzog seine übliche Prozedur. Auf der Fotografie, die Du auch im Internet ansehen kannst[54], sieht man eine Kristall-Struktur, die einem wuchernden Krebsgeschwür gleicht – es wirkt eher wie eine Kartoffel als wie ein regelmäßiges Sechseck. Nach einem Aufruf des Wissenschaftlers versammelten sich an dem See über 100 Menschen, um für diesen See Gebete zu sprechen. Stundenlang standen die Menschen und beteten zum See. Am nächsten Tag nahm er eine Probe aus demselben See und führte seinen Untersuchungsprozess durch – mit erstaunlichen wunderbaren Ergebnissen: Auch ein Foto davon findet man im Internet. Zu sehen ist ein perfektes kristallines Sechseck, das an den Ecken dutzende Strukturen aufweist, die Schneekristallen sehr gleichen. Im Zentrum findet man einen Kern, der wieder eine perfekte sechseckige Form besitzt, die mit einem hellen Schein umgeben ist. Das Gesamtbild gleicht einem luxuriösen Diamant-Diadem. Das Wort, das unweigerlich als Gedanke auftaucht, wenn man dieses Bild zum ersten Mal sieht, ist einfach nur: »*wunderschön*«!

In seinen weiteren Experimenten hat Masaru Emoto außerdem festgestellt, dass nicht nur Worte, sondern auch Musik und selbst Gedanken die kristalline Struktur des Wassers verändern. Unharmonische Gedanken führen zu unschönen Kristallen, harmonische Gedanken zu kleinen Wunderwerken der Natur.

Emoto machte viele weitere ähnliche Experimente, unter anderem fand er heraus, dass die Beschallung mit Hardrock-Musik auseinandergerissene, fragmentarische Kristalle hervorbrachte, während sich bei eine Symphonie von Mozart wunderschöne Kristalle formten. In einer anderen Untersuchung wurde an Wasserflaschen unterschiedliche Zettel angebracht, bei jener, die den Satz »*Ich liebe Dich*« trug, ergaben sich wunderschöne, symmetrische Kristalle, hingegen bei jener, die den Satz »*Ich hasse Dich*« trug, führte dies zu asymmetrischen, zerrissenen Kristallen. Die schönsten Kristalle allerdings ergab die Kombination aus

---

54 Vgl. www.masaru-emoto.net.

»*Liebe und Dankbarkeit*«.[55] Stell Dir nur vor welch ungeheure Wirkung es auf uns haben würde, wenn wir uns überwiegend, so gut es uns gelingt, mit Liebe und Dankbarkeit aufladen würden.

## Das Pflanzen-Experiment

Wie weitreichend wir mit allen Lebewesen (u.a. Mensch, Tier, Pflanzen, Insekten) verbunden sind, zeigt dieses wahrhaft faszinierende Experiment, welches am 2. Februar 1966 von Dr. Cleve Backster durchgeführt wurde.[56] Backster hat unter anderem Mitte der neunziger Jahre für das amerikanische Militär und für die CIA gearbeitet. Er war als Spezialist und Leiter der Lügendetektor-Tests des amerikanischen Geheimdienstes im Einsatz.

Im Allgemeinen werden bei Versuchen mit Lügendetektoren die Elektroden mit einem Menschen verbunden und diesem dann sorgfältig formulierte Fragen gestellt. Jeder Mensch hat eine klare moralische Position, die normalerweise »*Gewissen*« genannt wird. Deshalb erkennt der Apparat die eigentliche Wahrheit exakt, wenn die Person lügt. Dabei ist es unerheblich, wie viele Entschuldigungen und Gründe jemand von sich gibt. Durch die innere Anspannung, die sich über den gemessenen Hautwiderstand ausdrückt, verändert sich nämlich das elektrische Feld des Körpers und diese Veränderungen sind es, die eine Lüge entlarven.

Backster hatte nach 13 Jahren routinierter Arbeit in seinem Büro die zugegebenermaßen außergewöhnliche Idee, die Sensoren seines Lügendetektors mit den Blättern einer Drachenae, allgemein als Drachenbaum bekannt, zu verbinden. Er stellte sich folgende Frage: »*Haben Pflanzen Gefühle und sind diese messbar?*«

---

55 Masaru Emoto, David Al. Thayne: The Hidden Messages in Water, Hillsboro, OR: Beyond Words Publishing, 2001, S. 64.

56 Vgl. Backster, C.: »*Evidence of a Primary Perception in Plant Life*«, in: International Journal of Parapsychology 4 (1968), S. 328–348.

Für ein besseres Verständnis dieses Experimentes ist anzumerken, dass der Lügendetektor, wenn ein Mensch mit ihm verkabelt wird, gemäß den wechselnden Stimmungen verschiedene Kurven aufzeichnet. Backster wusste also, dass die beste Methode, um die Kurve des Lügendetektors richtig weit ansteigen zu lassen, jene ist, jemanden so zu erschrecken, dass sein Wohlbefinden bedroht scheint. Er wollte untersuchen, ob dies bei Pflanzen genauso ist und sie ähnliche Reaktionen wie Menschen bei Gefahr und Angst aufzeigen.

**Verlauf des Experiments:**
Backster fing an, die Pflanze zuerst mit einem Kugelschreiber anzustupsen. Keine Reaktion. Im weiteren Verlauf seines Experimentes tauchte Backster die Blätter der Pflanze, die an den Lügendetektor angeschlossen waren, in heißen Kaffee. Es erfolgte wieder keine Reaktion. 15 Minuten lang testete Backster mit mäßigem Erfolg einfache, für die Pflanze scheinbar ungefährliche Aktionen. Dann kam ihm die Idee, die Pflanze der größtmöglichen Gefahr auszusetzen, nämlich, die Blätter mit Feuer zu verbrennen. Und jetzt halt Dich fest: Zu diesem Zeitpunkt, als Backster erst den bloßen Gedanken dazu hatte, die Blätter zu verbrennen, und ungefähr vier Meter von der Pflanze entfernt war, schlug die Nadel wild auf dem graphischen Papier nach oben aus, so als könnte die Pflanze seine Gedanken wahrnehmen. Er hatte die Pflanze wohlgemerkt zu diesem Zeitpunkt nicht berührt und seine Gedanken mit keiner Silbe geäußert. Er hat lediglich gedanklich die Absicht formuliert, die Blätter der Pflanze zu versengen. Als er dann in einen anderen Raum ging, um Streichhölzer für das Verbrennen zu holen und damit wieder zurückkam, sah er, dass noch ein weiterer, noch höherer panischer Ausschlag von der Nadel auf dem Papier aufgezeichnet war.

Es ist anzunehmen, dass die Pflanze wieder einen Schreck bekam, als sie spürte, dass er wirklich zu dem Verbrennen entschlossen war. Wenn er bei weiteren vergleichbaren Experimenten Unentschlossenheit zeigte oder in seiner Absicht zögerte, das Gewächs verbrennen zu wollen, waren die auf dem Detektor registrierten Reaktionen nicht so akut.

Wenn er nur vorgab, die Pflanze verbrennen zu wollen, gab die Pflanze beinahe keine Reaktion ab. Die Pflanze schien sogar in der Lage zu sein, wahre von vorgetäuschten Bedrohungen zu unterscheiden.

Später, als Backster und seine Kollegen im ganzen Land Experimente mit verschiedenen Instrumenten und unterschiedlichen Pflanzen vorstellten, konnten sie ähnliche Ergebnisse beobachten. Sie entdeckten unter anderem, dass dieselben Messwert-Ausschläge aufgezeichnet werden konnten, wenn die Blätter abgerupft oder in Stücke geschnitten wurden und wenn diese Stücke in die Nähe der Elektroden eines Lügendetektors gelegt wurden. Wenn ein Hund oder eine unfreundliche Person plötzlich hereinkam, reagierten die Pflanzen ebenfalls nachweislich.

### Haben Pflanzen ein Gedächtnis und können sie auch Menschen wiedererkennen?

Auf diese Frage wollte Backster auch eine Antwort erhalten und begann mit einem weiteren Experiment: Mit der Absicht zu testen, wie gut eine Pflanze Dinge – in diesem Fall Menschen – unterscheiden könne, stellte Backster zwei Pflanzen in einen Raum und verband sechs Studenten die Augen. Dann bat er sie, Lose aus einem Hut zu ziehen. Eines der Lose enthielt Anweisungen, eine Pflanze mit der Wurzel auszureißen und sie durch Treten zu zerstören, also sie sozusagen zu ermorden, sodass die zweite Pflanze sprichwörtlich Zeuge der ermordeten Pflanze wird. Die Tat sollte derjenige, der das Los mit dieser Anweisung gezogen hatte, alleine durchführen, und niemand, einschließlich Backster, konnte wissen, wer die Tat durchgeführt hatte. Auf diese Weise konnte die Testpflanze nicht aus den Gedanken der anderen Leute ablesen, wer ihr »*Killer*« war. Das Experiment wurde also so angeordnet, dass niemand – außer der Pflanze selbst – der exklusive Zeuge war.

Nach der vollzogenen Ermordung hat Backster die verbliebene Pflanze an den Lügendetektor angeschlossen und alle Studenten gebeten, an ihr vorbei zu gehen. Die Pflanze reagierte bei fünf der Vorübergehenden nicht, aber als der Student, der das »*Verbrechen*« begangen hatte, vorbeiging, begann die Nadel der elektronischen Anzeige wie verrückt auszuschlagen. Mit diesem Experiment bewies Backster, dass Pflanzen in der Lage sind, sich an eine Person oder Sache, die ihnen oder einem anderen Wesen Schaden zufügte, zu erinnern und sie zu identifizieren. Backster führte viele weitere ähnliche Experimente durch. Pflanzen, fand er heraus, können sogar die Gedanken und Gefühle von ihren Pflegern lesen. Traten Stress, Leid oder Tod ein, zeigten generell alle Lebensformen in der unmittelbaren Umgebung eine sofortige elektrische Reaktion. Alle Organismen schwingen sich sozusagen mit der gesamten unmittelbaren Umgebung ein.

> *»Behandle einen Stein wie eine Pflanze,*
> *eine Pflanze wie ein Tier, ein Tier*
> *wie einen Menschen.«*
> (INDIANISCHE WEISHEIT)

## Erstaunliche Dinge geschehen im Wald[57]

[58]

*Abbildung 1: Vergleich Jahresringe eines Baumes und menschlicher Fingerabdruck. Weißt Du auf Anhieb, was was ist?*

57 Vgl. Wohlleben, P: Das geheime Leben der Bäume. Was sie fühlen, wie sie kommunizieren – die Entdeckung einer verborgenen Welt, Ludwig Verlag: München, in der Verlagsgruppe Random House GmbH, 2015.

58 Foto entnommen von: Unser Planet (de-de.facebook.com/unserplanet/).

Auch tief im Wald geht es viel mehr um Empfindung, Gefühl und Gedächtnis, als es Dir vielleicht nur ansatzweise denk- und vorstellbar ist. Außerdem sind wir den Bäumen viel näher, als wir annehmen. Das, was wir »*ausatmen*«, dient ihnen als Nahrung und was sie »*ausatmen*«, dient wiederum uns als Atem. So ein Wald kann nähren, verjüngen und heilen, er gehört für uns zur besten Medizin. Nach neuestem Untersuchungsstand konnten Forscher bei Bäumen sogar einen Herzschlag feststellen.[59]

Da er mir selbst in meiner herausfordernsten Zeit erstaunliche Hilfe leistete, wie Du im Verlaufe des Buches noch lesen wirst, möchte ich Dir hierzu auch eine kurze Zusammenfassung der neuesten wissenschaftlichen Erkenntnisse nicht vorenthalten. Nachdem Du die folgenden Zeilen gelesen hast, wirst Du in Zukunft garantiert mit einem ganz anderen Bewusstsein einen Wald betreten und wahrnehmen:

- Bäume sind soziale Wesen und haben eine sehr enge Beziehung zueinander, sie haben sogar Freundschaften und helfen umliegenden Artgenossen, indem sie z.B. Zuckerlösungen hinüberpumpen, um diese so am Leben zu erhalten. Der Grad an Verbundenheit und Zuneigung entscheidet dann allerdings, ob dem Baum geholfen wird.
- Werden Mutterbäume verletzt oder sterben sie, dann schicken sie ihre Weisheit an die nächste Generation weiter.
- Baumeltern leben mit ihren Kindern zusammen und ernähren diese.
- Bäume haben ein Gedächtnis und sind sogar lernfähig.
- Bäume kommunizieren und erhöhen so die Widerstandsfähigkeit der gesamten Gemeinschaft.
- Bäume haben ein miteinander verbundenes, ausgeklügeltes, unterirdisch existierendes soziales Netzwerk.
- Bäume unterhalten sich sogar über weite Entfernungen (über chemische Stoffe wie Kohlenstoff, Stickstoff,

59 Vgl.https://www.newscientist.com/article/2167003-trees-may-have-a-heartbeat-that-is-so-slow-we-never-noticed-it/.

Phosphor, Wasser und andere Chemikalien, Hormone oder elektrische Signale und über ein sogenanntes Mycel-Netzwerk) miteinander und tauschen so zum Beispiel bei einer bevorstehenden Plage gegenseitig Botschaften aus, um ihre Artgenossen vorzeitig vor einem bevorstehenden Unheil zu warnen, damit diese noch genügend Zeit haben, um Abwehr-Bitterstoffe in ihre Blätter einzulagern.

- Bäume können Schmerzen empfinden und sogar Sonnenbrand bekommen.
- Bäume können sogar schreien (in einer für uns Menschen nicht hörbaren Frequenz im Ultraschallbereich 220 Herz und z.B. durch knackende Wurzeln). Ihr Gebrüll entsteht beispielsweise dann, wenn starker Durst eintritt.
- Bäume besitzen etwas, das einem Gehirn (eine Art Nervenzellen an den Wurzelspitzen) gleicht.

Mittlerweile ist die wohltuende Wirkung des Waldes auf uns Menschen unter dem Begriff »*Shinrinyoku*« (zu Deutsch »*Waldbaden*«, aus Japan kommend) auch bei uns geläufig und avanciert zu einer anerkannten Stress-Management-Methode.

### Erstaunliche Vorteile des Barfußlaufens

Die Natur ist so etwas wie die Medizin des Menschen und stellt für uns so einige heilsame Benefits bereit, unter anderem das Barfußlaufen, dessen Effekte ich Dir noch gerne aufzeigen möchte:

Wenn Deine nackten Füße die nackte Erde berühren, verbinden sich Deine elektrisch positiv geladenen und energetischen Energien Deines menschlichen Körpers mit den elektrostatisch negativen Aufladungen und den Energien der Natur und erschaffen dadurch wieder einen harmonischen Ausgleich. (Die Erde hat eine elektrische Frequenz, die auf unseren physischen Körper wirkt. Unser Körper wiederum besteht zu etwa zwei Dritteln aus Mineralien und Wasser.) Durch diese Verbindung werden Nähstoffe, die Deinem Körper fehlen, aus der Erde über Deine Fußsohlen aufgenommen und Dir so wieder zugeführt. Ist das nicht einfach grenzgenial?

**Weitere Vorteile sich ohne Schuhe im Freien zu bewegen:**

- Reduktion Deiner Stresshormone
- Verbesserung Deines Schlafs
- Schmerzlinderung
- Reduktion von Entzündungen
- Erhöhung Deines gesamten Energieniveaus

*Tipp 1:*
Geh nach Belieben öfters im Wald barfuß spazieren und nimm so ein richtig herzhaftes, erfrischendes Natur-Wald-Bad mit all Deinen Sinnen in jede Deiner einzelnen Zellen auf, sodass Du mit allem förmlich verschmilzst. Der Wald aktiviert den Parasympathikus und senkt die Aktivität des sympathischen Nervensystems. Rund um Dich kannst Du die einzigartige Fülle der Schöpfungen in Abwesenheit von Mangel in ihrer wundervollsten Pracht wahrnehmen. Die fraktalen Formen und das saftige Grün des Waldes kitzeln unsere Augen. Den Herzschlag der Stille, die wir dort erleben, in Verbindung mit feinsten Sonnenstrahlen, die still durchs Blätterdach brechen, und der sanfte Vogelgesang, der unsere Gehörgange angenehm stimuliert, runden alles ab und führen uns zur inneren Ruhe und zu innerem Wohlbefinden, hinein in einen sanft meditativen Zustand der Glückseligkeit, da die Natur der Ort ist, an dem wir am besten loslassen können. Auch wenn Du im Wald kein W-LAN vorfinden wirst, wird Deine Verbindung dort brilliant sein.

*Tipp 2:*
Wenn Du gerade eine nicht einfache Zeit erlebst und Du Dir gerne Unterstützung wünscht, dann gehe in den Wald und wähle einen für Dich stimmigen Baum, zu dem Du Dich am meisten hingezogen fühlst. Jeder Baum ist beseelt, besitzt einen Geist und hat eine Aura. Umarme ihn aus TIEFSTEM

Herzen, sodass Du sogar regelrecht die Augen zusammenkneifst. Nun stell Dir vor, dass Wurzeln aus Deinen Fußsohlen tief in den Waldboden wachsen und verbinde Dich so auch mit Mutter Erde und gleichzeitig auch mit den Wurzeln des Baumes. Nun stelle Dir vor, wie ein weiß-goldener Lichtkanal von oben herab, sanft, beginnend von der höchsten Stelle Deines Kopfes in den Körper dringt und Dich so mit purer Energie durchflutet. Jetzt erzähl Deinem Lieblingsbaum alles, was Dein Herz beschwert, auch wenn Dir das alles ein bisschen komisch erscheint. Bitte ihn mit Deinen Worten, Dir zu helfen, dass wieder Gesundheit und Harmonie in Deinem Leben einkehren mögen, oder andere Zustände, je nachdem, was Du gerade brauchst. Optional kannst Du Dir gleichzeitig vorstellen, wie Dich von oben diese besondere Energie aus der höchsten Quelle, bestehend aus Licht und Liebe in ihrer allerreinsten Form, Dich vollkommen durchflutet und reinigt, indem sie Dich von allen Disharmonien befreit, schützt und völlig neu auflädt. Wiederhole dies je nach Herzensimpuls. Und vergiss nicht, dass Du Dich bei Deinem Baum und den Waldgeistern für die Hilfe demütig bedankst. Glaub mir: Die Naturgeister werden Dir großartige Dienste leisten. Probier es aus und dann kannst Du noch immer über das so eben Gelesene lachen, wenn Dir dann noch danach zumute ist.

## Die Ameisenkönigin[60]

Was denkst Du, lieber Leser, was mit einem Ameisenvolk widerfährt, wenn man deren Ameisenkönigin von ihrem Ameisenhaufen entfernt und sie mehrere Kilometer weit wegbringt? Halte bitte kurz inne und beantworte Dir selbst die Frage, bevor Du weiterliest. Genau dies haben nämlich russische Forscher untersucht: In diesem Experiment im Tierreich wurde herausgefunden, dass die Arbeiter-Ameisen bei

60 Vgl. Tepperwein, Kurt: Was wünscht Du Dir vom Leben? – Das Resonanzgesetz als Weg zu Selbsterkenntnis und Selbstverwirklichung. 1. Auflage. Wilhelm Goldmann Verlag: München 2011, S. 74; 77–79.

Abwesenheit der Ameisenkönigin, erstaunlicherweise und entgegen der Erwartung, trotzdem fleißig und ganz nach Plan den Ameisenhaufen weiterbauen. Bringt man die in mehreren Kilometer Entfernung befindliche Königin jedoch um, werden augenblicklich sämtliche Arbeiten am Ameisenhaufen eingestellt. Keine Arbeiter-Ameise weiß mehr, was sie zu tun hat. Offenbar sendet die Königin die »*Baupläne*« durch Hyperkommunikation auch aus der Ferne über das Gruppenbewusstsein an alle ihre Untertanen. Sie kann dafür so weit entfernt sein, wie sie will, die Entfernung spielt dabei keine Rolle, solange sie noch am Leben ist.

## Menschliche Verbundenheit

> *»Wichtige Begegnungen werden von den Seelen, lange bevor die Körper einander sehen, geplant.«*
> (PAULO COELHO, *1947)

Wir sind mit allen Menschen, an die wir denken, sofort energetisch verbunden. Die Verbundenheit von Mensch zu Mensch und von Mensch zu Tier ist, Gott sei Dank, wieder für mehr Menschen auf dem Vormarsch, dennoch möchte ich auch hier noch ein paar Alltagssituationen erwähnen, die Mensch und Tier Tag für Tag wahrnehmen. Sicherlich kennst Du selbst solche oder ähnliche nicht erklärbare Phänomene:

- Wir nehmen schon kurz vorher wahr, dass wir angerufen werden.
- Wir nehmen sogar wahr, wer uns anruft.
- Wir können fühlen, wenn uns jemand von hinten anstarrt.
- Eine Mutter nimmt intuitiv wahr, wenn ihrem Kind an einem entfernten Ort etwas zustößt.
- Hunde spüren, wenn das Herrchen nach Hause kommt, auch außerhalb der Routine.
- Hunde spüren, wenn es dem Herrchen nicht gut geht und weichen dann nicht von der Seite.

- Katzen legen sich auf Frauchens kranke Stelle und verweilen dort länger als sonst. Einige Katzen fangen dabei sogar an zu schnurren, da das Schnurren die Heilungsprozesse im Katzenkörper fördert, sie wollen Frauchen also durch die Weitergabe der Schwingungen helfen, wieder gesund zu werden. Der Mensch nimmt dann eine unmittelbare deutlich spürbare Besserung wahr.

## Starke Verbundenheit mit dem Zwillingsbruder[61]

Die eineiigen Zwillinge Jim Lewis und Jim Springer aus Ohio wurden nur einen Monat nach ihrer Geburt getrennt, fanden im Alter von 39 Jahren aber wieder zueinander. Sie fanden heraus, dass beide von einer Frau namens Linda geschieden waren, danach eine Betty geheiratet und einen Sohn namens James gezeugt hatten. Außerdem fuhren beide Chevrolets und hatten ihre Hunde Toy getauft.

## Eltern-Kind-Verbundenheit der besonderen Art[62]

Die mütterliche Verbundenheit mit ihrem Kind scheint die am stärksten ausgeprägte energetische Verbindungzu sein, die es gibt. Wenn einem Kind etwas zustößt, sind Mütter oftmals in der Lage, dies intuitiv zu spüren. Eine außergewöhnliche Erfahrung über die starke Verbundenheit mit ihrem Sohn dazu schildert eine Mutter, die sie hautnah miterleben durfte. So geschah es, dass die stets gesunde Mutter mit ihrem Mann gemütlich zu Hause auf der Couch saß und beide TV sahen. Plötzlich, wie aus dem Nichts kommend, tauchten in ihr unerklärliche starke Schmerzen auf, die auf rätselhafte Art und Weise auf ihrem ganzen Körper hin umherwanderten. Die Intensität war äußerst heftig, sodass sie, nachdem die schmerzhafte Attacke durchgestanden war, sichtlich erschöpft und erleichtert war. Da

61 Vgl. »*Die Macht der Gene*«, 21.04.1980, https://www.spiegel.de/spiegel/print/d-14328720.html.

62 Bradley Nelson beschreibt in seinem Buch »*Der Emotionscode*« einen Fall einer Patientin, die die Verbundenheit einer Mutter mit ihrem Kind darstellt (S. 51).

diese Mutter Derartiges noch nie erlebt hatte, war sie darüber völlig verwirrt und verunsichert und ging, um eine Erklärung dafür zu finden, gleich am nächsten Tag ins Krankenhaus, um sich durchchecken zu lassen. Diese außergewöhnlich bizarren Empfindungen, die sie ausführlich schilderte, stellten die Ärzte vor ein Rätsel, da man bei ihrer Untersuchung keine körperlichen Ungereimtheiten feststellen konnte. Drei Tage später jedoch rief ihr Sohn, der auf den Philippinen arbeitete, von seinem Krankenhausbett an. Er erzählte ihr, dass er vor ein paar Tagen von örtlichen Polizeibeamten massiv geschlagen worden sei. Als die Mutter den Zeitpunkt des Auftretens der seltsame Schmerzattacke mit dem Zeitpunkt der Verletzung, die die Polizisten dem Sohn zugefügt hatten, miteinander verglich, musst sie fassungslos feststellen, dass beide Geschehnisse zur gleichen Zeit stattgefunden hatten. Die Mutter konnte buchstäblich die leidvollen Erlebnisse, die die Polizisten ihrem Sohn zugefügt haben, an ihrem eigenen Leib hautnah miterleben.

## Spuk im Blut [63]

Die letzten drei Experimente um das Wissen, dass alles mit allem verbunden ist, die ich an dieser Stelle erwähnen möchte, werden noch einmal besonders spannend und vielleicht auch für den einen oder anderen Leser ein wenig gruselig. Ein Schauer lief auch mir beim Lesen des folgenden Experimentes den Rücken hinunter, aber als ich mich mit dem dazugehörigen Wissenschaftler austauschte und den Wahrheitsgehalt der Ergebnisse überprüfte, wurde mir bewusst, wie sehr hier das Ausmaß unserer Verbundenheit deutlich wird.

Stell Dir vor, Du würdest Dir etwas Blut abnehmen lassen und von diesem Blut je einen Tropfen in zwei winzige Glasschalen geben. Dann lässt Du diese Blutstropfen über Tage an Licht und Luft komplett austrocknen, sodass jeglicher biologische Prozess zum Erliegen kommt. Die eine Probe lässt Du in Wien und die andere transportierst Du z.B. zu einem

63 Vgl. https://spagyrikakademie.at/wp-content/uploads/2018/07/Spuk-im-Blut-des-Menschen_.pdf.

Labor in Berlin. Dort verwendest Du eine sündhaft teure Labor-Waage, die in der Lage ist, in einem Glaszylinder unter Luftabschluss 1/10.000stel Milligramm zu wiegen. In diese Waage gibst Du das Glasschälchen mit dem vertrockneten Blutstropfen und wiegst dieses eine Woche lang, kontrolliert und dokumentiert von einem angeschlossenen Computer. Das Gewicht wird sich nach wenigen Minuten bei einem Wert einpendeln, der uns als Zahl erst einmal nicht weiter interessiert. Dieser Wert soll unser Nullgewicht sein.

Nach einer Woche wirst Du feststellen, dass dieser festgelegte Nullwert immer gleichgeblieben ist, d.h. nichts ist dort passiert. In Wien machst Du in einem zweiten Labor exakt dieselbe Prozedur, auch hier tut sich gewichtsmäßig rein gar nichts.

In Berlin gibst Du nach einer Woche nun auf den trockenen Blutstropfen in der Waage drei Tropfen Nährlösung, die man für das Wachstum von Bakterienstämmen verwenden würde, um das Blut biologisch wieder zu aktivieren. Natürlich wiegt die Schale mit dem Blutstropfen nun ca. 0,15g mehr, weil eben drei Tropfen Nährlösung dazu kamen. Wir definieren dieses neue Gewicht in Berlin jetzt wieder als Nullwert und schauen, was passiert. Die ersten Stunden bleibt die Nulllinie erhalten, dann, nach ca. einem Tag, beginnt das Gewicht im 1/1.000stel Milligrammbereich zu steigen. Mit jedem Tag steigt es weiter und weiter.

Nach dem Erkenntnisstand der klassischen Physik dürfte das nicht passieren, weil es sich um ein abgeschlossenes System handelt, aus dem nichts entweichen oder in das nichts hineinkommen kann. Die »*alte*« Physik liefert dafür also keine Erklärung.

Jetzt kommt jedoch das noch viel Spektakulärere: Das Gewicht des trockenen Blutstropfens in Wien steigt ebenfalls! Dort wurde aber nichts biologisch aktiviert, keine Nährlösung hinzugegeben, er blieb immer völlig unberührt, niemand hat den Glaskolben berührt oder auch nur angesehen. Das Gewicht in Wien steigt im gleichen Maße wie das in Berlin und zwar exakt zur gleichen Zeit mit gleichem Zuwachs.

Denkst Du, dass man hier von Spuk sprechen kann?

Der Chemiker und Physiker Dr. Klaus Volkamer führt genau solche Experimente durch. Er entdeckte die feinstoffliche Materie, die er u.a. durch Versuche dieser Art begründete. Immer dann, wenn Leben keimt, wird sozusagen feinstoffliche Materie von der grobstofflichen angezogen. Anders formuliert: Die feinstoffliche haucht der grobstofflichen Materie das Leben ein. Diese feinstoffliche Materie ist Träger aller Informationen und des Bewusstseins. Sie strukturiert sich in Quanten. Die kleinste Einheit ist die Zelle, die nächste der Zellverband. Das Herz oder auch der gesamte Mensch oder die Erde sowie unsere Galaxie sind Einheiten dieser Feinstofflichkeit, alle Wesen mit einem Bewusstsein, sie alle sind miteinander verbunden.

Die Kommunikation der feinstofflichen Quanten erfolgt mit millionenfacher Lichtgeschwindigkeit, durch alle grobstoffliche Materie oder Vakua (Plural von Vakuum) hindurch, sie unterliegt nicht den Gesetzen der Einstein'schen Relativitätstheorie.

Dass die beiden Blutstropfen in Berlin und Wien, die so viele Kilometer voneinander entfernt sind, miteinander kommunizieren, liegt an einer sogenannten physikalischen Verschränkung von feinstofflichen Einheiten. Und auch Blut ist eine Einheit für sich vergleichbar einem Organ. Bei 3.000km oder 3.000.000km wäre das Ergebnis immer das gleiche.

Ich gebe Dir recht, es bleibt dennoch gespenstisch, vor allem deshalb, weil es eben ein »*toter*« Tropfen Blut war.

Aber die Geschichte geht noch weiter. Wenn dann in Berlin die Nährstoffe oder der Sauerstoff im Glaszylinder aufgebraucht sind, »*stirbt*« die reaktivierte Biologie des Blutstropfens und das Nullgewicht von einst stellt sich wieder ein. Gleichzeitig, wie Du es wahrscheinlich schon erahnen wirst, passiert selbiges auch bei dem »*toten*«, unberührten Blutstropfen in Wien, weil die feinstoffliche Materie, das Leben also, wieder entschwunden ist.

Faszinierend, oder?

## Seltsame Veränderungen nach einer Herztransplantation

Die Balletttänzerin Claire Sylvia (1940–2009) aus Florida unterzog sich 1988 im Yale New Haven Hospital aufgrund ihrer lebensbedrohlichen Lungenschwäche einer Herz- und Lungen-Transplantation. Damals wusste sie von ihrem Spender lediglich, dass es sich um einem 18-jährigen Mann handelte, der durch einen Motorradunfall ums Leben kam. Nach der erfolgreichen Transplantation spürte die 47-jährige Tänzerin und Choreografin immer mehr, dass nichts mehr so war wie zuvor. In ihr gingen auf einmal eigenartige Dinge vor sich. So hatte die überzeugte Anti-Alkoholikerin plötzlich ungeheureren Durst auf Bier. Auch entwickelte sie auf einmal Gelüste auf Pommes, Chicken Nuggets, grünen Paprika und Snickers-Riegel, alles Dinge, die ihr vorher überhaupt nicht schmeckten und das ist noch gelinde ausgedrückt, denn sie verabscheute regelrecht Bratwürste und Hamburger, jetzt verschlang sie dies auf einmal mit Heißhunger. Auch ihre Wesenszüge veränderten sich so dermaßen, dass diese »*Verwandlung*« für nahestehenden Menschen regelrecht unübersehbar wurde. Ihre Teenager-Tochter begann etwa damit sie aufzuziehen, dass sie wie ein Mann laufen würde. Vor ihrer Herz-Operation genoss sie es, stundenlang gemütlich in einem Sessel zu sitzen und ein spannendes Buch zu lesen, während sie nun verstärkten Drang nach Aktivitäten verspürte. Es dauerte nicht lange, bis sie sich sogar ein Motorrad kaufte und damit Frankreich erkundete. Sie entwickelte tief in ihrem Inneren das Gefühl, dass etwas – oder jemand – plötzlich in ihr Leben eingreifen würde. Was ihr aber von all den Veränderungen am meisten zu schaffen machte, war ein immer wieder kehrender Traum von einem jungen Mann namens »*Tim*«, den sie darin leidenschaftlich küsste, der ihr sein Herz schenkte und in den sie sich ebenso unbeschreiblich verliebte. Um endlich wieder inneren Frieden zu finden, wollte sie zu näheren Informationen über ihren Spender gelangen, sodass sie sich auf die Suche nach den Angehörigen des Herz-Spenders machte. Nach jahrelangem und intensivem Suchen, fand sie endlich die Familie des Spenders, die ihr all ihre Vorahnungen bestätigte: Der Name des Spenders war Tim (Thomas Luvinsky), liebte unter anderem Bier, Pommes und Bratwürste und war zudem auch leidenschaftlicher Motorradfahrer. Sie wusste nun, dass mit Tims Herz ihr auch einige seiner Eigenschaften »*transplantiert*« wurden.

Mit dem Titel »*Herz eines Fremden*« wurde Claires besonderes Schicksal sogar verfilmt, so wie sie auch Buch mit dem Titel »*Herzensfremd*«[64] veröffentlichte.

Professor Gary Schwartz, Mediziner und Psychologe von der Universität Arizona, ist einer der Wissenschaftler, der derartigen Phänomenen offen gegenübersteht und diese untersucht. Für ihn ist es nichts Ungewöhnliches mehr, dass Menschen nach Transplantationen (ganz unterschiedlicher Organe) hinterher über Erinnerungen (plötzliches Erinnern an Dinge und Orte, an denen sie zuvor nie dort gewesen waren) oder Wesenszüge (veränderte Handschrift, Ess- und Trinkgewohnheiten, Musikgeschmack, Sexvorlieben, andere/neue/ungewöhnliche Interessen) des Spenders verfügen.

## Wie die Albträume eines 10-jährigen Mädchens einen Mörder überführten

Der spektakulärste mir bekannte Fall in dieser Hinsicht sind die Geschehnisse nach einer Herz-Transplantation eines zehnjährigen Mädchens.[65] Unmittelbar nach seiner OP wurde sie täglich von lebhaften, intensiven Albträumen, in denen sie ermordet wurde, heimgesucht. Da ihre Mutter keinen Rat mehr wusste und mit ihrer Tochter gleichermaßen darunter litt, ging sie mit ihr zur Kinderpsychologin, um diese Träume analysieren zu lassen. Die quälenden Albträume sollten endlich ein Ende haben dürfen. Nach umfangreichen Untersuchungen kam der Psychologe zu der Theorie, dass die Eindrücke, die das Mädchen in ihren Träumen erlebte, nicht dem Reich der Albtraum-Fantasien zuzuordnen waren. Die Traumerlebnisse schienen dafür zu spezifisch zu sein. Was diese Vermutung bekräftigte, war zudem auch, dass das Mädchen zuvor keinerlei relevanten traumatische Erleb-

---

64 Claire, Sylvia: Herzensfremd, 1999, Bastei Lübbe Taschenbücher.

65 P. Pearsall, The Heart´s Code: Tapping the Wisdom and Power of Our Hearth Energy (New York: Broadway Books, 1998), S. 7. (Dt.: Heilung aus dem Herzen: Die Körper-Seele-Verbindung und die Entdeckung der Lebensenergie)

nisse erfahren hatte, die solche Albträume hervorrufen bzw. bekräftigen hätten können. Auch die Mutter fühlte sich in ihrer Ahnung bestätigt. Allmählich hegte der Therapeut den Verdacht, dass diese Albträume etwas mit dem Schicksal des Herz-Spenders zu tun haben könnten. Da man nur wenig über den Spender wusste, machte sich die Mutter auf den Weg, um Nachforschungen über dessen Person anzustellen.

Nach kurzer Zeit schon fand man heraus, dass der Spender ein achtjähriges Mädchen war, das von einem Unbekannten eines Nachts auf einer Straße umgebracht wurde. Der Täter konnte trotz intensiver Ermittlungen nie gefasst werden. Weitere Untersuchungen der Albträume der kleinen Herz-Empfängerin ergaben, dass das Mädchen über diese Traumerlebnisse ebenso viele Einzelheiten vom Tathergang erzählen konnte. Schließlich konnte sich die Mutter dazu bewegen, sich der Polizei zu öffnen. Das Mädchen schilderte dabei einen detaillierten Tatbericht, der ihr in den immer wiederkehrenden gleichen Träumen zugänglich wurde. Dieser beinhaltete den Ablauf des Tathergangs, den Zeitpunkt der Geschehnisse, den Ort des Verbrechens, die Mordwaffe, die Worte, die das Opfer noch zum Täter gesagt hatte und schlussendlich das wichtigste Puzzleteil: das Aussehen des Täters samt seinen körperlichen Merkmalen, wie auch der Kleidung, die er zur Tatzeit getragen hatte.

Auch wenn die Informationsquelle für die Beamten nicht einer normalen Beweislast glich, wurden dennoch Ermittlungen eingeleitet, um den Hinweisen nachzugehen, um nichts unversucht zu lassen, den Fall doch noch aufzuklären. Nachdem das Mädchen von der Polizei vernommen wurde und den Täter gut beschreiben konnte, wurden ihr mittels einer Fotokartei verschiedene in Frage kommenden Bilder gezeigt. Ohne jegliches Zögern konnte sie den ihr unbekannten Mann, von dem sie immer wieder träumte, identifizieren. Sie hatte den Mann im Traum immer wieder gesehen und daraufhin auf dem Foto wiedererkannt. Was die kleine Herz-Empfängerin beschrieb, konnte sich erstaunlicherweise als real erweisen. Das Herz des Spenders trug somit augenscheinlich noch alle Erinnerungen in sich. Der Mann konnte wenig später ausgeforscht, festgenommen, der Tat überführt und letztendlich des Mordes an dem Mädchen verurteilt werden. Ist das nicht faszinierend?

**Fazit:**

Alle wissenschaftlich angeführten Studien in diesem Kapitel belegen sehr deutlich, wie sehr alles mit allem verbunden ist und lassen uns vielleicht erahnen, was wir wahrscheinlich noch gar nicht wissen. Menschen kommunizieren gedanklich nicht nur ständig mit Menschen, sondern gar ständig mit der gesamten Umwelt. Vielleicht sogar noch viel mehr, als es uns nur ansatzweise denk- und vorstellbar ist. So wie ein Wassertropfen im Meer ein Teil des ganzen Meeres ist, so sind auch wir alle miteinander eins. Die für bereits viele Menschen als selbstverständlich geltende tiefe Verbindung aller Wesen wird erfreulicherweise zunehmend auch wissenschaftlich bestätigt.

***Spiritueller Impuls:*** Alles im Kosmos ist lebendig und wir sind alle eins. Wir gemeinsam sind ein Teil eines großen Organismus, der ständig miteinander kommuniziert. Alles ist mit allem verbunden, da es kein Getrenntsein gibt! Wir sind mit allen Lebewesen, Menschen, Tieren und der Natur dauerhaft verbunden und nichts und niemand tritt zufällig in unser Leben. Wir bilden sozusagen gemeinsam eine unteilbare Einheit, etwas Einzigartiges Großes Ganzes, wovon wir selbst ein unauflöslicher aktiver Teil sind.

*»Der Mensch ist ein Teil des Ganzen, das wir Universum nennen, ein in Raum und Zeit begrenzter Teil. Er erfährt sich selbst, seine Gedanken und Gefühle als abgetrennt von allem anderen – eine Art optische Täuschung des Bewusstseins. Diese Täuschung ist für uns eine Art Gefängnis, das uns auf unsere eigenen Vorlieben und auf die Zuneigung zu wenigen uns Nahestehenden beschränkt. Unser Ziel muss es sein, uns aus diesem Gefängnis zu befreien, indem wir den Horizont unseres Mitgefühls erweitern, bis er alle lebenden Wesen und die gesamte Natur in all ihrer Schönheit umfasst.«*

(ALBERT EINSTEIN, 1879–1955)

# Kapitel 8: Menschliche Eigenschaften und deren Bedeutung

Die Ausprägung und die Beschaffenheit menschlicher Eigenschaften entscheiden darüber, ob sie Karma produzieren oder »*karma-neutral*« sind. Dies ist besonders entscheidend bei vermeintlich sehr eng verwandten Eigenschaften, was beim Vergleich von Beharrlichkeit und Hartnäckigkeit besonders stark zu Tage tritt:

Beharrlichkeit bedeutet, dass Du stetig nach etwas strebst, ohne dabei jedoch in Kampf oder Verlangen zu verfallen, sondern in zweifelsfreier Gewissheit voranschreitest. Dies steht im Gegensatz zur Hartnäckigkeit, denn hartnäckig bist Du, wenn Du den einmal von Dir eingeschlagenen Weg trotz Dir eventuell begegnender Hürden oder Rückschläge nicht verlässt und ihn bewältigen und überstehen willst, auch, wenn Du dafür sprichwörtlich durch die Wand gehen musst. Hierbei ist allerdings Achtung geboten, denn Hartnäckigkeit wird gern vom Falschen Selbst missbraucht, um chronisch gegen den Herzimpuls zu agieren, wodurch unharmonisches Karma produziert wird. Beharrlichkeit hingegen entstammt Deinem Wahren Selbst und ist somit karmafrei, herz- und liebevoll.

## Ver-rückt

> *»Ich glaube, man sollte keine Angst davor haben, anders zu sein als alle anderen. Ich glaube, man sollte eher Angst davor haben, zu sein wie alle anderen.«*
> (Unbekannt)

Hast Du auch schon einmal wahrgenommen, wie ein Mensch, der eigentlich intelligent ist, im selben Atemzug als verrückt bezeichnet wird? Aber woran könnte das liegen? Hier ist des Rätsels Lösung:

Der Großteil der Bevölkerung macht dasselbe wie die breite Masse. Das heißt, sie entsprechen der Norm, sie sind NORMal. Sie gehen täglich zu einer Arbeit, die sie eigentlich gar nicht lieben, um Geld zu verdienen, mit dem sie Dinge kaufen, die sie eigentlich gar nicht brauchen, um Leute zu beeindrucken, die sie eigentlich gar nicht mögen. Sie wirtschaften ihren Körper durch ungesunde Ernährung herunter, meckern, jammern und sehen, hören und lesen unharmonische Nachrichten, die sie noch weiter runterziehen.[66]

Normal ist also schlicht und einfach das, was die Mehrheit für normal hält, egal ob dies richtig oder nicht richtig ist, weshalb die wenigen Individuen, die (bereit sind sich zu entwickeln und daher) anders sind als die breite Masse, von dieser schräg angesehen werden. Sie sind zum Beispiel Veganer, trinken keinen Alkohol, verbringen viel Zeit barfuß in der freien Natur, besitzen keinen Fernseher, konsumieren so gut wie keine Nachrichten, leben in einer offenen Partnerschaft, lassen ihre Kinder nicht impfen und konsultieren bei Krankheiten nicht primär die Schulmedizin ... Die Liste ließe sich beliebig weiterführen – es gibt viele Gründe, von der Gesellschaft nicht als »*normal*« angesehen zu werden. Verrückt heißt im Grunde genommen nichts anderes, als dass man »*anders*« als die breite Masse ist und daher von der Norm abweicht und deshalb als ab-normal bewertet wird. Gerne werden Menschen, die sich nicht ins Hamsterrad zwingen lassen wollen, oder jene, die ein wenig über den Tellerrand blicken, die nicht den Normen von Institutionen wie der Regierung, den Medien, der Wissenschaft oder dem Bildungssystem folgen, als verrückt bezeichnet. Aber nur weil die Mehrheit der Menschen sagt: »*Die Sonne geht auf*« oder »*Die Sonne geht unter*«, ist das noch lange nicht die finale Wahrheit. Denn richtigerweise müsste es heißen: »*Die Erde hat sich gedreht und deshalb kann ich die Sonne sehen (oder eben nicht).*« Es gibt wie immer viele Optionen, aber immer nur eine Wahrheit.

---

66 Diese Sätze sind eine Anspielung auf Walter Slezaks berühmtes Zitat: »*Viele Menschen benutzen das Geld, das sie nicht haben, für den Einkauf von Dingen, die sie nicht brauchen, um damit Leuten zu imponieren, die sie nicht mögen.*«

> »*Man darf die Mehrheit nicht mit der Wahrheit verwechseln.*«
> (JEAN COCTEAU, 1889–1963)

Solch ein »*Verrückt*« sein von dem, was von der Norm abweicht, bedeutet in Wirklichkeit zum einen »*natürlich*« zu sein, aus seiner eigenen Mitte heraus zu handeln und hat gar nichts mit intelligentem Nachteil gegenüber der Mehrheit der Menschen zu tun, sondern eher damit, dass andere Menschen insgeheim spüren und sehen, dass solche Menschen den Mut haben, Dinge zu versuchen, die sie erfolgreicher und glücklicher machen, und dass es ihnen egal ist, was andere über sie denken, auch wenn es gesellschaftlich nicht anerkannt ist. Je bewusster man wird, desto mehr beginnt man auf einmal so ein »*Verrückt-Sein*« aus einer anderen Perspektive zu sehen! »*Ver-rückte*« tun Dinge, die andere eigentlich selbst wagen möchten, aber nicht den Mut dazu aufbringen können oder wollen, nicht wagen, den Fuß aus der alltäglichen, unharmonischen gesellschaftlichen Tretmühle herauszubewegen. Den Grund findet man oft in diesem Durcheinander, weil es den meisten Menschen wichtiger ist, was andere über sie denken, als dass sie wirklich ihrem herzbasierten Weg folgen und glücklich werden. Denn was würden denn die Freunde, Bekannten und Arbeitskollegen denken, wenn es schiefgeht?! »*Wir haben Dir ja gleich gesagt, Du sollst das lassen! Warum hast Du nicht auf uns gehört?*« Darum wagen viele es nicht und verharren eher ein Leben lang ungewollt in dem unharmonischen, langweiligen Hamsterrad. Und für die wenigen Menschen, die den Mut haben, daraus auszubrechen, werden dann meistens unharmonische Emotionen wie etwa Neid, Missgunst und Abwertung entwickelt, weil sie anders sind. Wenn wir jedoch ehrlich sind, bewundern wir insgeheim solche Menschen, die den Mut haben, anders zu sein und ihren Herzimpulsen beharrlich und mit Freude zu folgen!

## Sich ent-wickeln

Sich zu ent-wickeln bedeutet im Grunde genommen, sich von künstlichen Ichs und Schein-Persönlichkeiten »*auszuwi-*

*ckeln*«, die wir gar nicht wirklich sind und auch nie wirklich waren. Seit dem Tag unserer Geburt wurden wir von nahestehenden Menschen, wie unseren Eltern und Großeltern und später auch von anderen Wegbegleitern (wie etwa Lehrern) Tag für Tag geprägt bzw. zugewebt, so, wie die Welt um uns herum zu sein hat oder scheinbar funktioniert. Darunter befinden sich persönliche Meinungen, Anschauungen, Theorien, Perspektiven, Glauben und Lehren bestimmter Traditionen. Nicht wenig oft entstanden diese Prägungen aufgrund eines Irrglaubens, von Unwahrheiten und Desinformationen. Als Kinder haben wir dies alles bedingungslos und widerstandslos geglaubt, da uns damals aufgrund mangelnder alternativer Informationen auch nicht wirklich etwas anderes übrigblieb.

Entwicklung bedeutet, dass etwas freigelegt wird, was man somit dann auch loslassen kann. Was wir ablegen, ist etwas, das sowieso nie zu uns gehört hat. So können wir uns in absehbarer Zeit immer mehr entwickeln. Wenn wir uns aus dem ganzen Unsinn, von dem wir die ganze Zeit zugewickelt wurden, »*ausgewickelt*« haben, können wir uns voll und ganz entfalten, bildlich unsere Flügel vollends ausbreiten, um dann wie ein Adler zu fliegen. So haben wir dann aus der Volgelperspektive eine freie (Über-)Sicht und können auf einmal auch die Dinge so sehen, wie sie wirklich sind. Erst die Entwickelung, dann die Entfaltung.

Persönlichkeitsentwick(e)lung heißt nicht, dass wir zu etwas werden, sondern dass wir Persönlichkeiten loslassen, die wir nie waren, und uns selbst als der/die zu erkennen, der/die man schon seit Anbeginn war. Selbsterkenntnis führt zu purer Freiheit und Lebensfreude.

Je mehr man sich entwickelt, sprich, je höhere Bewusstseinsstufen jemand erreicht, desto mehr Schuppen werden einem (nicht nur sprichwörtlich) von den Augen fallen. Dies führt dazu, dass sich immer mehr wirkliche Gesetze, Prinzipien und Wahrheiten vor einem offenbaren, die der »*normale*« Menschenverstand mit einer (noch) nicht so hohen Bewusstseinsverfassung einfach noch nicht begreifen bzw. wahrnehmen (blinde Flecken) kann. Denn jeder einzelne Mensch kann nur das und nur so viel verstehen und wahrnehmen, wie es seiner momentanen Bewusstseinsebene entspricht.

Ein guter Vergleich wäre ein Aufstieg auf einen Berg (der Berg der Erkenntnis und Bewusstseinserweiterung), an einen Ort, hinter dem sich die allumfassende Wahrheit befindet und sich vor demjenigen, der hinaufklettert, ausbreiten würde, da er logischerweise mit jedem gemachten Höhenmeter immer mehr Übersicht gewinnt. Zu Beginn des Aufstieges kann man noch wenig sehen, aber mit der Zeit, je höher man steigt (je bewusster man durch seine Entwickelung wird und je mehr Erkenntnisse man erhält), desto mehr kann man die Aussicht genießen und auch immer klarer die universelle, allumfassende Wahrheit erkennen, da man so immer mehr Zugang erhält. Wenn man dann solche Erkenntnisse im Beisein von Menschen, die noch nicht über den Berggipfel hinausblicken können, erwähnt, kann es durchaus schon mal vorkommen, dass bestimmte solcher Aussagen oder auch Handlungen für diese verrückt klingen.

Also: Anstatt Dich unharmonisch zu fühlen, wenn Du deswegen von jemandem als verrückt bewertet wirst, sieh es als gutes Zeichen, dass Du höchstwahrscheinlich auf dem richtigen Weg bist, auf dem Weg der Entwicklung, Befreiung und Selbsterkenntnis!

> *»Du selbst zu sein, in einer Welt, die Dich ständig anders haben will, ist die größte Errungenschaft.«*
> (Ralph Waldo Emerson, 1803–1883)

> *»Das Geheimnis, mit allen Menschen in Frieden zu leben, besteht in der Kunst, jeden seiner Individualität nach zu verstehen.«*
> (Friedrich Ludwig Jahn, 1778–1852)

> *»Der Moment, in dem Du endlich frei bist, ist, wenn Du beginnst, in Frieden so zu leben, wie Du möchtest, und Du aufhörst, Dir Gedanken darüber zu machen, welche Meinung andere von Dir haben.«*
> (Walter Baumgartner)

> *»Menschen mit einer neuen Idee gelten so lange als Spinner, bis sich die Sache durchgesetzt hat.«*
> (MARK TWAIN, 1835–1910)

> *»Was andere von mir denken, ist ihre Wahl. Was ich von mir denke, ist meine Wahl.«*
> (WALTER BAUMGARTNER)

## Entschlossenheit[67]

Entschlossenheit ist klares, stabiles, kraftvolles, aber friedliches Handeln mit unendlicher Geduld. Entschlossenheit heißt, dass Du aus vollstem und ganzem Herzen mit Deiner gesamten Herzensenergie hinter dem stehst, was immer Du auch vorhast. Entschlossenheit kann vom Wahren Selbst, aber auch vom Falschen Selbst kommen. Diese Ausprägung der Entschlossenheit ist im letzteren Fall zwar ebenfalls zielorientiert, aber zugleich ungeduldig und bildet sich im Handumdrehen zur zerrenden Hartnäckigkeit aus.

Je weniger Du von Deinem Falschen Selbst motiviert bist, desto weniger »*Ablenkung*« wirst Du empfinden und desto weniger Entschlossenheit brauchst Du für Dein Handeln. Wenn Du an einen Punkt kommst, an dem Du Dein Falsches Selbst aufgelöst hast, brauchst Du auch keine Entschlossenheit mehr. Du handelst dann einfach. In diesem Sinne gehen Entscheidungen und Entschlossenheit Hand in Hand.

## Entscheidung

> *»Die Geschichte des freien Menschen wird nie vom Zufall geschrieben, sondern durch Entscheidungen, seine Entscheidungen.«*
> (DWIGHT D. EISENHOWER, 1890–1969)

Eine Entscheidung ist im Grunde genommen eine abgeschlossene Wahl, die Du getroffen hast. Du entschließt Dich, etwas

67 Inspiriert durch Abuna Semai.

in Dein Leben zu holen, etwas zu gewähren, zu erschaffen. Dadurch stellst Du eine Verbindung zwischen Dir und einer Vielzahl von Optionen her und führst sie zusammen. Wenn Du etwas zusammenführst, dann hast Du die Wahl, entweder auf Deine Intuition zu hören oder auf Deine Ängste, Glaubenssätze, Konditionierungen beziehungsweise auf das Falsche Selbst. Leider werden wir oft von unseren Emotionen dazu getrieben, für uns unvorteilhafte Entscheidungen zu treffen. Eine Entscheidung ist die Reaktion auf das, was Du wahrgenommen hast, oder auf verschiedene Wahlmöglichkeiten einer Manifestation. Entscheidend an dieser Stelle ist aber, ob Du die Realität wahrgenommen hast, so wie sie wirklich ist oder so wie sie das Falsche Selbst für Dich (unter anderem durch Glaubenssätze und Konditionierungen) verfälscht hat.

Ein kleines Beispiel für Entscheidungsfähigkeit illustriert durch ein Treffen zweier potentieller Partner: Drei verschiedene Entscheidungen, drei verschiedene Verläufe Deines Lebens.

Man sieht seinen potentiellen Traumpartner und das Höhere Selbst kommt ins Spiel. Es schlägt Dir zum Beispiel vor: »*Sie ist die Richtige. Sprich sie an!*« Das Falsche Selbst wird Dir mit wesentlich mehr Drama entgegnen: »*Du bist nicht gut genug für sie, das geht sowieso schief, weil sie außerhalb Deiner Liga ist, sprich sie auf gar keinen Fall an!*« oder »*Sie hat sicher einen Freund, sprich sie bloß nicht an!*«

Oder ein weiteres Beispiel: Du hast ein Buch gelesen, in dem steht, dass Du besser auf den perfekten Zeitpunkt warten sollest, bevor Du ihn ansprichst. Ein Mensch, der Ängste hat, andere anzusprechen, wird eine andere Entscheidung treffen, als derjenige, der diese Ängste aufgrund der harmonischen Gefühle nicht hat. Und der wiederum, der ein Buch darüber gelesen hat, wird auch wieder eine andere Entscheidung treffen. Das ist die Macht dahinter – aber Du bist derjenige, der entscheidet!

> *»Wer versucht, sich immer alle Türen offen zu halten,*
> *wird sein Leben auf dem Flur verbringen.«*
> (UNBEKANNT)

Dein Falsches Selbst könnte sich etwa durch folgende innere Stimme ausdrücken: »*Du bist ein sehr ängstlicher Mensch.*« Dies hat zur Folge, dass eine dementsprechende Emotion wahrgenommen wird. Aber Du musst ja nicht darauf reagieren. Du kannst Dich für alles entscheiden! Das kannst Du immer machen, denn die Macht des freien Willens ist immer stärker, schließlich hast Du die Macht der Entscheidung in Deiner Hand! Menschen, die von ihrem Umfeld als wahre Glückspilze bewertet werden, sind nur deshalb vom Glück geküsst, weil sie in ihrem Dasein überwiegend glückliche Entscheidungen getroffen haben.

> *»Abgesehen vom Leben selbst ist die*
> *Fähigkeit zu wählen das größte Geschenk,*
> *das uns gemacht wurde.«*
> (Stephen Covey, 1932–2012)

Eine spirituelle Anleitung, wie Du mit neuen Entscheidungen selbst zum Glückspilz wirst:

1. Mache Dir bewusst, dass jede noch so kleine Entscheidung Dein Leben beeinflusst.
2. So könnte es passieren, dass Du einem lang vergessenen Schulfreund wiederbegegnest, wenn Du Dich heute für die Bahn statt für Dein Auto entscheidest.
3. Mache Dir bewusst, dass Du Dich ständig entscheidest, selbst wenn Du eine Entscheidung hinausschiebst, vermeidest oder einfach nichts tust, ist es eine Entscheidung, und Dein Leben wird einen dementsprechenden Verlauf nehmen.
4. Schließlich ist es auch eine Entscheidung, weiter passiv in Deinem ungeliebten Job zu verharren, statt aktiv zu werden, Deine Bewerbungsunterlagen zu aktualisieren und Dich für Deinen Traumjob zu bewerben.
5. Je achtsamer Du in Deinem Denken, Fühlen und Handeln wirst, desto bewusster wirst Du mit der Zeit Deine Herzimpulse wahrnehmen können. In Folge dessen wirst Du, vorausgesetzt, dass Du diesen folgst, immer öfter die richtigen Entscheidungen treffen.

Erst wenn ein Mensch erkennt, dass er es selbst ist, der die Richtung seines Lebensverlaufs und seiner alltäglichen Erfahrungen bestimmen kann, erst dann kann er bewusst sein Lebensglück beeinflussen, anstatt ein Leben lang auf den gerne sogenannten Zufall und Hilfe von außen zu warten.

Chancen bieten sich immer eher kurzfristig und nicht in unbegrenzter Zeit, ähnlich wie an einem Bahnhof: Da kann man auch nicht mehr einsteigen, wenn man zu lange wartet und der Schnellzug sich bereits in Bewegung gesetzt hat. Wenn Du Dich aber entscheidest, sofort einzusteigen (in den Zug Deines Lebens), bietet es Dir höchstwahrscheinlich im ICE einen Platz in der Ersten Klasse an. Wenn Du aber immer ewig zögerst, wartest und abwägst, ob dies gut oder schlecht ist, wird er ohne Dich abfahren und Du wirst erst mal wieder den nächsten Bummelzug nehmen müssen, um etwas daraus lernen zu können.

*»Fürchte Dich nicht vor einem großen Schritt, wenn dieser nötig sein sollte. Eine Schlucht kannst Du auch nicht mit zwei kleinen Schritten überwinden.«*
(David L. George, 1863–1945)

*»Wer Angst hat, die Würfel zu schütteln, wird niemals eine Sechs werfen!«*
(Unbekannt)

*»Nichts ist schlimmer, als Möglichkeiten zu verpassen, die das ganze Leben verändern können – nur weil man sich nicht traute.«*
(Unbekannt)

*»Entscheidungen formen unser Schicksal.«*
(Anthony Robbins, *1960)

*»Chancen sind wie Sonnenuntergänge: Wer zu lange wartet, verpasst sie.«*
(Walter Baumgartner)

*»In dem Augenblick,*
*in dem man sich endgültig einer Aufgabe verschreibt,*
*bewegt sich die Vorsehung auch.*
*Alle möglichen Dinge, die sonst nie geschehen wären,*
*geschehen, um einem zu helfen.*
*Ein ganzer Strom von Ereignissen wird in Gang*
*gesetzt durch die Entscheidung und er sorgt zu den*
*eigenen Gunsten für zahlreiche unvorhergesehene*
*Zufälle, Begegnungen und materielle Hilfen,*
*die sich kein Mensch vorher je so erträumt haben*
*könnte.*
*Was immer Du kannst oder Dir vorstellst, dass Du es*
*kannst,*
*beginne es. Kühnheit trägt Genie, Macht und Magie*
*in sich.*
*Beginne jetzt!«*
(UNBEKANNT)

*»Dein Leben ist das Ergebnis Deiner Entscheidungen, die*
*Du getroffen hast. Wenn es Dir nicht gefällt,*
*triff neue Entscheidungen.«*
(PIERRE FRANCKH, *1953)

## Glaube

Wenn es um Entscheidungen geht, spielt auch der Glaube eine große Rolle. Denn dieser kann Dich davon abhalten, bestimmte Entscheidungen zu treffen. Wenn Du zum Beispiel immer noch dem Glauben Deiner Großeltern folgst und die beste Geldanlage in Deinem Sparstrumpf unter dem Bett vermutest, wirst Du mit Sicherheit davon absehen, in Branchen durchrüttelnde Firmen wie Amazon und Airbnb oder virtuelle Währungen wie Bitcoin zu investieren und möglicherweise den damit einhergehenden Gewinn versäumen.

Glauben bedeutet, etwas nicht zu wissen. Es heißt auch, dass Du Annahmen als Tatsachen (Wissen) ansiehst. Wenn zum Beispiel die Mutter zum Kind sagen würde: »*Greif nicht auf die Herdplatte, sonst verbrennst Du Dich!*«, wird das Kind der Mutter vielleicht glauben, aber erst wenn es auf die

Herdplatte gegriffen hat, wird es wissen, dass die Herdplatte heiß ist. Kurz gesagt: Du weißt nur, was Du selbst erlebt hast. Was Du nur glaubst, aber nicht erlebt hast, weißt Du nicht.

Folgende Geschichte möchte ich gerne noch mit Dir teilen. Sie soll zum einen verdeutlichen, wie Entscheidungen auf (falschem) Glauben beruhen können, und zum anderen die Parallelen zur Verhaltensweise unserer Gesellschaft aufzeigen.

*Eine Gruppe von Wissenschaftlern schloss fünf Affen in einen Käfig. In der Mitte war eine Leiter mit Bananen am oberen Ende. Jedes Mal, wenn ein Affe die Leiter hinaufkletterte, wurden die restlichen Affen mit kaltem Wasser bespritzt. Nach einiger Zeit schlugen die anderen Affen den Affen, der versuchte, die Leiter hochzuklettern. Von nun an versuchte keiner der Affen mehr hochzuklettern. Die Wissenschaftler beschlossen, einen der Affen auszutauschen. Das Erste, was der ausgewechselte Affe versuchte, war, die Leiter hochzuklettern. Die anderen Affen, die deswegen wiederum abgespritzt wurden, schlugen ihn direkt und nach einigen Schlägen lernte der neue Affe, dass er die Leiter nicht hochklettern durfte, obwohl er nicht wusste, warum. Ein weiterer Affe wurde ausgewechselt und das gleiche Szenario passierte. Der erste ausgewechselte Affe beteiligte sich am Schlagen des zweiten Affen. Nun wurde ein dritter Affe ausgetauscht und alles wiederholte sich. Dann wurde der vierte ausgetauscht und zum Schluss der fünfte. Was am Ende übrig blieb, war eine Gruppe von fünf Affen, die, obwohl sie nie eine kalte Dusche bekommen hatten, jeden zusammenschlugen, der es wagte, die Leiter hinaufzuklettern.*

Wenn es möglich wäre, die Affen zu fragen, warum sie jeden schlugen, der die Leiter hinaufkletterte, würden sie wahrscheinlich antworten: »*Wir wissen es auch nicht, aber es wird hier halt so gemacht.*«

***Spritueller Impuls:*** Glauben ist stärker als Wünschen bzw. Wollen. Wenn man sich z.B. etwas wünscht, aber (insgeheim) nicht an die Erfüllung glaubt (und nicht in Dankbarkeit für die bereits eingetretene Erfüllung aussendet), wird dieser Glaube stärker sein und man setzt eine neue (die eigentlich nicht anvisierte) Ursache.

## Wille[68]

Der Wille ist von »*Wahl*« oder »*Entscheidung*« zu trennen. Während der Wille mit einem erhöhten Energiezustand, mit Feuer und Kraft, etwas durchsetzen möchte, ist die Wahl friedlich; sie hat es nicht nötig, etwas zu betonen. Die Wahl benötigt keine zusätzlich aufgewendete Energie, um das zu bewirken, was sie wählt, da sie nicht zweifelt. Das Feuer, der Nachdruck, dessen sich der Wille bedient, ist in Wahrheit die Angst vor dem Versagen und Scheitern. Der Wille räumt damit die Möglichkeit des Gegenteils ein, dass etwas nicht so eintritt wie gewollt. Der Wille beginnt und wurzelt in dem, was nicht gewollt ist und bewegt sich eifrig davon fort, doch die Wurzel bestimmt die Früchte, und somit muss der Wille ernten, was er nicht will – während die Wahl einfach nimmt, was ihr mit dem Geschenk des »*Freien Willens*« versprochen wurde.

Der Zweifel an der eigenen Macht führt von der naturgegebenen Wahl zum normal gewordenen Willen, um mittels Nachdruck die durch den Zweifel fehlende Energie zu kompensieren. Somit sollte der Segen des »*Freien Willens*« besser in »*Freies Wählen*« umbenannt werden, denn einen freien Willen gibt es nicht, da er nicht frei von Zweifel ist. Allein die Wahl ist frei. Unsere elterliche Erziehung, die meistens darauf ausgerichtet ist, unseren Willen zu brechen, spielt dabei eine große Rolle, welch kraftvolle Willenskraft wir schlussendlich in uns erzeugen und verwenden können – denn wer einmal gewohnt ist, immer zu gehorchen, wird es später schwerer haben, den eigenen Willen zu entdecken und erfolgreich zu verwenden.

## Begeisterung

> *»Begeisterung ist alles! Gib einem Menschen alle Gaben der Erde und nimm ihm die Fähigkeit der Begeisterung, und Du verdammst ihn zum ewigen Tod.«*
> (Adolf von Wilbrandt, 1837–1911)

68 Inspiriert von Abuna Semai.

Begeisterung entsteht, wenn wir uns und unseren Geist für etwas entzünden. Begeisterung gleicht einem Feuer, sie steckt an – und wir brennen mit: für Menschen, Projekte, Ideen oder Visionen. Die Vorstellungskraft, welche die Begeisterung nährt, ist eine der größten Kräfte des Menschen. Begeisterung ist ein großer Faktor für Deinen durchschlagenden Erfolg in allen Bereichen Deines Lebens. Bei vielen Menschen ist die Flamme der Begeisterung jedoch vor langer Zeit erloschen und so ist es kein Wunder, dass ihr gesamtes Leben nur noch auf Sparflamme läuft. Menschen mit Begeisterung sind nicht nur voller Vitalität, sondern sie sind auch in der Lage, sich eine starke Entschlossenheit – gepaart mit kompromisslosem Willen – aufzubauen. Denke immer daran: Dein Gehirn wird sich so entwickeln, wie Du es nutzt und förderst – so wie Du es mit Begeisterung für Dich selbst einsetzt. Etwas Neues oder Unbekanntes kann sehr faszinierend sein. Lass Dich inspirieren und bring etwas mehr Spannung und ein gewisses Maß an Abenteuer in Dein Leben. Mit Begeisterung erhalten wir auch die entsprechende Prise Mut, um unser Leben nach unseren Vorstellungen, Ideen und Idealen zu realisieren. In der Begeisterung lassen wir uns durch nichts vom Weg abbringen, vor allem nicht durch lange Überlegungen, durch welche die Begeisterung mit Schichten von Zweifeln überlagert wird.

Geh auf Entdeckungsreise, wie Du es als kleines Kind oft gemacht hast, und gestalte Dein Leben nach Deinen eigenen Vorstellungen. Man kann aber auch Begeisterung in seine Tätigkeit, seine Arbeit, sein Engagement stecken.

Die Fähigkeit zur Begeisterung steckt in unterschiedlichem Maße in den Menschen und wird durch Erziehung und Erfahrung in unterschiedlichem Maße genährt. Man kann aber auch lernen, das, was zu tun ist, mit Begeisterung zu tun. Mit Begeisterung können wir Neues mit Leichtigkeit entstehen lassen, sie ist ansteckender als jeder Virus. Durch sie können wir andere Menschen für eine Sache gewinnen, ohne Begeisterung können wir sie bestenfalls überreden.

> *»Ohne Begeisterung schlafen die besten Kräfte unseres Gemütes. Es ist ein Zunder in uns, der Funken will.«*
> (JOHANN GOTTFRIED VON HERDER, 1744–1803)

## Flow[69]

Flow (Englisch für: »*Fließen, Rinnen, Strömen*«): »*Zustand höchster Konzentration und völliger Versunkenheit in eine Tätigkeit*«.[70]

Im Flow zu sein, meint den Zustand, wenn ein Mensch mühelos so fokussiert ist, dass er mit seiner Tätigkeit verschmilzt, dabei die Welt um sich herum völlig vergisst und ein Gleichgewicht zwischen seinen Fähigkeiten und Anforderungen besteht.

Stell Dir einen Fluss vor. Dieser Fluss ist das Leben, Dein Lebensfluss. Als individuelles Selbst kannst Du nun verschiedene Positionen einnehmen, bewusst entscheidend oder verblendet gewünscht. Du kannst gestrandet sein – was Dir am wenigsten dienlich ist, da Du Dich nur aus eigener Anstrengung heraus fortbewegen kannst. Die Richtung Deines Lebens ist dann nicht erkennbar, das Leben scheint keinen Sinn zu haben. Du bist gefangen in Bedingungen. Du kannst Dich im Fluss, aber dennoch nahe dem Ufer, mit oder gegen den Fluss bewegen – das Leben trägt Dich mal mehr, mal weniger und es ist nicht immer deutlich wahrnehmbar, wenn Du Dich selbst gegen die Richtung Deines eigenen Lebensflusses entscheidest. Es benötigt noch eigene Anstrengung, dennoch übernimmt manchmal der Fluss Teile der Fortbewegung, wenn Du zufällig mit ihm übereinstimmst, aus Erschöpfung aufgibst oder Dich ihm bewusst, aber vielleicht noch zögerlich zweifelnd, hingibst. In solchen Augenblicken erlebst Du erhöhte Freiheit, Lebenskraft und Freude ohne Grund. Das bedeutet »*im Fluss sein*«: Das Falsche Selbst bestimmt immer weniger, Intuition rollt den roten Teppich aus und Liebe besteigt den Thron und Deine ewige Existenz scheint durch die sich auflösenden Wolken der Ignoranz.

Du kannst Dich in die Mitte des Flusses begeben, dort bemerkst Du sofort, wenn Du etwas gegen das Leben tust oder unterlässt, da Du Dich sofort aus extremen eigenen Anstrengungen positionieren musst. Du lernst den Segen der Ver-

---

69 Inspiriert von Abuna Semai.

70 »*Flow*« auf Duden online. http://www.duden.de/node/800846/revisions/1641292/view.

gebung, die Macht der freien Wahl zu erkennen. Lass Dich hingebungsvoll vom Fluss führen, beweg Dich am schnellsten zu Deinem Ziel, das nicht ein persönliches ist, sondern das Deines Lebens von Anfang an. Hier geschehen die Dinge mühelos, Zufälle und Wunder sind natürlich. Dies ist »*im Flow sein*«.

## Selbstbewusstsein

Selbstbewusstsein wird im Sprachgebrauch oft irrtümlich verwendet. Selbstbewusstsein bedeutet nämlich nicht, sich in mutigen Situationen zu behaupten, ständig als Anführer oder Managerin mit Ellenbogen aufzutreten o.ä., sondern einzig und allein sich seinem SELBST bewusst zu sein. Wenn wir uns unserem Wahren Selbst nicht genügend bewusst sind, dann hat dies immer damit zu tun, dass uns unsere Göttlichkeit und unser göttlicher Wesenskern nicht bewusst ist, und wer oder was wir in Wahrheit sind. Wir glauben leider häufig eher an unsere Schein-Selbste. Dies hat dann zur Folge, dass wir häufig unsicher bzw. ängstlich sind und uns auch dementsprechend verhalten.

## Selbsterkenntnis

> *»Selbsterkenntnis ist der Anfang von Weisheit, die das Ende der Angst bedeutet.«*
> (JIDDU KRISHNAMURTI, 1895–1986)

Selbsterkenntnis, auch Erleuchtung genannt, der von blockierenden Glaubenssätzen, Ängsten und Konditionierungen losgelöste Zustand, führt zur Selbstverwirklichung. Dies ist notwendig, um das Wahre Selbst zu leben, denn: Du musst Dich erst selbst erkennen (Selbsterkenntnis), um Deinen Selbstwert zu kennen und zu fühlen (Selbstwertgefühl). Deinem Selbst kannst Du erst dann vertrauen (Selbstvertrauen), wenn Du Dein Selbst erkannt hast (Selbsterkenntnis). Wenn Du Deinen (hohen) Selbstwert erkannt/gefühlt hast (Selbstwertgefühl), wirst Du dem natürlich auch vertrauen (Selbstvertrauen). Selbsterkenntnis ist damit also die Grundvoraussetzung, um das Wahre Selbst zu leben.

> *»Die zwei bedeutendsten Tage in Deinem Leben sind der Tag, an dem Du geboren wurdest, und der Tag, an dem Du herausfindest, warum.«*
> (Mark Twain, 1835–1910)

Doch damit noch lange nicht genug, denn nicht nur diese Eigenschaften entstehen überhaupt erst aus der Selbsterkenntnis, sondern ebenso entwickeln beziehungsweise lösen sich daraus die folgenden:

| | | | | | |
|---|---|---|---|---|---|
| Liebe | Anerkennung | Wertschätzung | Vertrauen | Annahme | |
| Respekt | Achtung | Sicherheit | Akzeptanz | Mitgefühl | Bild |
| | | **Selbst-** | | | |
| Bestimmung | Wahrnehmung | Fürsorge | Ablehnung | Behauptung | |
| Treue | Missachtung | Zweifel | Erniedrigung | Täuschung | |

# Kapitel 9: Karma

> *»Das Leben ist ein Echo. Was Du aussendest, kommt zurück, was Du säst, erntest Du. Was Du gibst, bekommst Du. Was Du im anderen siehst, existiert in Dir. Denke daran, das Leben ist ein Echo. Es kommt immer wieder zu Dir zurück. Sei gütig.«*
> (Zig Ziglar, 1926–2012)

Am Anfang dieses Buches hast Du bereits eine erste Einführung in das Themenfeld »*Karma*« erhalten. Ab diesem Kapitel wirst Du nun erfahren, welche Faktoren unbewusst sowie bewusst bei der Karma-Produktion ursächlich sind und wie es sich in Deinem JETZT oder in Deiner Zukunft manifestiert. Das Kapitel nimmt Dich nun mit auf die tiefere Reise zu Deinem individuellen Karma und Du wirst verstehen, wie Du die universellen Gesetzmäßigkeiten des Karmas zu Deinem Wohl nutzen kannst. Dabei ist Karma als die Summe aller Energien zu verstehen, die Du durch Dein frei gewähltes Denken und Handeln ausgesendet hast und noch NICHT wieder in Dich aufgenommen hast.

## Aversion

Aversion bedeutet, sich gegen etwas zu wehren, etwas nicht haben zu wollen, etwas nicht annehmen zu wollen, wie zum Beispiel unharmonische Emotionen. Alle Menschen verfallen immer wieder und unbemerkt in dieses Verhaltensmuster.

Aversion setzt Energie in Bewegung. Eine Aversion sendet einen Wunsch aus und produziert dadurch Karma. Eine Aversion gegen etwas bedeutet, es nicht zuzulassen, sprich, es nicht anzunehmen, so wie es ist, und nicht in Gleichmut zu bleiben. Man versucht dadurch eine Änderung zu bewirken – deswegen ist auch eine Aversion gleichzeitig ein Verlangen. Ein Verlangen, wie etwas nicht sein soll, wie man etwas nicht haben möchte, oder dass etwas weniger oder anders sein soll. Eine Aversion ist also ein umgekehrtes Verlangen. Stell Dir das Gegensatzpaar Aversion und Verlangen als Schwingtür vor, bei der das Drücken der Tür mit Aversion gleichzusetzen ist und das Ziehen daran ein Verlangen darstellt. Der Unterschied ist nur die Richtung, in die man etwas steuern möchte. In beiden Fällen wird etwas verändert und man ist nicht in Frieden, nicht in Gleichmut.

## Verlangen

Verlangen setzt genauso Energie in Bewegung, nur in die umgekehrte Richtung. Auch Verlangen sendet einen Wunsch aus, in Form eines Mangelgefühls: Man möchte etwas haben, das zu allererst als fehlend wahrgenommen wird und man sendet die Emotion aus, dass etwas fehlt oder zu wenig ist, das man aber eigentlich haben möchte. Man ist nicht in Gleichmut. Verlangen und Ablehnung haben, wie schon oben erwähnt, im Grunde denselben Ursprung. Der Unterschied ist die Richtung, in der man etwas haben möchte, so wie bei der oben genannten Schwingtüre: Man kann daran ziehen, das ist Verlangen. Die meisten Menschen wollen zurück zu den als gut bewerteten Emotionen, wenn sie sich nicht gut fühlen: Das ist zum einen ein Verlangen, weil man zurück zu den als gut bewerteten Emotionen will, und gleichzeitig auch eine Ablehnung, da man sich gegen die als schlecht bewerteten Emotionen wehrt. Beides produziert Karma. Leiden-schaft-liches Verlangen ist etwas, das LEIDEN SCHAFFT, wie es in diesem Wort schon enthalten ist.

*»Die meisten unserer Probleme rühren von unserem leidenschaftlichen Verlangen,*
*uns an etwas festzuklammern,*
*das wir fälschlicherweise als dauerhaft annehmen.«*
(14. Dalai Lama, *1935)

*»Nichts ist entspannender, als das anzunehmen, was kommt.«*
(14. Dalai Lama, *1935)

Hier eine Zusammenfassung, um ein Gespür dafür zu bekommen, mit welchen Verhaltensweisen Du auch oft unbewusst unharmonisches Karma erschaffst:

- lieblose gewählte Gedanken (bewusst oder unbewusst)
- lieblose gewählte Worte (bewusst oder unbewusst)
- liebloses Handeln (bewusst oder unbewusst)
- Aversion
- Verlangen
- immer dann, wenn Du nicht in Deiner Mitte bist
- immer dann, wenn Du etwas anders haben möchtest als das, was soeben ist
- bei unharmonischem Re-Agieren auf Wahrnehmungen
- nicht in Gleichmut bei Wahrnehmungen zu bleiben

Karma ist ein falscher Umgang mit Deinem freien Willen!

Wieviel Du dabei produzierst, ist abhängig von:

- wie bewusst Du Dir Deiner Gedanken und Deiner Handlungen bist.
- welche Absicht Du mit Deinen gewählten Gedanken und Handlungen bezwecken möchtest – ist die Absicht (überwiegend) liebevoll oder lieblos? (Rufe Dir dabei das Beispiel mit dem Arzt im Vergleich zum Mörder nochmal ins Gedächtnis.)
- Wie lange und intensiv Du wählst, in unharmonischen Gedanken und Emotionen (in Form von Energie) zu bleiben.

## Sich ärgern

> *»Dein ärgster Feind kann Dir nicht so sehr schaden wie Deine eigenen unachtsamen Gedanken.«*
> (BUDDHA)

Sicherlich kennst Du von Dir solch oder ähnliche getätigte Aussagen wie: »*Ich habe mich so geärgert*«, aber so gut wie nie sagst Du: »*Ein anderer hat mich geärgert*«. Ärger ist eine aus freien Stücken heraus gewählte Entscheidung und noch dazu absolut sinn-los. Und dann tragen wir unseren privaten Ärger auch noch tagelang mit uns herum und laufen demjenigen, von dem wir glauben, dass dieser uns den Ärger geschenkt hat, auch noch nach und versuchen ihn dadurch wieder zurück zu geben, aber der will ihn einfach nicht zurücknehmen. Und warum fällt es uns nur so unfassbar schwer zu verzeihen, obwohl dies notwendig ist, um den Ärger wieder loslassen zu können? Das Ego lässt grüßen!

Wir Menschen sind schon eine spezielle Gattung. Jemand macht etwas und Du entscheidest Dich dafür, Dich himmelhochjauchzend zu ärgern. Ärger ist wie Hass und Angst ebenso eine Aversion, etwas, das man ablehnt, etwas, das man nicht mag. Die Emotionen Aversion und Ärger wirken immer gleichzeitig, denn ihr gemeinsamer Nenner ist etwas nicht so haben zu wollen, wie es gerade ist. Dadurch entstehen unharmonische Emotionen, die wiederum Karma produzieren. Leider ist es der Glaubenssatz vieler Menschen in der westlichen Welt und wir sind gleichzeitig zu gerne davon überzeugt, dass wir ja gar nichts dafürkönnen, wenn vor uns zum Beispiel ein Auto im Schneckentempo fährt, obwohl wir es gerade doch so eilig haben. Viele Menschen fahren im Straßenverkehr eben eher aus der Haut als zum Ziel.

Probiere bitte mal eines aus! Stell Dir, falls Du auch Straßenverkehrsteilnehmer bist, ab jetzt und auch in Zukunft, den Straßenverkehr als Dein persönliches Gleichmuts-Harmonie-Trainings-Terrain vor und versuche gegenüber allen Verkehrsteilnehmern, die Dir begegnen, aber vor allem gegenüber jenen, die in Dir normalerweise die größten unharmonischsten Aversionen auslösen, harmonisch zu reagieren und noch viel wichtiger: zu fühlen.

- Als erstes beginne, bevor Du in Dein Fahrzeug einsteigst, in voller Vorfreude zu hoffen, dass sich Dir heute durch einen anderen Straßenverkehrsteilnehmer eine gute Gelegenheit bietet, Deine Fähigkeiten, in Gleichmut bzw. in Harmonie zu bleiben, zu trainieren. Eine Über-Prüfung, die Dich so richtig herausfordert, denn mit halben Sachen gibst Du Dich ja bekanntlich nicht zufrieden!
- Wenn sich dann ein solcher Test bietet, beginne, Dich bei demjenigen gedanklich für diesen sich kostenlos zur Verfügung gestellten Test zu bedanken. Und als nächstes versuche, so gut es Dir gelingt, – anstatt wie üblich unharmonisch zu reagieren – harmonische Emotionen wie Verständnis, Toleranz, Respekt, Geduld oder Nachsicht auszusenden, da sie eben nicht so begabte Autofahrer sind wie Du.

Mit dieser fabelhaften Herangehensweise, lieber Leser, werden Dir andere Verkehrsteilnehmer, die in Dir zuvor normalerweise die größten Aversionen ausgelöst haben, in Zukunft in einem viel angenehmeren Licht erscheinen!

*»Es geht nicht darum, was Dir im Leben passiert,*
*sondern wie Du darauf reagierst.«*
(EPICTETUS 55–135 N.CHR.)

Einzig und allein unsere Reaktion auf eine bestimmte Situation entscheidet, welche Emotionen in uns entstehen und ob wir Karma produzieren. Wir ganz alleine sind verantwortlich und können wählen, wie wir Erfahrungen interpretieren oder ob wir den bissigen Kommentar des Arbeitskollegen als Angriff wahrnehmen wollen. Wie wir auf bestimmte Wahrnehmungen reagieren, steht uns frei und formt unser zukünftiges Leben – das muss uns bewusst sein! Unsere Nervenbahnen sind wie Trampelpfade: Je öfter wir die negative Nervenbahn betreten, uns also ärgern, desto »*einfacher*« wird es für uns, immer wieder in diesen

Zustand zu wechseln, weil unsere Nervenverbindungen dadurch aktiviert werden. Die Krux: Wenn wir Ärger unterdrücken, produzieren wir Karma; wenn wir dem Ärger freien Lauf lassen, produzieren wir ebenso Karma, da uns beides unharmonisch fühlen lässt. Der richtige Weg, der uns zu Freiheit und innerem Frieden führt und daher auch kein neues Karma produziert, ist Gleichmut: Friedvoll das anzunehmen, was sich zeigt. Je öfter wir uns bei unharmonisch bewerteten Wahrnehmungen entscheiden, in Gleichmut, im Frieden zu bleiben, desto einfacher wird uns dies mit der Zeit gelingen.

Obwohl ich mein unharmonisches Reagieren auf Wahrnehmungen, sprich dass ich mich über etwas aufrege, schon auf ein Minimum reduzieren konnte, stutze ich selbst oft noch über mich, dass trotz meines Wissensstandes ich es immer noch nicht vollkommen verinnerlicht habe, mich wegen einer kurzen Unachtsamkeit über irgendjemanden oder eine Situation zu ärgern. Unmittelbar danach rufe ich es mir zwar relativ schnell wieder ins Bewusstsein (sodass relativ schnell wieder Frieden in mir herscht), dass ich selbst derjenige war, der exakt diese Situation durch mein in der Vergangenheit gewähltes Denken und Handeln in mein Leben gezogen hat. Nichtdestotrotz muss ich mich da selbst noch ab und zu an meiner eigenen Nase fassen. Die Situation, die ich in so einem Augenblick erlebe, ist einzig und allein nur eine von mir selbst erschaffene Realität, bei der die anderen beteiligten Darsteller nur ihren Auftrag erfüllen, bei dem ich der Regisseur und Hauptdarsteller gleichzeitig war und bin.

***Spiritueller Impuls:*** Viele rätselhafte Ereignisse in unserem Leben sind nichts anderes als die Konsequenz vergangener Emotionen.

*»An Ärger festhalten ist wie wenn Du ein glühendes Stück Kohle festhältst mit der Absicht, es nach jemanden zu werfen – derjenige, der sich dabei verbrennt, bist Du selbst.«*

(SIDDHARTHA GAUTAMA, 563–483 V. CHR.)

> *»Wenn Du aufgebracht bist, tue oder sage nichts, atme nur ein und aus, bis Du ruhig genug bist.«*
> (THICH NHAT HANH, *1926)

> *»Wut heißt, selbst Gift zu trinken und darauf zu warten, dass der Andere stirbt.«*
> (SIDDHARTHA GAUTAMA, 563–483 V. CHR.)

## Karmisch frei werden

Nachdem Du nun eine umfangreiche Einführung rund um das Karma erhalten hast, und auch darüber, wie wir immer wieder bewusst oder unbewusst in die Karmaproduktionsfalle tappen, werde ich Dir jetzt insgesamt vier Möglichkeiten an die Hand geben, die zum einen altes Karma auflösen und zum anderen kein neues Karma mehr produzieren. Mit der dritten und vierten Möglichkeit kommst Du in den Genuss, zu erfahren, wie wir uns von all dem selbstproduzierten, noch vorhandenem Karma befreien können, ohne das eigentlich noch vorgesehene Karma erleben zu müssen.

### 1. Gleichmut

Die erste Möglichkeit, die Du im Verlauf dieses Buches allerdings schon kennengelernt hast, um Dich von noch vorhandem Karma zu befreien, ist, alle Wahrnehmungen, die Du in Dein Leben ziehst, in Gleichmut anzunehmen, sprich auf Deine aktuellen Erlebnisse nicht mehr mit Aversion oder Verlangen zu reagieren. Nur so hat Dein altes Karma die Möglichkeit, sich aufzulösen, sodass Deine in der Vergangenheit einmal ausgesendete Energie wieder zu Dir zurückfließen kann, weil nur so der Kanal fürs Zurückfließen offen und nicht besetzt ist. Gleichzeitig wird auch mit Gleichmut kein neues Karma mehr erschaffen.

> ***Spiritueller Impuls:*** Aversion und Verlangen erzeugen Karma. Gleichmut hingegen produziert zum einen kein Karma, also stoppt die Produktion neuen Karmas. Gleichzeitig sorgt Gleichmut aber auch dafür, dass sich noch nicht

abgetragenes, sich soeben zeigendes Karma, überhaupt auflösen kann.[71]

### 2. Intuitives Handeln

Die zweite Möglichkeit, die der aufmerksame Leser auch schon kennengelernt hat, ist das Handeln, ohne dabei karmisch zu wirken, also das intuitive Handeln. Wenn Du vom Höheren oder Niederen Selbst einen Impuls bekommst, etwas zu tun oder zu lassen, dann bist Du nicht mehr der Handelnde, sondern das Höhere Selbst ist der Handelnde. Das Höhere Selbst arbeitet durch Deinen Körper hindurch, Du gibst nur das »*Okay*«. In dem Augenblick bist Du deswegen nicht mehr der Verantwortliche. Du bekommst einen Impuls vom Höheren Selbst und gibst Dich dem hin und machst es dann. Bedenke dabei allerdings, dass das Höhere und Niedere Selbst nur vollkommen bewusste, liebevolle, friedvolle und kraftvolle Handlungen in perfekter Harmonie ausführen können. Überall dort, wo Du noch Deinen freien Willen einsetzt, produzierst Du noch Karma. Alles, was Du bewusst, liebevoll und aus Deinem Herzen wählst zu tun, produziert kein neues Karma. Dies ist allerdings schon fortgeschritten Level auf der Entwicklungsstufe und bedarf besonderer Feinfühligkeit und etwas Übung.

### 3. Karma schon vor seiner Manifestation auflösen

Bei den letzten beiden Möglichkeiten, lieber Leser, auf die Du vielleicht schon am meisten gespannt bist, geht es darum, unser noch vorhandenes, noch nicht abgetragene Karma aufzulösen, noch bevor es manifestiert wird. Bei dieser Möglichkeit stelle ich Dir als erstes Methoden vor, wie wir unser selbst produziertes, noch nicht abgetragenes Karma auflösen können, ohne es erleben zu müssen. Diese Wahl, sich selbst vorher von Karma zu befreien, ohne es erfahren zu müssen, steht allen mental gesunden Menschen zur Verfügung. Gut funktionierende, von mir selbst angewandte

71 Ob harmonisches oder unharmonisches Karma: Das letztendliche Ziel einer jeden Seele ist es, nicht mehr zu inkarnieren, und das geht nur durch die vollständige Auflösung von Karma.

Methoden, um hier einige zu nennen, sind unter anderem die Vipassana-Meditation sowie die von Abuna Semai gelehrte Gottmenschmeditation, Sonnenmeditation und die Gottmenschaufrichtung.

### 4. Vergebung

Die vierte Möglichkeit, um vorhandenes, noch nicht abgetragenes Karma aufzulösen, ohne es erleben zu müssen, ist Vergebung. Diejenigen Menschen, denen Du in der Vergangenheit Leid zugefügt hast, müssen Dir für diese Tat vergeben. Aber ebenso wichtig ist es auch, dass Du Dir selbst für diese vorausgegangene Handlung vergibst. Dazu drei erklärende Beispiele:

- Nehmen wir an, Du bist, weil Dir, wie man im Volksmund so schön sagt, etwas gegen den Strich gegangen ist, jemanden mit unharmonischen Worten begegnet und hast ihn dadurch ziemlich verletzt. Da Du ihn schon lange kennst, wusstest Du daher genau, welche Worte Du wählen musst, um das beste Resultat, also um das meiste Salz in seine Wunden zu geben, zu erzielen.[72] Im Nachhinein, da Du ja auch Besitzer eines Gewissens bist, ist Dir aber klargeworden, dass dies einfach nicht der richtige Weg und nicht fair von Dir war. Infolgedessen gehst Du auf ihn zu und bittest ihn mit Deinen ehrlichen und aufrichtigen Worten um Vergebung, z.B. mit: »*Du, hör mal, es war letztens einfach absolut nicht ok von mir, was ich alles zu Dir gesagt habe und ich möchte mich dafür entschuldigen. Ich habe nur so reagiert, weil ich zu diesem Zeitpunkt so wütend auf Dich und ich selbst nicht in meiner Mitte war. Ich möchte Dich daher von ganzem Herzen um Entschuldigung bitten.*« Und falls er Dir wirklich vergibt, ist es jetzt unabdingbar, Dir selbst auch noch für diese Handlung zu vergeben und in der Folge ist dieses unharmonische karmische Ungleichgewicht zwischen euch beiden wieder ausgeglichen.

---

72 Für das Verständnis dieser Handlung sei hier nicht darauf eingegangen, dass natürlich das Reagieren des Empfängers auf diese Wahrnehmung selbstverantwortlich ist.

- Ein weiteres Szenario wäre, wenn Du bei einer Auseinandersetzung so in Rage geraten wärest, dass Du einem anderen Menschen gegenüber handgreiflich geworden bist, ihn geschlagen und verletzt hättest. Dann muss, wie Du weißt, normalerweise exakt die gleiche Energiemenge, die Du dadurch ausgesendet hast, wieder ausgeglichen werden, indem sie in der Zukunft mit exakt derselben Energiemenge durch Erleben zu Dir zurückkommt. Es sei denn, Du suchst in aufrichtiger und ehrlicher Ebene das Gespräch mit der betroffenen Person und erklärst ihr, wie oben geschildert, mit Deinen ehrlich gemeinten Worten, dass Deine vergangene Handlung absolut nicht rechtens von Dir war und Du dies jetzt bereust, und bittest sie um Vergebung. Dann vergibst Du Dir noch selbst und die Sache ist ausgeglichen.
- Ein wenig schwieriger wird eine Vergebung bei einer Tat, die Du in Deinem vergangenen (Täter-)Leben begangen hast, derer Du Dir aber in diesem Leben nicht bewusst bist. Um so etwas herauszufinden, steht uns die Möglichkeit einer Rückführung[73] zur Verfügung. Angenommen, zwei Menschen haben durch eine Rückführung herausgefunden, dass einer dem anderen in einem früheren (Opfer-)Leben Leidvolles zugefügt hat, wobei die betroffene Person aber in diesem Leben sein Partner ist. Um den Karma-Ausgleich herbeizuführen (das passiert recht häufig), besteht jedoch die Möglichkeit, den Ausgleich nicht erleben zu müssen, indem man zum einen sich selbst für diese Tat vollständig und aus ganzem Herzen vergibt und zum anderen, wenn der Partner ebenso vollständig und aus ganzem Herzen Dir vergibt. Der ganze Vergebungsprozess geschieht normalerweise gleich während der Rückführung. Es herrscht wieder Ausgeglichenheit und Frieden (und somit wieder eine glückliche Partnerschaft). Der Auflösungsprozess ist so aber auch, ohne das Opfer in diesem Leben zu kennen, möglich. Wichtig zu wissen ist, dass jede Seele, die in

73 Vgl. »*Reinkarnationstherapie*« im Glossar.

einem (Täter-)Leben Täter gewesen ist, in ihrer nächsten Inkarnation im Opferleben auch wieder einen Täter benötigt, um ihr eigenes Karma wieder ausgleichen zu können. Das heißt Täter und Opfer brauchen sich gegenseitig immer selbst, um Karma auszugleichen, solange, bis beiderseits Vergebung geschieht.

***Anmerkung:*** Karmisch durch tiefe Vergebung frei zu werden, wird deswegen erreicht, weil die Sichtweise durch Vergebung und Erkenntnis der daraus gewonnenen Lernerfahrung verändert wird und infolgedessen die Energie, die noch im mentalen und emotionalen Körper gebunden war, gewandelt, aufgelöst und geheilt wird.

## Warum gute Menschen oft so viel Pech haben

Wie schon in der Einleitung dieses Buches erwähnt, ist eine der brennendsten Fragen aller Fragen, die sich die Menschheit stellt: Warum ziehen gute Menschen oft so viele schlechte Erfahrungen in ihr Leben und warum können sich schlechte Menschen augenscheinlich oft vor lauter Glück nicht retten. Wir alle kennen solche Menschen in unserem Bekanntenkreis, in unserem Umfeld, bei denen wir die Hände vorm Gesicht zusammenschlagen und uns fragen, warum das Leben so unfair sei. Ich kann Dir aber jetzt schon versichern, dass das Leben sogar sehr fair ist. Nun, erstens muss einmal erwähnt werden, dass man das Karma eines Menschen nicht daran ablesen kann, wie es dem Menschen gerade geht. Wir beschäftigen uns damit im Unterkapitel »*Harmonisches oder unharmonisches Karma: Ein wahres Chamäleon*« ausführlich. Des Weiteren gilt: Du kannst jetzt der liebenswerteste, bravste, netteste, lustigste, spendabelste, großzügigste Mensch sein – es zählt aber bei weiten mehr, welche Emotionen und Energien Du aussendest bzw. ausgesendet hast.

Wenn Du also – angenommen – eine Ehefrau mit solchen oben erwähnten Attributen, aber des Öfteren eifersüchtig bist, Zweifel und Ungewissheit aussendest, dass Dein Mann Dich betrügen könnte, heimlich missgünstig und neidisch auf Konkurrentinnen bist, Dir oft über etwas Sorgen machst, Dich über den Autofahrer vor Dir ärgerst, überwiegend über Dein Pech und Deine Probleme sprichst, Du also einen unharmonischen Ausgang bestimmter Dinge erwartest: Was denkst Du, welche Erfahrungen Du in Dein Leben ziehen wirst? Glück und Gesundheit oder eher das Gegenteil?

Anderes Beispiel: Du bist der netteste Arbeitskollege, immer freundlich und höflich, ein vollkommener Ja-Sager, aber innerlich leidest Du wie ein Hund, da Du nie das sagst, was Du eigentlich willst, und sprichwörtlich immer alles in Dich hineinfrisst. Im krassen Gegensatz dazu befindet sich Dein fieser, eher unhöflicher Arbeitskollege, der arrogante Schnösel, den fast niemand im Team mag, und der auch ab und zu mal dem Chef so richtig die Meinung geigt, sich selbst ständig lobt, sich unersetzlich und beliebt fühlt, aber dadurch viel öfter auch harmonische Emotionen ausstrahlt und mehr Glück hat als Du. Was denkst Du, warum das so ist? Es liegt klar auf der Hand, dass Du durch Dein Leiden unharmonische Wünsche aussendest und Dein Kollege im Gegensatz zu Dir zumindest mehr harmonische Emotionen aussendet als Du. Das Universum belohnt und bestraft niemanden, es liefert nur zu 100 Prozent Deine Wünsche, die Du durch Dein Aussenden von Emotionen bestellt hast.

> *»Glück oder Pech gibt es im wahrsten Sinne des Wortes nicht, Du bestimmst Deine zukünftigen Erfahrungen anhand Deiner Wahl, welche Emotionen Du durch Denken und Handeln überwiegend aussendest.«*
> (Walter Baumgartner)

Und nicht zuletzt haben auch noch Deine noch offenen, noch nicht vollständig abgetragenen Taten (egal ob lieblose oder liebevolle) eines Deiner vergangenen Leben einen jeweils bestimmten großen Einfluss auf Deine Erfahrungen und Gesundheit in diesem jetzigen Leben. Denn wie schon des Öfteren erwähnt, kannst Du nichts, rein gar nichts, in Dein Leben ziehen, dessen Bedingungen Du nicht selbst schon irgendwann in der Vergangenheit durch Dein Aussenden von Energie in Form von bewusst gewähltem Denken und Handeln geschaffen hast. Mit dieser Einsicht aller oben genannter Punkte in das universelle Karmagesetz von Ursache und Wirkung, lösen sich alle Disharmonien und jeglicher scheinbaren Unfairness des Lebens geht die Luft aus. Nur das Karmagesetz von Ursache und Wirkung stellt eine vollkommene und zufriedenstellende Antwort dar.

## Warum passiert trotz Karma Menschen an einem Ort das gleiche Unglück?

Der Frage, warum die einen Menschen so viel Glück, die anderen aber scheinbar so viel Pech haben, bin ich in vielen Gesprächen mit meinen Mitmenschen begegnet. Eine Frage, auf die Menschen oft keine zufriedenstellende Antwort finden konnten, ist es aber auch, warum mehrere Menschen zum gleichen Zeitpunkt in der gleichen Umgebung dasselbe Pech ereilt, wenn doch jeder sein eigenes, individuelles Karma (im Laufe der Vergangenheit) produziert hat. Dazu und zu ein paar weiteren spannenden Fragen möchte ich im Folgenden durch ein paar greifbare Beispiele kurz Stellung nehmen.

All jene, die

- zeitgleich gemeinsam in einem Flugzeug abstürzen
- als Kinder in einem Kriegsgebiet geboren werden
- sich in einem sinkenden Flüchtlingsboot befinden
- bei einer Massenkarambolage zusammenstoßen
- als Volk einen Krieg erleben müssen (wobei diesen Krieg jeder aufgrund seines vorhandenen Karmas anderes erleben wird, sodass der eine oder andere völlig unversehrt davonkommt)
- in einer Gerichtsverhandlung unschuldig bestraft werden (was aus unserer irdischen, nicht-karmischen Sichtweise nicht richtig und ein Fehlverhalten des Gerichtes ist)

haben diese Erlebnisse karmisch gesehen auszugleichen gehabt und hätten ansonsten diese Erfahrung nicht in ihr Leben gezogen.

Wenn ein Mensch aus unerklärlichen oder unerwarteten Gründen, wie etwa durch Krankheit oder einen abgelaufenen Reisepass, abgehalten wird, in eine Maschine zu steigen, was sich im Nachhinein als großes Glück erweist, da dieser so knapp einem Flugzeugabsturz davongekommen ist, dann war es, wie immer, kein Glück oder Zufall, sondern er hat (zu diesem Zeitpunkt) mit einer solchen Erfahrung nicht in Resonanz gestanden, da keine Energie, diese Wahrnehmung zu erleben, auszugleichen war. So ein Mensch wird dann als richtiger Glückspilz bezeichnet.

Wenn ein Kind in Afrika neben einer Müllhalde auf einem Stück Tuch das Licht der Welt erblickt und im gleichen Atemzug im Buckingham Palace die Geburt von einem weiteren Kind mit Salutschüssen verkündet und vom Volk bejubelt wird, dann liegt das nicht darin begründet, weil etwa Gott so wenig Macht hätte, jedem das gleiche Glück zu schenken oder weil er so unfair ist, sondern weil jeder Mensch/jede Seele in der Vergangenheit durch seine gewählten Gedanken und Handlungen entsprechendes Karma angesammelt hat und jetzt in diesem Leben den Ausgleich durch entsprechende Wahrnehmungen erhält. Zusammenfassend finden sich im Grunde genommen bei einem bestimmten Ereignis immer exakt jene Menschen in der entsprechenden Umgebung zusammen, die genau zu diesem Zeitpunkt wegen ihres noch vorhandenen, noch nicht abgetragenen Karmas genau diese Wahrnehmung erleben müssen. Es steckt immer die noch nicht wieder aufgenommene Energie dahinter, die entsprechende Wahrnehmungen für jeden Menschen individuell in sein Leben zieht. Jeder einzelne Anwesende bei diesem einen Ereignis erfährt sein individuelles Erlebnis, das präzise auf sein in der Vergangenheit durch Denken und Handeln selbsterschaffenes Karma zugeschnitten ist. So kommen sogar manche Menschen in nahezu aussichtslosen Situationen im Gegensatz zu den anderen völlig unversehrt davon. Bei einer Naturkatastrophe werden auch genau jene Menschen wie durch ein Wunder verschont oder beschützt und haben durch ihre entsprechenden Wahrnehmungen in jenen Situationen karmisch gesehen nichts auszugleichen.

Damit sind wir bei den sogenannten Glückspilzen angekommen. Wir alle kennen solche Menschen, vielleicht haben wir sie sogar in unserem Freundeskreis. Diese können sich, egal, wo sie sich aufhalten, was sie in die Hand nehmen, was auch immer sie anstellen, anscheinend vor lauter Glück kaum retten. Aber warum ist das so, wobei, noch einmal erwähnt, es kein Glück, Pech, Zufall, Schicksal gibt? Des Rätsels Lösung ist nahezu logisch: Handelte ein Mensch in der Vergangenheit überwiegend karmisch positiv – indem er sich in früheren Leben, um ein paar Beispiele zu nennen, gegenüber Menschen, Tieren und Natur hilfsbereit, liebevoll und wohlwollend verhalten hat, für wohltätige Zwecke gespendet hat, freiwillig Hilfe angeboten oder etwas für einen guten Zweck gegründet hat –, um es auf einen Nenner zu bringen: Hat jemand in der Vergangenheit überwiegend eher harmonisches Karma produziert, wird ein solcher Mensch voraussichtlich in der nächsten Wiederverkörperung einer von denjenigen sein, die wir als sogenannte Glückspilze bezeichnen. Ein solcher könnte unter anderem dann nicht nur Wohlstand genießen und in einem friedlichen, stabilen, schönen Land leben, sondern auch jemand sein, der als einer der ganz wenigen Menschen hervorgeht, der, wie bei den oben genannten Beispielen, zu den glücklichen Überlebenden gehört.

Hier gebe ich Dir weitere Beispiele an die Hand, um noch mehr Gefühl dafür zu bekommen, wie Karma wirkt und sich bei entsprechenden Handlungen Menschen zukünftig zeigt:

- Wenn Du Achtung und Wohlwollen für alle Lebewesen empfindest und sie schützend erhältst, dann wirst Du zukünftig in Wohlergehen wiedergeboren werden und ein harmonisches Leben genießen.
- Wenn man willentlich Leben nimmt, wird man nach seiner Wiedergeburt leidvolle Zustände für seine Zeit auf der Erde vorfinden.
- Ist man in diesem Leben geizig, wird man im nächsten Leben arm und notleidend sein.
- Wer anderen respektvoll und ehrerbietig begegnet, wird auf einer hohen sozialen Stufe wiedergeboren.

Wichtig zu wissen ist, und ich betone es immer wieder, dass es für unsere Handlungen keinen Gesetzgeber gibt, aber sehr wohl ein (universelles) Gesetz, das immer so wirkt, dass wir zukünftige, genau solche oder so ähnliche Erlebnisse in unser Leben ziehen werden, die exakt zu unseren vergangenen Handlungen passen. Das Recht spricht sich sozusagen selbst, durch unsere gewählten Gedanken und Handlungen und die dadurch dahinter produzierte ausgesendete Energie.

***Spiritueller Impuls:*** Es mag anfangs für den einen oder anderen durchaus so erscheinen, dass unethisches Verhalten kurzfristig für einen Gewinn oder für schöne Erfahrungen sorgt, dennoch setzt sich auf langfristige Sicht der karmische Ausgleichsmechanismus, sprich die göttliche Gerechtigkeit, durch und zieht ausnahmslos immer leidvoller Erfahrungen nach sich, darum merke Dir:

Unethische, unharmonische Handlungen und Gedanken führen immer zu einem zukünftigen leidvollen Leben. Harmonische ethische Handlungen und Gedanken führen immer ganz natürlich zu einem zukünftigen friedvollen und gesunden Leben.

Sobald wir verstanden haben, wie Karma funktioniert, gelingt es uns auch viel einfacher, leidvolle Erfahrungen anzunehmen und wir können vielleicht sogar ein wenig dankbar dafür sein, dass wir so altes, überfälliges und sowieso unausweichliches Karma endlich beenden können. Zweifellos ist es bequemer, die Schuld anderen in die Schuhe zu schieben, der schweren Jugend, dem schwierigen Partner, den lieblosen Eltern, den harten Zeiten. Wenn wir mit unserem jetzigen Leben nicht einverstanden oder nicht zufrieden sind, es nicht fair finden, wie es eben ist, ist man karmisch gesehen nicht mit seinen früheren Handlungen, Taten bzw. Gedanken zufrieden. Die allumfassende Wahrheit ist: Ich bin der Ursachensetzer meines in der Vergangenheit erschaffenen, jetzigen Erlebens. Ich muss die volle Verantwortung für meine jetzigen harmonischen oder unharmonischen Wahrnehmungen übernehmen.

*»Es war eine schrecklich schmeckende Medizin, aber ich denke, der Patient brauchte sie. «*
(STEVE JOBS, 1955–2011)

*»Wenn Du Dein vergangenes Leben kennenlernen möchtest, sieh Dir Dein jetziges Leben an. Wenn Du Dein zukünftiges Leben kennen möchtest, sieh Dir Deine gegenwärtigen gewählten Gedanken, Handlungen und ausgesendeten Emotionen an.«*
(WALTER BAUMGARTNER)

# Kapitel 10: Geschichten

Im Folgenden, lieber Leser, biete ich Dir einige Geschichten, um das bisher theoretisch Abgehandelte spielerisch für Dich weiter verständlich zu machen und so in Dein Gedankengut weiter zu transferieren:

## 1. Warum Möwen wahre Lehrmeister sein können

*Die Möwe ist einer unserer besten Lehrmeister, wenn es darum geht, uns unsere unvorteilhaften Verhaltensweisen bewusst zu machen. Indem Du sie genau beobachtest, wirst Du schnell erkennen, wie man, anstatt sich zu ärgern, beleidigt, traurig oder zornig zu sein, am besten reagiert.*

*Wenn man diesen Wasservögeln vom Seeufer aus Brotbrocken zuwirft, versuchen alle Möwen, noch bevor sie ins Wasser fallen, schon im Flug ein Stück zu erhaschen. Alle Möwen, die dem jeweiligen Brocken am nächsten sind, stürzen sich auf ihn. Aber nur eine erwischt ihn. Die anderen kehren, ohne beleidigt zu sein, zurück und warten auf die nächste Gelegenheit. Wenn abermals Brot ins Wasser fällt, schießen sie wiederum darauf los. Während die Siegerin mit der Beute entflieht, versucht eine andere wiederum, ihr den Brocken laut kreischend abzujagen. Gelingt es ihr, das Brot wegzuschnappen, kehrt die beraubte Möwe sogleich in die Warteschlange der nach Beute jagenden Vögel zurück, ohne aber in irgendeiner Form sich zu ärgern, beleidigt, zermürbt oder frustriert zu sein. Sie macht sich keine Gedanken darüber, wer ihr das Brot weggefressen hat und kommt auch nicht auf die Idee, Rache zu nehmen, sondern ihre ungefähre Philosophie lautet: »Was vorbei ist, ist vorbei!« Sie führt diese Herausforderung sachlich und nicht persönlich. Daher wird das Ganze für sie auch nicht zu einem Konflikt. Wichtig ist ihr einzig und allein die nächste Gelegenheit.*

## 2. Die Geschichte vom Hammer und dem vorauseilenden Ärger

*Ein Mann will ein neu erstandenes Bild aufhängen, um dem Wohnzimmer einen wohnlicheren Touch zu geben. Den*

*Nagel hat er noch gefunden, nicht aber den Hammer. Der Nachbar hat einen. Also beschließt unser Mann, hinüberzugehen und ihn auszuborgen. Doch da kommt ihm ein Zweifel: »Was, wenn der Nachbar mir den Hammer nicht leihen will? Gestern schon grüßte er mich nur so flüchtig. Vielleicht war er in Eile. Vielleicht hat er die Eile nur vorgetäuscht, und er hat was gegen mich. Aber was überhaupt? Ich habe ihm nichts getan; der bildet sich da etwas ein. Wenn jemand von mir ein Werkzeug borgen wollte, ich gäbe es ihm sofort. Und warum er nicht? Wie kann man einem Mitmenschen einen so einfachen Gefallen abschlagen? Leute wie dieser Kerl vergiften einem das Leben. Und dann bildet er sich noch ein, ich sei auf ihn angewiesen. Bloß weil er einen Hammer hat. Jetzt reicht's mir wirklich.« Und so stürmt er hinüber, läutet, der Nachbar öffnet, doch bevor er »Guten Tag« sagen kann, schreit ihn unser Mann an: »Behalten Sie Ihren Hammer, Sie Rüpel.«*[74]

Eine ausgezeichnete und relative einfache Technik, um durch vorauseilenden Ärger unharmonisches Karma zu produzieren.

### 3. Rasender Ärger, der sich im Handumdrehen in Luft auflöst

*In einen Linienbus stieg ein Mann ein, der, kurz nachdem er sich gemütlich hingestellt hatte, von hinten einen heftigen Schlag auf seinen Kopf bekam. Sofort drehte er sich wütend um, um es dem Schläger heimzuzahlen und diesem auch so richtig die Meinung zu geigen. Noch bevor er aber anfing loszuschreien, wurde er auf einmal ganz ruhig. Vor ihm sah er den Mann und mit welchem Gegenstand dieser zugeschlagen hatte. Zu seiner Überraschung war der Mann blind und die Tatwaffe ein Blindenstock. Jener hatte nicht einmal bemerkt, was eigentlich geschehen war. Dies war eine Lektion für sein ganzes, zukünftiges Leben.*[75]

---

74 Watzlawick, Paul: Anleitung zum Unglücklichsein, Piper Taschenbuch, 2009, S. 37.

75 Die Herkunft der Geschichte ist unbekannt.

Übung: Sieh unharmonische Situationen in Zukunft nur noch als einen Test an, den Du nur deswegen in Dein Leben gezogen hast, um zu überprüfen, ob Du Dich noch dazu verleiten lässt, auf den Zug der Disharmonie und der Unausgeglichenheit aufzuspringen und dadurch unharmonisches Karma zu produzieren. Entlarve unharmonische Wahrnehmungen sofort und mache ihnen den Garaus und nimm sie mit Humor und Dank an! Bleibe achtsam und schmunzle darüber. Sag Dir innerlich: »*Nein, nein, tut mir leid, heute nicht. Danke für den Test, aber heute und auch in Zukunft werde ich gut auf mich und meine Emotionen, die ich mir immer selbst erschaffen und wahrnehmen möchte, Acht geben, aber trotzdem, danke nochmals.*« Je öfter Du dies tust, desto einfacher wird es Dir gelingen. Dein zukünftiges Leben wird es Dir danken.

## 4. Zwei konkrete Beispiele für Ablehnung und Verlangen

Beleuchten wir zuerst, um das Thema Ablehnung und Verlangen noch einmal praktischer aufzugreifen, einen der Bereiche des Lebens, mit dem die Mehrheit der Menschen, und unter Umständen auch Du, geneigter Leser, schon seit langem unzufrieden ist: Die Arbeitsstelle. Oft gibt es mannigfaltige und verständliche Gründe, warum Du mit Deinem Arbeitsplatz unzufrieden oder sogar kreuzunglücklich bist. Arbeitsinhalte, die Dir keinen Spaß bereiten, mangelnde Wertschätzung, viele Überstunden bei zu niedrigem Gehalt oder einfach der innere Drang, mit Deiner Zeit eigentlich etwas wirklich Sinnvolles tun zu wollen.

Interessant sind für das Karma aber weniger die Beweggründe, warum Du jeden Tag ungerne zur Arbeit fährst und es kaum abwarten kannst, bis endlich wieder Feierabend ist. Vielmehr zählt aus Karma-Sicht, wie Du täglich Emotionen der Ablehnung und des Verlangens aussendest und sich trotzdem oder gerade deswegen nichts ändert. Dabei liegt auf der Hand, was Du genau ablehnst und verlangst. Du lehnst Deine jetzige Arbeitsstelle deutlich und vielleicht mit der Zeit immer mehr ab und zeitgleich wächst Dein Verlangen nach einem neuen, besseren und zufriedener machenden Job, der zugleich auch noch besser bezahlt ist. Eine universelle Gesetzmäßigkeit des Karmas hält Dich an dieser Stelle allerdings in Deinem alten Job und verhindert, dass Du ein Angebot für einen neue Arbeitsstelle, die Dir auch wirklich gefällt, erhältst. Vielleicht hast Du das Gefühl, Dir mit aller Kraft einen neuen, glücklichen Job zu wünschen, aber übersiehst dabei, dass Dein Verlangen im selben Moment ein Mangelgefühl kreiert und sich mit der täglichen Ablehnung paart, die Du für Deine Arbeit empfindest.

***Spiritueller Impuls:*** Der Königsweg an dieser Stelle, um wirklich zu bekommen, was Du Dir wünschst, ist, Deine Aufmerksamkeit auf Vorfreude und Vertrauen zu lenken und Dich so zu fühlen und zu verhalten, als wäre der neue perfekte Job schon auf dem Weg zu Dir. Oder noch besser: Verhalte und fühle Dich absichtlich so, als wärst Du schon in Deiner brandneuen Arbeitsstelle!

Dies ist der sogenannte Königsweg, um richtig zu wünschen. Weil beide Konzepte aber von so großer Bedeutung für ein glückliches und erfolgreiches Leben sind, greife ich für Dich an dieser Stelle auch nochmal das Thema »*Gleichmut*« auf, um Dir das Zusammenspiel zwischen diesem und Ablehnung und Verlangen aufzuzeigen.

Ablehnung und Verlangen erzeugen Karma, in Gleichmut zu bleiben, während sich altes, noch nicht abgetragenes Karma gerade auflösen möchte, erzeugt kein Karma und bewirkt gleichzeitig auch, dass es sich auch auflösen kann. Gleichmut realisiert auch, dass sich noch nicht abgetragenes Karma, das sich soeben zeigt, auflösen kann.

Ablehnung und Verlangen sind die bewusste oder unbewusste Entscheidung, eine jetzt erlebte Erfahrung wandeln zu wollen und damit auf irgendeine Weise nicht so zu belassen, wie sie tatsächlich ist. Dieses Wandeln-Wollen kann sich als ein Mehr-, Weniger-, Nicht- oder Es-Anders-Haben-Wollen zeigen. Dabei sind jedoch die Energie und Information, wie sie im unbeeinflussten, tatsächlich stattfindenden Erleben enthalten ist, exakt jene, die Du ausgesendet hast und wiederaufnehmen musst. Dies kann man mit einem Bumerang vergleichen, der ebenfalls genauso zu Dir zurückkommt, wie er von Dir losgeschickt wurde. Unglücklicherweise wird dieser von allen Glaubenssätzen, Konditionierungen, Mängeln, Ängsten und allen bewusst oder unbewusst oder unbedacht beim Aussenden eines Wunsches (meist unerkannt) Geäußerten oder Gedachten mit beeinflusst. Dies wird erst bei der Wunscherfüllung, quasi dem Rückflug des Bumerangs, als solches erkannt und führt dann zu der Reaktion des Anders-Haben-Wollens. Ein verlangender oder sich wehrender Gedanke des Anders-Haben-Wollens ist jedoch ein neu ins Universum ausgesendeter Wunsch, ein neuer Bumerang, der beim Empfang seines Vorgängers ausgeworfen wird und der nicht fähig sein kann, den vorherigen zu beeinflussen. Doch so wie er ausgeworfen wurde, so wird er empfangen werden müssen.

Daher ist es so bedeutend, wachsam beim Aussenden zu sein, denn ein einmal ausgesendeter Wunsch kann im Normalfall, wie ein Bumerang, nicht im Prozess gewandelt werden.

### 5. Liebes-Geschichten

Ein weiteres klassisches Beispiel, wie dieser Bumerang unerwünschte Erfahrung in ihr Leben zurückgebracht hat, ist für viele Menschen der Typ Ex-Partner, den man nie wieder kennenlernen möchte, geschweige denn je wieder mit diesem zusammen sein möchte. Nehmen wir an, Du möchtest NIE WIEDER einen Partner kennenlernen, der so negativ durch das Leben geht, dass er Dich immer wieder bremst, entmutigt und auf sein Niveau herunterzieht. Kurzum: Ein typischer »*Verlierer-Partner*«. Aufgrund Deiner Gedanken, wie Dein nächster Partner auf KEINEN FALL mehr sein soll, entstehen allerdings besonders starke unharmonische (Wunsch-)Emotionen. Aufgrund der starken Wunsch-Emotionen, die Du aussendest, wie der Partner NICHT sein soll, wird nun die Manifestationsmaschine aktiv. Bevor Du es bemerkst, sendest Du diese unharmonische Energie ins Universum – der Wunsch wird kreiert und Karma produziert. Diese Energie muss zwingend, um wieder voll und ganz zu sein, wieder zu Dir zurückfließen. Das ist, wie Du ja bereits weißt, ein universelles Gesetz. Daher wirst Du irgendwann

Deinen Wunschpartner mit genau solchen Eigenschaften, wie er doch eigentlich auf gar keinen Fall mehr sein sollte, wie ein Magnet die feinen Eisenspäne oder das Licht die Motten in Dein Leben ziehen.

Noch einmal zur Verdeutlichung: Die spätere Manifestation wird nur deswegen in Dein Leben treten, weil Du diese Emotion ausgesendet hast. Aber auch nur dann, wenn Du genug Energie ausgesendet hast, um diese Manifestation zu ermöglichen. Das bist Du also immer selbst. Es gibt sonst keinen anderen Grund, wie etwa Pech, Zufall oder Schicksal! Das ist eigentlich schon längst veraltetes Vokabular, wovon die Mehrzahl der Menschen jedoch heutzutage noch immer gerne als Ausrede Gebrauch macht. Es sind ausschließlich die von Dir ausgesendeten Gedanken, in deren Folge genau solch ein Partner wieder in Dein Leben tritt, den Du doch eigentlich nicht mehr haben willst. Du kannst Dich aber dafür entscheiden, diese Energie, die eins-zu-eins wieder zu Dir zurückfließen will und muss, zu verringern, zu vermehren, abzulehnen oder aufzulösen. Allerdings sind alle vier Entscheidungen alles andere als einfach, denn in diesem Moment bist Du so schockiert, dass genau das geschehen ist, was Du Dir (eigentlich gedacht hast, aber) eben nicht gewünscht hast.

Was ist nun das Reaktionsmuster der meisten Menschen, die etwas erhalten, das sie eigentlich gar nicht haben wollen? Sie wehren sich mit aller Macht gegen diese umgekehrte Wunscherfüllung, indem sie abwehrende Emotionen wie Wut, Groll oder Verzweiflung aussenden. Sie lassen diese einmal selbst ausgesendete Energie, die ihnen fehlt, nicht wieder zu sich zurückfließen, was aber, um wieder ganz zu sein, zwingend notwendig ist. Und deswegen wird, obwohl der alte Wunsch noch nicht vollständig in Gleichmut angenommen wurde, postwendend die gleiche Energie wieder ausgesendet und es wird erneut ein Partner, den sie auf keinen Fall mehr möchten, wie ein Bumerang in ihr Leben treten. Diese Endlosschleife wird sich ganz wie im Film »*Täglich grüßt das Murmeltier*« wiederholen, bis sie diese Energie endlich annehmen. Die Krux: Das alte Karma ist noch nicht einmal abgetragen und Du hast schon wieder neues Karma produziert und oben

»*draufgepackt*«. Das heißt, dass das (in diesem Fall unharmonische) Karma mit der Zeit immer stärker wird, weil Du mehr solches Karma, das Du eigentlich gar nicht haben wolltest, angesammelt hast, indem Du die Energie, die wieder zu Dir zurückfließen möchte, nicht angenommen hast.

***Spiritueller Impuls:*** Der Kreislauf muss geschlossen werden; alles, was Du an Emotionen aussendest, wird und muss wieder zu Dir zurückfließen. Wenn Du das jetzt nicht zulässt, indem Du nicht in Gleichmut bleibst, wirst Du immer und immer wieder die gleiche Erfahrung (oder in unserem Beispiel einen solchen Partner mit solchen Eigenschaften) in Dein Leben ziehen. Denn Karma kann sich solange nicht auflösen, wie Du die ausgesandten Emotionen nicht in Gleichmut, sprich ohne Aversion und Verlangen, in Frieden annimmst.

Du musst deswegen mit diesem zu Dir zurückgekehrten Ex-Partner keine 30-jährige Partnerschaft eingehen, sondern Du kannst diese Erfahrung einfach gleichmütig und friedvoll hinnehmen und Dir sagen: »*Ah, da zeigt sich soeben altes Karma!*«. Das Wichtige ist, während der gemeinsamen Zeit keine unharmonischen Emotionen auszusenden.

Erfahrungsgemäß bleiben leider viele Menschen trotzdem in dieser Partnerschaft, um der Einsamkeit und dem Alleinsein zu entgehen, weshalb dort aber leider wieder ein großer Nährboden für Drama und eine unharmonische Karma-Produktion entsteht, wenn Du verstehst, was ich meine.

Der überwiegende Teil der Menschheit öffnet sich für diese Energie allerdings erst, wenn er unter der Last und dem Druck der zurückfließenden Energie zusammenbricht und »*aufgibt*«. Einige Individuen scheitern an solchen Krisen, während andere auf einmal verstehen, worum es in diesem Leben geht, und wie ein Phönix aus der Asche wieder emporsteigen.

### 6. Das Badewannen-Gleichnis

Lass mich diese universelle Gesetzmäßigkeit in einem Gleichnis ausdrücken, damit sie sich in Deine Nur Zellen förmlich einbrennen kann: Um es ganz genau zu verstehen, stell Dir jetzt bitte eine Badewanne mit einem Fassungsvermögen von exakt 100 Litern, die randvoll mit Wasser gefüllt ist, vor. Das Wasser soll die (Lebens-)Energie in Deinem Körper darstellen, mit der Du durch Denken, Fühlen und Handeln Energie, sprich Wünsche, sowie harmonische oder unharmonische Emotionen aussendest. Die Energie aber (in diesem Fall das Wasser) muss – wegen des universellen Gesetzes – zwingend wieder aufgefüllt werden, wenn etwas Wasser (Energie) durch das Aussenden von Emotionen/Wünschen oder Taten verbraucht wird. Nun stell Dir vor, aus einer vorangegangenen Wunschbestellung tritt ein Mensch in Dein Leben. Du möchtest diese Person unbedingt zum Partner und weil sich, aus welchen Gründen auch immer, herausstellt, dass es doch nicht so einfach gelingt, wie Du es Dir vorgestellt hast, kämpfst Du darum. In Folge dessen mischen sich mit der Zeit Emotionen wie Verzweiflung, Mangel und das Gefühl, nicht zu genügen, ein, die Du logischerweise auch aussendest. Du wendest dafür Energie auf und musst, um bei dem Beispiel zu bleiben, dafür symbolisch genau einen Teil Wasser abgeben, sodass jetzt nur noch 99 Liter Wasser übrig sind. Dieser abgegebene Teil muss irgendwann wieder zu Dir zurückfließen, da diese spezielle Wanne sich immer wieder auf 100 Liter auffüllen muss. Wenn dieser Wunsch irgendwann wieder zu Dir zurückkommt, Du also den gewünschten Partner deswegen wieder nicht haben kannst und wieder mit Verlangen, Mangel und dem Empfinden, Dir selbst nicht zu genügen, reagierst – Du also den einen Liter Wasser nicht zurück haben willst –, dann hast Du zum einen die Wunschenergie nicht zu Dir zurückfließen lassen, weil Du nicht in Gleichmut geblieben bist, und damit noch oben drauf einen weiteren Wunsch ausgesendet, sodass jetzt noch einmal ein weiterer Liter Wasser derselben Art ausgesendet wird und nur noch 98 Teilen Wasser übrig sind. Irgendwann muss exakt wieder dieser Teil Wasser, den Du ausgesendet hast, zu Dir zurückfließen.

Auch der eine noch ausstehende Teil Wasser konnte nicht zu Dir zurückfließen, da Du den Rückfluss (wegen des nicht in Gleichmut geblieben Seins) abgelehnt hast. Aber exakt die beiden Teile müssen – damit Du wieder voll und ganz bist – zu Dir zurückfließen. Das heißt, dieser exakt gleiche Wunsch kommt zu Dir doppelt verstärkt zurück. Der Zeitpunkt, zu dem sich die karmischen Wahrnehmungen eines vorausgegangenen Wunsches zeigen, kann sehr unterschiedlich sein. Das kann manchmal sofort (Instant-Karma) oder erst in einem späteren Leben geschehen. (Je nach dem, wie es aktuell für Deinen persöhnlichen Lernprozess am besten ist.) Dadurch ist es manchmal nicht einfach bis unmöglich, eine aktuelle Erfahrung einem ausgesendeten Wunsch zuzuordnen.

## Harmonisches oder unharmonisches Karma: Ein wahres Chamäleon

Man kann, wie Du gleich lesen wirst, aufgrund der Gesetzmäßigkeiten von Karma oftmals nicht ablesen, ob die Erfahrungen, die man macht, auf harmonischem oder unharmonischem Karma beruhen, welches sich für Dich oder einen anderen Menschen manifestiert! Es können Situationen entstehen, bei denen man sich sehr leicht täuschen kann. Man ist der felsenfesten Überzeugung in diesem Moment unharmonisches Karma wahrzunehmen, obwohl dem vielleicht gar nicht so ist. Denn es gibt auch harmonisches Karma, das sich für Dich im ersten Augenblick wie unharmonisches Karma anfühlt. Ein typisches Beispiel hierfür ist der Verlust des eigenen Arbeitsplatzes: Was wie ein herber Verlust in finanzieller Hinsicht und bezüglich Deiner persönlich wahrgenommenen Sicherheit aussieht, kann auch ein Wink mit dem Zaunpfahl des Universums sein, das schon einen besseren Job für Dich bereithält, der nur noch seinen Weg zu Dir finden muss.

Ein umgekehrtes Beispiel ist eine der größten finanziellen Fehlwahrnehmungen der westlichen Kultur: Jedes Wochenende drängen Millionen von Menschen in die Lottoannahmestellen, um sich ihren Teil der Hoffnung auf einen Millionengewinn zu sichern. Aber nur für einige wenige geht der Traum, über Nacht durch Glücksspiel zum Millionär zu werden, in Erfüllung. Darauf reagieren wiederum viele Menschen postwendend mit Neid, denn: »*Warum hat der (oder die) so ein unbeschreibliches Glück, während ich schon mein ganzes*

*Leben lang fleißig spiele und immer leer ausgehe?!«* Täusche Dich nicht selbst! Die meisten Menschen nehmen unisono an, dass Lotto-Millionäre für ihr Leben ausgesorgt hätten und dementsprechend vom unendlichen Füllhorn des positiven Karmas bedacht wurden. Diese Annahme lässt sich jedoch nur so lange halten, bis Du Dir diese vermeintlichen Gewinner einige Jahre nach ihrem Lottogewinn erneut anschaust. Die Boulevard-Zeitungen berichten regelmäßig von verarmten ehemaligen Lotto-Millionären, die so sehr über ihre Verhältnisse in Saus und Braus gelebt haben, dass sie wenige Jahre später Privatinsolvenz anmelden mussten und im Zuge dessen Villa, Luxusauto und teuren Schmuck plötzlich wieder los waren. Ein Umstand, den sogar schon verschiedene Lotto-Anbieter erforscht haben und deshalb seit einiger Zeit schon den Millionären finanzielle Berater zur Seite stellen, was allerdings nur in den seltensten Fällen wirklich angenommen wird.[76]

Die Vorstellung, dass wir wissen, wie eine gerade erlebte Manifestation zu deuten ist, ist eine vollkommene Illusion. Selbst das unharmonischste Erlebnis kann sich für Dich am Ende als eine Er-Lösung, neue große Chance und Gottes Segen herausstellen.

### 7. Eine Geschichte aus China

Eine wunderschöne Geschichte aus dem chinesischen Kulturraum aus der Zeit Laotses (6. Jahrhundert) kann Dir diese – auf den ersten Blick kontra-intuitive Weisheit – noch einprägsamer vergegenwärtigen:

#### Der alte Mann und das Pferd

*Ein alter Mann lebte in einem Dorf. Er war sehr arm, aber selbst Könige waren neidisch auf ihn, denn er besaß ein wunderschönes, weißes Pferd. Sie boten ihm fantastische Summen dafür, aber er verkaufte es nie. Doch eines Morgens fand er sein Pferd nicht mehr im Stall. Das ganze Dorf versammelte sich und die Leute sagten: »Du dummer alter Mann! Wir haben immer gewusst, dass das Pferd eines Tages gestohlen würde. Es wäre*

76 Vgl. http://www.spiegel.de/panorama/gluecksspieler-mit-pech-einmal-lotto-millionaer-und-zurueck-a-521350.html.

*besser gewesen, es zu verkaufen. Welch ein Unglück für Dich!« Der alte Mann sagte: »Geht nicht so weit, das zu sagen. Was feststeht, ist nur: Das Pferd befindet sich nicht im Stall. So viel ist Tatsache. Alles andere ist Urteil. Ob es ein Unglück für mich ist oder ein Segen, kann ich noch nicht sagen. Weil ich nicht weiß, was folgen wird.« Die Leute lachten den Alten aus. Sie hatten schon immer gewusst, dass er ein bisschen verrückt war. Doch nach 15 Tagen kehrte das Pferd zurück. Es war nicht gestohlen worden, sondern nur in die Wildnis ausgebrochen. Jetzt war das Pferd wiedergekommen, und nicht nur das: Es brachte noch zwölf wilde Pferde mit. Wieder versammelten sich die Leute und sagten: »Alter Mann, Du hattest recht! Es hat sich tatsächlich als Segen erwiesen.« Der Alte entgegnete: »Ihr geht wieder zu weit. Alles, was feststeht, ist: Das Pferd ist zurück. Ihr lest nur ein einziges Wort aus einem Satz, wie könnt Ihr da das ganze Buch beurteilen?«*

*Der alte Mann hatte einen Sohn. Dieser begann, die zwölf Wildpferde zu trainieren. Schon eine Woche später stürzte er dabei und brach sich die Beine. Da sagten die Leute: »Du hattest recht, es war kein Segen, sondern ein Fluch, dass die Wildpferde mitgekommen sind! Dein einziger Sohn kann nun seine Beine nicht mehr gebrauchen und er war doch die Stütze Deines Alters.« Der Alte antwortete: »Ihr seid besessen vom Urteilen. Alles, was feststeht, ist: Mein Sohn hat sich die Beine gebrochen. Niemand weiß, ob dies ein Unglück ist oder ein Segen. Das Leben kommt in Augenblicken und mehr bekommt man nie zu sehen.« Bald darauf ergab es sich, dass ihr Land einen Krieg zu führen hatte. Alle jungen Männer wurden zwangsweise zum Kriegsdienst rekrutiert. Nur der Sohn des alten Mannes blieb zurück, weil er die Beine gebrochen hatte. Das ganze Dorf war von Wehgeschrei erfüllt, weil dieser Krieg nicht zu gewinnen war und man ahnte, dass die meisten jungen Männer nicht nach Hause zurückkehren würden. Die Leute kamen zu dem alten Mann und sagten: »Du hattest recht. Es hat sich als Segen erwiesen, dass Dein Sohn die Beine gebrochen hat!« Der alte Mann antwortete: »Ihr hört nicht auf, vorschnell zu urteilen. Alles, was feststeht, ist: Man hat eure Söhne in die Armee eingezogen und mein Sohn wurde nicht eingezogen. Nur Gott weiß, ob dies ein Segen oder ein Unglück ist.«*

## 8. Noch eine Liebes-Geschichte

Die unmögliche Unterscheidung zwischen harmonischem oder unharmonischem Karma bei einer Trennung:

Dein Partner, mit dem es trotz aller Anstrengungen nicht geklappt hat, hat sich gerade aus dem Staub gemacht. Deine erste Schlussfolgerung, da Du Deinen Partner immer noch liebst, ist: »*Das ist meine Schuld! Das ist die Quittung dafür, dass ich dauernd so ... war. Ich bin wahrscheinlich so ein böser Mensch.*« Aber es kann auch gerade das Gegenteil der Fall sein, nämlich, dass Du in dieser Situation harmonisches Karma erlebst, auch wenn es im ersten Augenblick nicht so erscheinen mag. Du hattest vielleicht mit dem aktuellen Partner, energetisch gesehen, noch eine Rechnung offen, deswegen war er bis zu diesem Zeitpunkt noch bei Dir. Die Rechnung kann entweder aus diesem oder einem früheren Leben stammen. Nun wurde sie beglichen, weswegen er geht. Energetisch gesehen ist jetzt nichts mehr auszutragen zwischen euch beiden, deswegen wirst Du von ihm verlassen. Du willst jedoch nicht, dass er geht, obwohl Du weißt, dass ihr in den letzten Monaten schon keine gesunde Beziehung mehr geführt habt. Trotzdem glaubst Du aufgrund dieses plötzlichen unharmonischen Ausgangs, es handle sich um unharmonisches Karma. Deswegen willst Du es nicht zulassen, reagierst mit Wut, Trauer und Groll und produzierst aufgrund Deiner Gedanken und Emotionen wieder neues unharmonisches Karma. Es wird sich allerdings erst dann als positives Karma darstellen können, wenn Dein wahrer Seelenpartner in Dein Leben tritt. Dann wird es Dir auf einmal wie Schuppen von den Augen fallen, dass diese vorherige Trennung etwas Gutes und sehr wichtig für Dich und zugleich harmonisches Karma war, denn sonst wärst Du noch nicht frei für Deinen eigentlichen Traumpartner gewesen.

***Spiritueller Impuls:*** Den Unterschied zwischen harmonischem oder unharmonischem Karma kann man genau so wenig erkennen wie die Bewegungsrichtung eines in die Luft geworfenen Balles auf einem Foto. Du kannst nicht wissen, ob der Ball gerade nach oben oder nach unten fliegt.

»*Harmonisch*« oder »*unharmonisch*« sind nur Konzepte des menschlichen Geistes, die durch die Wahrnehmung des Beobachters bewertet werden.

### 9. Das Engel-Gleichnis

Die gleichen Deutungsschwierigkeiten, ob es sich um positives oder negatives Karma handelt, wirst Du auch in folgender Geschichte feststellen:

### Ein spirituelles Gleichnis über zwei Engel

*Zwei reisende Engel machten Halt, um die Nacht im Haus einer wohlhabenden Familie zu verbringen. Die Familie war aber unhöflich und verweigerte den Engeln im Gästezimmer des Haupthauses auszuruhen. Anstelle dessen bekamen sie einen kleinen Platz im kalten Keller. Als sie sich auf dem harten Boden ausstreckten, sah der ältere Engel ein Loch in der Wand und reparierte es. Als der jüngere Engel fragte, warum, antwortete der ältere Engel: »Die Dinge sind nicht immer das, was sie zu sein scheinen.«*

*In der nächsten Nacht rasteten die beiden im Haus eines sehr armen, aber gastfreundlichen Bauern und seiner Frau. Nachdem sie das wenige Essen, das sie besaßen, mit ihnen geteilt hatten, ließen sie die Engel in ihrem Bett schlafen, während sie selbst auf dem Boden schliefen. Als die Sonne am nächsten Tag den Himmel erklomm, fanden die Engel den Bauern und seine Frau in Tränen aufgelöst: Ihre einzige Kuh, deren Milch ihr einziges Einkommen gewesen war, lag tot auf dem Feld. Der jüngere Engel wurde wütend und fragte den älteren Engel, wie er das habe geschehen lassen können.*

*»Der erste Mann hatte alles, trotzdem halfst Du ihm«, meinte er anklagend. »Die zweite Familie hatte wenig, und Du ließest die Kuh sterben.« »Die Dinge sind nicht immer das, was sie zu sein scheinen«, entgegnete der ältere Engel. »Als wir im kalten Keller des Haupthauses ruhten, bemerkte ich, dass Gold in diesem Loch in der Wand steckte. Weil der Eigentümer so von Gier besessen war und sein glückliches Schicksal nicht teilen wollte, versiegelte ich die Wand, sodass er es nicht finden konnte. Als wir dann in der letzten Nacht im*

*Bett des Bauern schliefen, kam der Engel des Todes, um seine Frau zu holen. Ich gab ihm die Kuh anstatt ihrer. Die Dinge sind nicht immer das, was sie zu sein scheinen.«*

*(Unbekannt)*

# Kapitel 11: Karmische Gesetze

## Der Zusammenhang zwischen Schwarzen Löchern und Karma

Ein Schwarzes Loch ist ein Objekt, dessen Gravitation so extrem stark ist, dass aus diesem Raumbereich keine Materie und kein Lichtsignal nach außen gelangen kann. Nach der allgemeinen Relativitätstheorie verformt eine ausreichend kompakte Masse die Raumzeit so stark, dass sich ein Schwarzes Loch bildet. Der Begriff »*Schwarzes Loch*« wurde 1967 durch John Archibald Wheeler etabliert. Er verweist auf den Umstand, dass sich im Außenraum von hinreichend kompakten Massen oder Energieanhäufungen ein durch den Ereignishorizont charakterisiertes Raumgebiet bildet, in das Materie nur hineinfallen und das auch eine elektromagnetische Welle, wie etwa sichtbares Licht, niemals verlassen kann (daher »*schwarz*«). Außerdem ist ein Schwarze Loch selbst mit nur wenigen Kilometern Durchmesser im Verhältnis zu den kosmischen Entfernungen für eine Beobachtung viel zu klein.

Das Schwarze Loch ist aber nicht nur für die Physiker von Bedeutung, sondern auch für Karmaforscher. Als ich diesbezüglich den Bewusstseinsforscher Abuna Semai befragt habe, bekam ich folgende Antwort:

Aufgrund der Beschaffenheit des Schwarzen Loches hat es die karmische Funktion, alles zu recyceln, was einmal manifestiert wurde. Wenn es das Gesetz der Harmonie erfordert, dass es dies auflösen muss – weil zum Beispiel der Mensch schon so viel Karma auf dem Rücken mitschleppt – dann werden die dafür zuständigen geformten Energien hier im Schwarzen Loch wieder in alle Einzelteile zerlegt, die dann jederzeit wieder frisch ausgeschüttet werden können. Denn das Schwarze Loch beinhaltet eine Art Grundgesetz, dass sich alles Aufgenommene wieder harmonisiert. Das ist auch der Segen des Schwarzen Loches, denn irgendwann muss das Karma aufgelöst sein. In der Astronomie ist bekannt, dass das Schwarze Loch nicht nur alles aufsaugt, sondern teilweise auch wieder ausschüttet. Man könnte auch sagen, das Schwarze Loch ist der Recycler aller Energien.

## Ein kurzer Besuch im Himmel: Das Jenseits

Im weiteren Verlauf dieses Kapitels, lieber Leser, habe ich mich dazu entschieden, anstatt des Begriffes des »*Wahren Selbst*« den Begriff »*Seele*« zu verwenden, da er im folgenden Zusammenhang geläufiger ist.

In diesem Kapitel wird eingehend das dem Karma zugrundeliegende Verständnis der Wiedergeburt (Reinkarnation), die erneute Geburt nach einer Inkarnation, erläutert. Dem Karma ist diese Auffassung ursächlich, dazu muss jedoch zuerst ein wichtiger »*Zwischenschritt*« verstanden werden: das Jenseits. Bevor wir uns nun also dem Thema Reinkarnation widmen, geht es zuerst um das Jenseits.

Das Leben zwischen den Leben:

Der Begriff Jenseits ist eine Bezeichnung zu einer »*anderen Wirklichkeit*«, die sich nach religiösen, mytischen und esoterischen Vorstellungen außerhalb unserer normalen Tagesrealtät befindet.[77] Nahezu jeder Mensch hat sich schon einmal Gedanken gemacht, an welchen Ort wir gehen und was eigentlich passiert, wenn wir sterben. Energetisch gesehen hört unser physischer Körper dann auf zu existieren. Mittlerweile gibt es unzählige Aufzeichnungen (vor allem durch Nahtoderfahrungen), die klar belegen, dass es nicht vorüber ist, wenn unser physisches Herz sein letztes Mal geschlagen hat. Dennoch handelt es sich bei der Frage nach dem ewigen Leben um eine, die uns gleichermaßen beängstigt und fasziniert. Eine vereinfachte Annäherung an die karmische Wahrheit kann man so beschreiben: Unser physischer Körper ist eine Hülle, in der unser Bewusstsein und unsere Seele in der Zeit wohnen, in der wir auf der Erde existieren. Wenn durch unser Karma unser Erdenleben beendet wird, legt die Seele den physischen Körper, die Körperhülle, wie abgetragene Kleider ab und steigt hinauf ins Jenseits. Der physische Tod ist dann die Geburt in der Astralebene. In tibetischen Schriften zum Beispiel wird erklärt, dass unser Leben auf der Erde nur eine Vorbereitung auf das ist, was uns danach erwartet:

77 Vgl. Broers, D.: Metamorphose der Menschheit. Teil 3 der Trilogie, Unterlembach: Dieter Broers Verlag Ltd, 2018, S. 78.

*»So wie abgetragene Kleider abgelegt und neue angelegt werden, so wirft das verkörperte ›Selbst‹ abgetragene Kleider ab und betritt andere, neue. So wie in diesem Körper das Verkörperte (die Seele) durch Kindheit, Jugend und Alter geht, so geht es auch in einen anderen Körper.«*[78]

Ursula Demarmels formuliert es so:

*»Das Leben zwischen den Leben, die spirituelle Welt, ist ein geistiger Ort, der nicht an räumliche und zeitliche Gesetzmäßigkeiten gebunden ist, wie wir sie auf der Erde kennen. Es ist ein Ort, der licht- und liebevoll ist, voller Güte, Freude und Kreativität, dem die Seelen, je nach Wunsch und Ausrichtung, die jeweilige Gestalt- und Erscheinungsform verleihen.«*[79]

Oder in Trutz Hardos Worten:

*»Die jenseitigen Ebenen sind Ebenen der Erholung, der Regenerierung, der Rückschau, der Schulungen (...)«*[80]

Im Gegensatz dazu, wie es in der Bibel dargestellt wird, gibt es laut aktuellem Stand der Wissenschaft im Jenseits keine Hölle und kein Fegefeuer. Der Grund, warum dies jedoch so im neuen Testament steht, sind laut dem weltweit anerkannten US-Religionswissenschaftler Bart Denton Ehrman zahlreiche Übersetzungsfehler. In der Heiligen Schrift war zum Beispiel ursprünglich nie die Rede vom höllischen Inferno. In den früheren Texten wird der verfluchte Ort mit dem griechischen Wort »*hades*« beschrieben, der für eine Unterwelt aus Dunkelheit und Kälte steht. Diese Erkenntnis deckt sich auch mit den Aussagen zahlreicher rückgeführter

---

78 Krishna, nach: Sivananda, Swami: Shrimad Bhagavad Gita, Mangalam Books, Lautersheim 1998.

79 Demarmels, Ursula: Karma-Coaching – Wege aus der Schicksalsfalle, 2015, S. 19.

80 Hardo, T.: Liebe aus karmischer Sicht, Güllesheim, 2017, S. 134.

Menschen: Es soll zwar so etwas wie dunkle, kalte Bereiche für Seelen geben, für die, die nicht gleich einsehen wollen, dass sie auf der Erde lieblose Handlungen begangen haben, aber bei weitem keine Hölle!

Diese Auffassung war für mich immer schon ziemlich verwirrend, denn aus welchem Grund sollte der gütige, allliebende Gott auf die Idee kommen, für uns eine Hölle zu kreieren und uns dort hineinzuwerfen, wenn wir lieblos handeln, wenn er uns doch immer und zu jeder Zeit »*bedingungslos*« liebt?

Denton sagt:

»*Die Evangelien sind voller Widersprüche. Schließlich wurden sie ja nicht von Augenzeugen geschrieben, sondern 35 bis 65 Jahre nach Jesu Ableben von Menschen, die Jesus gar nicht kannten. Diese und spätere Schreiber verwechselten Worte, ließen Zeilen aus, änderten sogar ursprüngliche Aussagen.*«[81]

Tatsache ist: Die Bibel ist eben kein auf Fakten basierendes Geschichtsbuch, sondern eine Sammlung von Geschichten, die viele Interpretationen zulassen.

Zur Verdeutlichung ein kleines Wortspiel:

»*DER GEFANGENE FLOH*«

Welche Bedeutung hat diese Aussage für Dich?

Auflösung:

- Für die einen bedeutet es, dass ein Gefangener geflohen ist,
- für den anderen bedeutet es hingegen, dass ein Floh (Insekt) gefangen ist.

Man bedenke, wie viel Leid auf dieser Welt nicht geschehen wäre, wenn Angehörige der Kirche (ich betone Angehörige und nicht alle) das Urwissen um das Gesetz von Saat und Ernte und das der Reinkarnation nicht aus der christlichen

81 WISSEN & Staunen, Nr. 4, August/ September 2018, S. 16.

Lehre entfernt hätten. Niemand würde dann auch nur annähernd auf die Idee kommen, jemand anderem Schaden zufügen zu wollen, wenn jedem bewusst wäre, dass er selbiges dann auch wieder erleben müsse.

Durch Rückführungen, Nahtoderlebnisse und Forschungen wie die von Michael Newton[82] ist uns der Ablauf im Jenseits einigermaßen bekannt:

Unmittelbar nach dem Einsetzen des physischen Todes werden wir von allen Seelen der Verstorbenen, die uns auf irgendeine Art und Weise nahestanden, wie unter anderem unsere Verwandten (ob harmonisch oder unharmonisch), dermaßen herzlich und liebevoll empfangen, aber mit einer unvorstellbaren Intensität, wie wir sie zu Erdenzeiten mit ihnen nie erlebt haben. Von diesen Liebesfluten, durchdrungen von ungeahnten Glücksgefühlen, die wir auf der Erde so nicht kannten, sind wir zuerst eimal völlig beflügelt. Auch von uns geliebte Tiere, die uns dann wieder ganz lebendig erscheinen, werden wieder auf uns zukommen und sich von uns voller Freude in den Arm nehmen lassen.[83] Im Jenseits geschieht die Kommunikation telepathisch und basiert in Einklang mit der göttlichen Quelle auf absoluter Ehrlichkeit. Dort existiert ausschließlich göttliches Licht und bedingungslose Liebe in ihrer reinsten Form, welche die Seele heilen und stärken. Im Jenseits erscheinen uns alle Seelen wie zu Lebzeiten mittleren Alters.

Aus einem bestimmten Grund hängt über unseren Erinnerungen an das Jenseits eine Art Schleier des Vergessens. Dennoch haben einige Menschen das Privileg, wenn auch nur für kurze Momente, eine solch unvergleichlich sprichwörtlich himmlische Erfahrung dahingehend zu machen, wie es sich im Jenseits wohl ungefähr anfühlen mag. Eine solche machte unter anderem auch Dr. Bradley Nelson,

---

82 Vgl. Newton, Michael: Leben zwischen den Leben, Astrodata 2005.

83 Vgl. Hardo, T.: Liebe aus karmischer Sicht, Güllesheim 2017, S. 97.

diese möchte ich gerne mit euch teilen[84]: Nach einer Meditation in völliger Stille, so Nelson, gelangte er in zuvor ungeahnte tiefe Einsichten. Plötzlich lüftete sich für ihn der Schleier des Gedächtnisses, der uns normalerweise von unserem damaligen Dasein im gegenwärtigen Moment trennt. Abgesehen von den anderen Einsichten überkamen ihn unbeschreiblich überwältigende Emotionen von Heimweh. Er beschreibt dies als ein Heimweh nach seinem wirklichen Zuhause, wo er vor langer Zeit herkam. Auch wenn dieses unvergleichbare intensive Gefühl nur für einige Augenblicke anhielt, ließ es ihn vor Ehrfurcht verwirrt und taumelnd zurück. Weiter beschreibt er, dass er in den vielen Jahren seines Lebens hin und wieder dieses Gefühl, was wir normalerweise als Heimweh bezeichnen, erlebt habe. Aber dieses spezielle geistige Erlebnis, dieses ehrfürchtige, demütige, tiefe Heimweh war von einer derartigen Intensität, dass es alles überstieg, was er jemals erlebt hatte. Es war für ihn nicht wirklich beschreib- und erklärbar, sprichwörtlich nicht von dieser Welt. Weiterhin glaubt er, und da bin ich auch der gleichen Meinung, dass dieser spezielle Schleier der Erinnerungen/des Vergessens der Vergangenheit deswegen existiert, da dessen Existenz für uns wesentliche Vorteile habe, denn sonst hätten wir wohl keine Lust mehr, hier auf der Erde zu verweilen. Nelson geht sogar noch einen Schritt weiter und behauptet, dass wir es so wahrscheinlich keine fünf Minuten mehr aushalten würden, so himmlisch schön sei es oben im Himmel – in unserem wirklichen Zuhause.

***Spiritueller Impuls:*** Durch Nahtoderfahrungen ist auch bekannt, dass im Jenseits nie gefragt wird, wie prall gefüllt Dein Bankkonto war oder wie groß Dein Haus bzw. wie teuer Dein Auto war. Stattdessen lautet eine der Fragen: »*Wieviel Liebe und Mitgefühl hast Du für Deine Mitmenschen und Tiere entwickeln können?*«

84 Vgl. Nelson, B.: Der Emotionscode. So werden sie krankmachende Emotionen los, S. 158–159.

## Vom Jenseits zur nächsten Wiedergeburt

Nach dem Jenseits kehrst Du, falls Du noch nicht vollkommen von Karma befreit bist, in anderen Kleidern, einem anderen – je nach Deinem Karma – Körper, in ein bestimmtes Land und in einer bestimmten Familie erneut ins irdische Leben zurück und inkarnierst erneut (Wiedergeburt).

Zuvor werden uns dazu durch unsere sogenannten Geistführer oder sogar von einem ganzen Gremium von jenseitigen spirituellen Beratern all unsere liebevollen, aber auch die lieblosen Handlungen, die wir auf der Erde begangen haben, noch einmal aufgezeigt.[85] Wie auf einer Leinwand werden uns in einem Rückblick entsprechende Szenen von unseren lieblosen und liebevollen Handlungen wieder gezeigt. Durch den entsprechenden Gegenüberstellungsprozess werden wir damit konfrontiert, sodass wir genau wieder erleben können, wie die Betroffenen es damals aufgenommen haben. Bei diesem Ablauf haben wir ein sogenanntes doppeltes Bewusstsein und Empfinden, sodass wir bei all diesen Erlebnissen gleichzeitig unsere eigenen und die damaligen Gefühle und Emotionen des Betroffenen wahrnehmen können. Wir sind sozusagen gleichzeitig sowohl wir selbst als auch die andere Person. Die lieblosen Verfehlungen werden im Jenseits von uns fast immer schnell eingesehen, sowie darüber Reue empfunden wird, daher wollen wir diese auch schnell wieder durch Selbsterfahrung ausgleichen. So sind wir dann schnell bereit, uns, mit Absprache der sogenannten Geistführer, je nach unseren Verfehlungen, die entsprechenden Verhältnisse (Land, Eltern, Partner) auszusuchen, diejenigen, die am perfektesten dazu geeignet sind, damit wir unser noch offenes Karma wieder ausgleichen und harmonisieren können. So kann es sein, dass wir mit unseren Beratern vereinbaren, dass wir nach unserer erneuten Inkarnation aufgrund unseres vorhandenen Karmas zum Beispiel eine Ehe mit zwei folgenden Kindern eingehen, die exakt sieben Jahre und 36 Tage hält und dann nach dieser Trennung drei Jahre und

85 Vgl. Hardo, T.: Liebe aus karmischer Sicht, Güllesheim 2017, S. 19.

vier Tage alleine leben müssen, bevor wir wieder zusammengeführt werden. Eine weitere mögliche Abmachung ist, dass wir einen großen finanziellen Gewinn oder Verlust, je nach Karma, erfahren dürfen.

Denn wie Du schon weißt, sind alle wichtigen und großen Ereignisse bei Deiner nächsten Inkarnation schon festgelegt bzw. vorausgeplant, aber nicht unausweichlich, wie Du schon im Kapitel 9 unter »*Karmisch frei werden*« gelesen hast (wenn nicht, dann kannst Du jetzt nochmal dort diesen für Dich so wichtigen und lebensverändernden Aspekt nachlesen!) So können wir mit diesem Wissen langsam wieder erkennen, dass unser »*Sein*« durch eine wunderbare Gerechtigkeit bestimmt wird und es keinen ungerechten, lieblosen Gott gibt und alles dazu dient, allmählich wieder von der Lieblosigkeit zur Liebe zu gelangen und schließlich wieder vollkommen in der Liebesfülle anzukommen, um für immer nach Hause in den Himmel zurückkehren zu können. [86]

## Reinkarnation (Wiedergeburt)

Reinkarnation bedeutet auf Lateinisch »*Wiedergeburt*«, wörtlich »*Wiederfleischwerdung*«. Wir sind geistige Wesen und benötigen einen physischen Körper, da wir ohne diese nicht auf Mutter Erde leben könnten. Die Körper, die für uns eine Art Avatare darstellen, ermöglichen es uns überhaupt erst, dass wir ein materielles Leben führen können. Die menschliche Seele verbindet sich nach jeder Inkarnation (und Entwicklung von noch nicht abgetragenem Karma) von Körper zu Körper. In der dazwischenliegenden Zeit ist die Seele im Jenseits. Unsere Seele beinhaltet einen dauerhaften Teil, man könnte diesen als »*Seelen-Datensatz*«[87] bezeichnen.[88] Dieser umfasst all das, was wir von Leben zu Leben mitnehmen und bewahren.

---

86 Vgl. Hardo, T.: Liebe aus karmischer Sicht, Güllesheim 2017.

87 Vgl. Broers, D.: Das Ego im Dienste des Herzens. Ein Neues Eden. Teil 2 der Trilogie. Dieter-Broers-Verlag LDT 2017.

88 An einer anderen Stelle in diesem Buch verwendete ich dafür auch den Begriff »*Seelenplan*«.

Wir reinkarnieren, um zu lernen, zu wirken, um uns zu entwickeln und um uns unser Selbst erkennen zu lassen. Unsere Erde, unser Universum existiert unter anderem, damit wir Erfahrungen machen können und somit die Möglichkeit haben, uns von allen Karma-Lasten zu befreien, um die endgültige Freiheit zu erlangen. Ohne diese Mittel, Körper und Mutter Erde, wäre all das nicht möglich. Normalerweise werden dabei alle Erinnerungen an die alten Körper/an vergangene Leben gelöscht. In Form von Eigenschaften bleibt aber das Gelernte erhalten. Erinnerungen an ein früheres Leben können häufig unter Hypnose durch geführte »*Rückführungen*« wieder geweckt werden. Auch so genannten Déjà-vu-Erlebnisse sind spontan aufgetauchte Rückführungen, die uns noch einmal kurze Einblicke in frühere Leben geben können. So sind vielleicht auch Dir folgende (eher subtilere) Anzeichen, die oft auf ein vorangegangenes Leben von Dir hindeuten, bekannt. Vielleicht konntest Du den einen oder anderen Hinweis in Deinem Leben auch schon mal wahrnehmen:

- Vertraute Plätze, obwohl Du (in diesem Leben) bis jetzt noch nie dort warst. Ähnliche Aussagen wie diese könnten diesbezüglich in Dir auftauchen:
  - »*Komisch, ich könnte wetten, dass ich das alles schon mal gesehen habe.*«
  - »*Irgendwie kommt mir das alles so bekannt/vertraut vor.*«
  - »*Hmm, als wenn ich schon mal hier gewesen wäre.*«
- Situationen, die Dir so erscheinen, als ob Du sie schon mal erlebt hast (Déjà-vus).
- Erinnerungen (meist empfangene Bilder, Gerüche oder Geräusche) an vergangene Leben.
- Träume von vergangenen Leben. (Träume geben manchmal aus dem Unterbewusstsein oder aus anderen Quellen stammend Informationen über vergangene Leben preis.)
- Eine Vorahnung, was passieren wird, die dann auch so eintritt. Was wir oft als Vorahnung beschreiben, ist

häufig ein Durchsickern von Erinnerungen an das, was wir im Jenseits vereinbart haben, welche Erlebnisse wir in dieser Inkarnation erleben. Zu solchen Erinnerungen haben wir nach der Geburt unter normalen Umständen keinen Zugang mehr.

- Gesteigertes Interesse an Geschichte, insbesondere an bestimmten, früheren zeitlichen Epochen, historischen Ereignissen, Menschen oder Plätzen.
- Nach einer nur kurzen Begegnung:
  - Unerklärliche, starke Anziehung.
  - Unerklärlich tiefe Vertrautheit.
  - Unerklärliche Abneigung.
  - Liebe auf den ersten Blick. (Stellte sich bei Rückführungen schon oft als Liebe aus früheren Leben heraus, da jede einzelne Seele eine ganz individuelle Ausstrahlung hat, die vom Emotionalkörper anderer Seelen jeweils wiedererkannt wird.)
  - Unerklärliche Aversionen, Ängste und Phobien.

Wie Du jetzt weißt, ist die Wiedergeburt eine Auswirkung des Karma-Gesetzes, demzufolge die Seele sich immer von neuem verkörpern muss, um die Schulden und Guthaben, die sie im Laufe ihrer Leben angesammelt hat, auszugleichen. Die Wiedergeburt ermöglicht es jeder Seele aber auch, ihr Karma bis zu jenem Punkt zu verbessern, an dem sie schließlich dem Rad von Geburt und Tod entrinnen kann. Diese Loslösung kann ihr allerdings erst gelingen, wenn es zur vollständigen Auflösung des Karmas gekommen ist. Die Seele nimmt jedoch nicht alles, was sie noch nicht abgetragen hat, ins nächste Leben mit, denn der Tod trägt sehr viel angesammeltes Karma ab. Man nimmt hauptsächlich das ins nächste Leben mit, womit man sich am meisten identifiziert: Die Dinge, die sich in uns am tiefsten eingebrannt haben, unter anderem Ängste, und die, die Dir am meisten am Herzen liegen. Das sind u.a. aber auch die größten Aversionen. So nimmt man auch alle leidvollen Todeserlebnisse (des eigenen Sterbeprozesses) mit, denn das ist der Zeitpunkt, an dem normalerweise die meiste Energie zum Selbst zurückfließen möchte. Sind diese aber abgelehnt worden, weil man sich gegen den Sterbeprozess wehrt und den Tod nicht in Frieden annimmt, bleiben große Anteile von einem selbst zurück und kommen auf alle Fälle im nächsten Leben wieder.

Die Wiedergeburt ist ein großes Geschenk, weil uns damit die Möglichkeit gegeben wird, den Gipfel des Berges zu erreichen. Wir haben das Privileg, unser noch offenes Karma abzutragen, das noch vom letzten Erdenaufenthalt übriggeblieben ist. Die Geburt ermöglicht es uns, die Sinfonie unseres eigenen komponierten Stückes des Lebens zur Vollendung zu bringen, das vorzeitig durch unser Ableben unterbrochen wurde. Unsere Aufgabe ist es, aus diesem faszinierenden Meisterstück eine wundervolle Melodie zum Erklingen zu bringen.

Es gibt so etwas wie kosmische höhere Instanzen, die die Wiedergeburt überwachen, um auf Grund des noch vorhandenen Karmas einer jeweiligen Seele den entsprechenden, exakt passenden Geburtszeitpunkt, das passende Land, die passenden Eltern, die passende Familie, Umgebung, Lebensdauer und Art des Todes mit uns mitbestimmen. Aber die letztendliche Entscheidung treffen wir (im Jenseits) selbst. Die Eltern, die wir uns für die Wiedergeburt durch unser noch nicht abgetragenes Karma (im Jenseits) ausgesucht haben, haben einen enormen Einfluss auf unser zukünftiges Leben und darauf, wie harmonisch sich unser Aufstieg zum Gipfel zur vollkommenen Freiheit von Karma-Last gestaltet. Gerade in den ersten Lebensjahren werden wir von den uns Nahestehenden geprägt wie von einem Künstler, der aus einer ungeformten Tonmasse eine Skulptur formt, die wir dann für die einzige Wahrheit und Wirklichkeit halten. Je produktiver wir von den Eltern erzogen und geprägt werden, heißt, je näher wir entsprechend der allumfassenden Wahrheit der universellen Gesetze herangewachsen sind, desto einfacher und harmonischer wird unser Aufstieg zum höchsten Gipfel, nämlich zur vollkommenen Freiheit werden. Denn je mehr das geformte spirituelle Gefäß aushärtet, desto mühsamer wird es, das dem Selbst Bewusstgewordene neu zu formen, zur Wahrheit, hin zur Selbsterkenntnis zum echten »*Wahren Selbst*«, dem wahren Seelenweg.

> *»Wir sind nicht menschliche Wesen, die eine spirituelle Erfahrung machen, sondern spirituelle Wesen, die eine Erfahrung als Mensch machen.«*
> (YOGI BAHJAN, 1929–2004)

Die Erfahrungen und Erlebnisse, die wir auf der Seelenreise machen, bestimmen unser noch vorhandenes, noch nicht abgetragenes Karma. Durch unser aktuelles, noch nicht abgetragenes Karma ziehen wir automatisch entsprechende Wahrnehmungen und Erfahrungen, sprich Menschen, Begegnungen und Situationen in unser Leben, die für unsere Entwicklung (Ent-Wickelung der noch vorhandenen Verwickelungen des Karmas) wichtig sind. Denn jeder Mensch, und auch jedes andere Wesen, ist mit seiner Lebensaufgabe und dem dazugehörenden feinstofflichen Energienetz untrennbar so verwoben, wie dies durch unser aktuelles Karma gestaltet wurde. Ein Kreislauf des Entwickelns und Lernens wird immer und immer wieder in Bewegung gesetzt, mit dem Ziel, die karmischen Verstrickungen und irdischen Begierden aufzulösen.

Wenn Du tiefer in das Thema einsteigen möchtest, empfehle ich Dir den weltbekannten Reinkarnationsexperten und Bestsellerautoren Dr. Michael Newton aus den USA. Er gilt als der Begründer der »*spirituellen Rückführungen ins Leben zwischen den Leben*« und hat das einzigartige und Augen öffnende Buch »*Die Reisen der Seele: Karmische Fallstudien*«[89] verfasst.

> ***Spiritueller Impuls:*** Kannst Du Dir vorstellen, dass etwas (oder auch mehreres) gibt, das Du ins nächste Leben mitnehmen kannst? Nein? Ok, dann werde ich Dir ein offenes Geheimnis, das die wenigsten wissen, verraten.
> Es sind allerdings keine physischen Dinge (wie Geld, Haus, Firma, Auto, Schmuck oder Pool), sondern es sind immaterielle Dinge, wie positives Karma, die Du durch gute Taten erschaffst wie durch uneigennütziges Dienen oder

89 Newton, M.: Die Reise der Seele: Karmische Fallstudien, Wettswil: Astrodata 1996.

Spenden. Ein großer Yogameister namens Swami Vishnu sagte gerne: »*Die beste und sicherste Investition ist, Spenden an gemeinnützige Investitionen zu machen, die bekommt man sogar im nächsten Leben mit Zins und Zinseszins wieder zurück.*« Die sicherste Investition ist also, gute Werke zu tun – damit ist alles gemeint, was man freiwillig ehrlichen Herzens herausgibt. Spenden an Mensch und Tierschutz, spirituelle oder karitative Institutionen usw. bringen uns ein noch schöneres nächstes Leben. Alle anderen Geldanlageformen führen spätestens beim Einsetzen des physischen Todes zum vollständigen Verlust.

Erinnere Dich bitte dabei an solche Menschen in Deinem Umfeld, die regelrecht vom Glück geküsst werden, die sich anscheinend gar nicht vor lauter Glück retten können, denen alles mit geringstem Aufwand nur so zufällt! Das sind Menschen, die in ihren früheren Leben viele liebevolle Taten vollbracht haben.

## Wiedergeburt wissenschaftlich unter die Lupe genommen

Ein Hoch auf den kanadischen Reinkarnationsforscher Professor Ian Stevenson: Er hat es tatsächlich geschafft, die Wiedergeburt als Tatsache zu beweisen. Stevenson untersuchte in über 40 Jahren mehr als 2500 Fälle von Kindern, die sich an ein früheres Leben erinnern konnten. Den Kindern konnte nach ausgiebiger Überprüfung auch nicht unterstellt werden, dass sie sich ihr Wissen aus historischen Quellen angeeignet hätten. Aus diesem Grund erhielten seine Untersuchungen auch von vielen anderen internationalen Forschern besondere Beachtung. Stevensons Aufgabe bestand darin, dass er die Kinder an jene Orte begleitete, die diese angaben zu kennen. Er überprüfte diese Aussagen und angegebenen Zusammenhänge auf ihren Wahrheitsgehalt.

Die Kinder, die Stevenson überprüfte, waren oft solche, die im Alter von zwei bis sechs Jahren plötzlich über ein anderes Leben zu sprechen begannen. Interessant ist dabei auch, dass diese Kinder sich mit diesen früheren Leben auch identifizierten. Sie konnten Details schildern, wie unter anderem ihren früheren Namen, Lebensumstände, ihre damaligen Wohnorte, Verwandtschaft, Freunde und allgemein die Menschen, mit denen sie sich umgaben. Was noch von großer Bedeutung ist, wie im Folgenden noch zu lesen sein wird: Sie konnten sich auch noch an die Todesursache ihres Vorlebens erinnern. Diese Kinder erkannten sogar auch in mehreren überzeugenden Fällen nicht nur ihren Ehepartner, Verwandte und Häuser aus ihrem früheren Leben, sie lieferten zudem auch Angaben, die nur jene verstorbenen Personen wissen konnten.

Stevenson dokumentierte dabei auch über 200 Fälle von Kindern, bei denen Muttermale, Missbildungen oder sichtbare Geburtsschäden am physischen Körper in Zusammenhang mit früheren Leben gebracht werden konnten. Bei einem Mädchen fehlte unter anderem vom Knie abwärts der ganze Unterschenkel, bei dem anderen wiederum die Finger. Beim nächsten war das rechte Ohr erheblich verstümmelt und noch dazu waren deutlich weiße Punkte um das Ohr herum zu sehen.

Diese Beispiele erzeugen meist ein sofortiges Mitgefühl und man stellt sich die Frage, warum das Leben so unfair ist. Die Wurzel hierfür liegt natürlich ebenso wieder am verursachten Karma aus früheren Leben. Nicht nur bedeutsam für die Wissenschaft ist an diesen heute beeinträchtigten Kindern, dass diese sich noch genau an ihre früheren Leben erinnern konnten, sondern vor allem die für Stevenson größere Wichtigkeit war, dass sie auch Angaben darüber machen konnten, welche Umstände ihren Tod herbeigeführt haben. Obwohl schon länger bekannt ist, dass solche (wie die oben genannten) Verstümmelungen mit den Todesursachen eines vergangenen Lebens eng in Zusammenhang steht, waren die Todesumstände dieser dokumentierten Fälle doch bemerkenswert:

So ist das burmesische Mädchen mit dem fehlenden Unterschenkel laut ihrer Aussage von einem Zug erfasst worden. Sie kam dabei mit dem Unterschenkel unter die Eisenräder und verlor in Folge ihr Bein und auch ihr Leben. Der indische Junge, dem die Finger fehlten, erzählte, dass er damals mit seiner Hand in eine Schneidemaschine geraten war, und seine Finger verlor und an den Folgen starb. Der türkische Junge Selim Fesli mit dem verstümmelten Ohr samt den weißen Punkten rund um das Ohr sagte, dass er damals Bauer war und von seinem Nachbarn Isa Dirbkeli am 9. Mai 1958 mit einer Schrotflinte ins Ohr geschossen worden war.

Diese Aussagen der Kinder wurden alle von Stevenson überprüft und erwiesen sich laut seinen Recherchen als wahrheitsgemäß. Soweit so gut – aber das sind noch lange keine griffigen Beweise. Wirklich wissenschaftlich und glaubhaft wurden diese Fälle letztendlich aber erst, als es Stevenson gelang, von einigen dieser Fälle einen Autopsiebefund der Identität, von der die Kinder erzählten, dass sie diese in ihren früheren Leben besaßen, von den involvierten Krankenhäusern oder Amtsärzten zu erhalten. Dies konnte Stevenson herausfinden, weil sich die überprüften Kinder wieder daran erinnern konnten, wo sie gelebt hatten und auch an welchem Ort sie zu Tode gekommen sind und er dadurch so die naheliegenden Krankenhäuser ausfindig machen und aufsuchen konnte. Professor Stevenson konnte so zum Beispiel den Autopsiebericht von jenem türkischen Jungen, der damals Bauer war und mit einer Schrotflinte vom Nachbarn ins Ohr geschossen wurde, vergleichen. Die Einschüsse der Schrotkugeln, von denen einige direkt ins Ohr eindrangen, sind auf dieser Skizze zum Autopsiebericht identisch markiert und dokumentiert. Und genau dort, wo damals über die Einschusslöcher berichtet worden war, trägt der Junge heute deutlich sichtbar rund um das verstümmelte Ohr weiße, runde Punkte.[90]

***Spiritueller Impuls:*** Durch Rückführungen wurde ein Bewusstsein dafür geschaffen, dass heutige Geburtsschäden oder Missbildungen meist eng an die Todesursache in früheren Leben gebunden sind. Interessant ist auch, dass durch die Reinkarnationsforschung und Rückführungen in Erfahrung gebracht wurde, dass da, wo sich bei Menschen

90 Wer tiefer in diese Materie von Reinkarnation bzw. Wiedergeburt eintauchen möchte, dem empfehle ich Stevensons Buch »*Reincarnation and Biology*« (PRAEGER PUBLISHERS, 1997); eine Kurzfassung mit Bildmaterial ist auch auf Deutsch unter dem Titel »*Reinkarnationsbeweise*« erhältlich.

heute Muttermale befinden, in früheren Leben auch Verletzungen entstanden sind bzw. verursacht wurden. Auch viele Krankheiten, unerklärliche Ängste, Phobien, Allergien usw. wurden meist schon in früheren Leben verursacht. Glücklicherweise kann heutzutage recht gut (wie unter anderem) mit einer Rückführung die Ursache abgerufen werden und wenn man diese in jenen früheren Leben auflöst, kann meist eine teilweise oder auch sofortige Heilung erzielt werden und infolgedessen kann man sich von den unharmonischen Symptomen ein für alle Mal erfolgreich befreien. Die Erfolge, die diese Rückführungsexperten, wie zum Beispiel der bekannte und schon erwähnte Trutz Hardo, erzielen, sind meiner Meinung nach sensationell.

Mit dieser Erkenntnis bzgl. des Karmas und der Wiedergeburt kann Gott (für einige Menschen) auch nicht mehr als ein unfairer Schöpfer oder gar als Bösewicht angesehen werden, der es z.B. zulässt, missgebildete Babys zur Welt kommen zu lassen, und nicht die Macht dazu hat, Glück und Wohlstand gleich zu verteilen und Krieg und Hunger zu verhindern. Nur Karma und Wiedergeburt lassen die Schöpfung in einem fairen Licht erscheinen.

Weil wir aufgrund unseres freien Willens frei wählen können, ob wir in unserem Denken und Handeln liebevoll oder lieblos agieren, ist Karma und Wiedergeburt somit das fairste universelle Gesetz, das der allmächtige, allliebende Gott nur für uns erschaffen konnte. Denn Seelen inkarnieren nur deswegen mit einer Dysfunktion oder Missbildung, weil sie in einem vergangenen Leben durch ihr Denken und Handeln etwas Liebloses getan haben, wofür sie in diesem Leben den Ausgleich erfahren.

***Spiritueller Impuls:*** Achte darauf, was Kinder Dir erzählen. Sie tragen ungemein viel altes Wissen in sich. Schreibe Dir zur späteren Erinnerung alles Wichtige, auch wenn das Erzählte anfangs ein wenig verrückt erscheint, auf. Es liegt sehr nahe, dass viele sogenannte Fantasien aus der spirituellen Welt oder aus Erinnerungen aus Vorleben stammen.

## Wie ein Dreijähriger seinen Mörder überführte[91]

Für das in etwa 200.000 Angehörige zählende Volk der Drusen im Norden Israels, bei dem sich Kinder oft an frühere Leben erinnern, ist die Reinkarnation (Wiedergeburt) das Zentrum ihres Glaubens und etwas Selbstverständliches. Sobald ein Kind dort geboren wird, wird der Körper des Neugeborenen als erstes einmal gründlich nach Muttermalen abgesucht, da man hier von der festen Überzeugung ist, dass diese von Todeswunden früherer Leben abstammen. Werden bei einem Kind solche Male festgestellt, wird, sobald das Kind sprechen kann, versucht, Anhaltspunkte aus deren vergangenen Leben über die Todesursache zu erhalten. Als wieder einmal ein Junge mit einer riesengroßen Narbe auf der Stirn zur Welt kam und dieser sich an ein früheres Leben von ihm erinnern konnte (als er dreieinhalb Jahre alt war) und angab, dass er mit einer Axt erschlagen worden war, bildete sich ein Gremium von Menschen (wie es bei den Drusen so üblich ist), um mehr darüber zu erfahren. Da aus den Andeutungen des Jungen hervorging, dass er in den umliegenden Dörfern gelebt haben müsste, bestand dieses 15-köpfige Gremium neben der Verwandtschaft des Jungen auch aus den jeweiligen Dorfältesten der umliegenden Dörfer. Außerdem wurde als einziger Nichtdruse der Reinkarnationsexperte und israelische Arzt und Professor der Medizin Prof. med. Dr. Eli Lasch herangezogen, um diesen Fall zu prüfen und zu dokumentieren.

Nun, nach ausreichenden Informationen des Jungen über sein früheres Sein wurde er mit einem Gremium von Reportern mit zwei Autos mitgenommen und sie fuhren mit ihm in seine angegebene Gegend, in der er angab, gewohnt zu ha-

91 Mit freundlicher Genehmigung von meinem Freund Trutz Hardo durfte ich dieses wunderbare Ereignis aus seinem Buch »*Ich hab schon mal gelebt! Kinder beweisen ihre Wiedergeburt*«, Silberschnur Verlag, S. 38, verwenden, die er von dem Israelischen Arzt und Professor der Medizin, Dr. med. Eli Lasch, der später auch als Rückführungstherapeut und Geistheiler tätig war, so übermittelt bekommen hatte, mit eigenen Worten und in verkürzter Version wiedergeben. Die volle Version findest Du in seinem Buch!

ben. Sie fragten ihn beim ersten Dorf, ob ihm diese Gegend vertraut sei. »*Nein, hier nicht*«, antwortet er. Beim zweiten Dorf wieder: »*Nein, hier auch nicht*«, bis er beim dritten Dorf schließlich schrie: »*Hier, hier, hier war es, hier habe ich gewohnt.*« Auf einmal fiel ihm sein früherer Vorname und etwas später auch noch sein Nachname wieder ein. Als der Dorfälteste diesen damaligen, nun vom Jungen genannten Namen hörte, erinnerte er sich umgehend wieder an diese Person, die vor etwa vier Jahren von einem auf den anderen Tag spurlos verschwand; der Dörfälteste glaubte, dass dieser zwischen die Linien der Israelis und der der Syrer geraten war und so zu Tode gekommen sein musste. So ging die Gruppe mit dem Jungen durchs Dorf, der nach einer Weile schließlich auch sein Haus wieder entdeckte, wo er mit seiner Frau und seinen Kindern gewohnt hatte. Sie gingen hinein und er erkannte seine Frau und seine Töchter wieder und konnte erstaunliche Details erzählen, die unter normalen Umständen niemand und schon gar nicht ein kleiner Junge hätte wissen können. Inzwischen hatten sich viele neugierige Dorfbewohner, die sich alle fragten, was denn hier los sei, vor dem Haus eingefunden. Ein Raunen und Gemunkel durchzog die ganze Menschenmenge. Als der Junge mit den Reportern das Haus wieder verließ und die Treppe runterging, entdeckte der Junge plötzlich in der Menschenmenge einen Mann, der augenscheinlich etwas in ihm auslöste. Er ging zu ihm hin und fragte: »*Bist Du nicht der (der Name ist dem Arzt Eli Lasch entfallen)?*« Dieser Mann antwortete verdutzt mit: »*Ja, der bin ich.*« »*Ich bin (Name). Ich war Dein Nachbar, wir hatten uns damals gestritten, worauf Du mich mit der Axt erschlagen hast.*« Dr. Eli berichtete, dass, als dieser Mann diese Worte des Jungen vernahm, er auf einmal kreidebleich wurde. Der Junge führte weiter an: »*Ich weiß auch, wo Du mich vergraben hast.*«

***Anmerkung:*** Wie konnte der Junge wissen, wo sein Körper begraben wurde, wenn er doch vorher schon gestorben sei? Nach dem physischen Tod wandert die Seele aus dem physischen Körper heraus und schwebt normalerweise noch eine Weile über ihren soeben noch bewohnten Körper, wobei diese währenddessen noch alles genau beobachten kann und sieht, was mit ihrem ehemaligen Körper geschieht. Die Seele beobachtet sozusagen für eine bestimmte Zeit ihren damals bewohnten, dort liegenden Körper.

Begleitet von anderen Neugierigen zog nun die ganze Gruppe in die vor dem Dorf gelegenen Felder, wo der Junge sie hinführte. Zudem forderte man den sichtlich immer nervöser werdenden Mann, den der Kleine als seinen Mörder wiedererkannt hatte, auf, mitzukommen. Der Junge führte sie nun auf ein Feld, wo er vor einem Steinhaufen stehen blieb und sagte: »*Da, da unter diesem Steinhaufen hat er mich vergraben.*« Die Leute trugen den Steinhaufen ab und ein Skelett eines erwachsenen Mannes mit Überresten von Bauernkleidern kam zum Vorschein. Des Weiteren konnte man am Skelett deutlich erkennen, dass dieser durch Fremdeinwirkung einen größeren Spalt am Kopf aufwies. Nun gingen alle Blicke zu dem vom Jungen bezeichneten Mörder. Dann sagten sie zu diesem beschuldigten Mann: »*Gib es zu, Du hast ihn erschlagen!*« Und schließlich gab er es vor allen Leuten reumütig zu. Zum Schluss sagte der kleine Junge noch: »*Ich weiß auch noch, wo er die Axt vergraben hat. Dort drüben hinter diesem Baum.*« Als man schließlich auch noch zu der Stelle, wo der Täter anscheinend laut Angabe des Jungen die Axt vergraben hatte, ging, brauchten sie nicht lange zu suchen und sie hielten die besagte Axt in der Hand.

## Außerkörperliche Erfahrungen von klinisch toten Menschen

Spannende dokumentierte Erlebnisberichte von Menschen aus der Zeit, als sie »*klinisch tot*« waren (aber anschließend erfreulicherweise erfolgreich wiederbelebt werden konnten), konnten sehr aufschlussreiche Berichte über die Illusion vom Tod liefern. Manchmal enthalten diese Erfahrungen wirklich unglaubliche, überprüfbare Details, die diese Patienten unmöglich vorher wissen konnten. Ausnahmslos alle Patienten, die im wahrsten Sinn des Wortes in den einzigartigen Genuss solcher Erfahrungen kamen, gaben an, dass sich alle Wahrnehmungen, die diese Menschen während ihrer Nahtoderfahrung erlebten, so unfassbar wunderschön anfühlten, dass sie es nicht wirklich mit Worten beschreiben können, was sie erlebt haben, da es für diese Art von Erlebnissen keine Worte gibt. Was dabei aber noch höchst brisant ist, ist, dass all diese Menschen dabei klarer denken konnten und sich alle Erlebnisse für sie realer anfühlten als die für uns normale Realität hier auf der Erde oder zumindest was wir hier auf der Erde als Realität ansehen.

Im folgenden Abschnitt findest Du einige wirklich sensationelle Erfahrungsberichte[92] von Menschen, die verifizierbar Informationen geliefert haben und bei denen es unmöglich ist, diese zu erraten, außer man wäre in der Lage, den eigenen Körper zu verlassen:

*»Ja, diese Welt ist real, aber was ich während meiner Nahtoderfahrungen erlebt habe, war realer als die normale Realität.«*

*»Ja, ich konnte klarer denken, und zwar klarer als je zuvor in meinem Leben, das Erlebnis war realer als die normale Realität.«*

- Ein Notfall-Patient wird mit dem Rettungswagen (ohne Sichtfenster) ins Krankenhaus gebracht. Während der Fahrt jedoch verstirbt der Mensch und fährt anschließend mit seinem Geist/Bewusstsein aus seinem Körper und schwebt anschließend so über diesen und über das Rettungsfahrzeug hinaus. So kam es vor, dass sich an einer Kreuzung zur gleichen Zeit ein kleiner Unfall ereignete, wobei einer der beiden Beteiligten Fahrerflucht begeht. Der klinisch Tote im Rettungswagen konnte jedoch dieses Ereignis wahrnehmen und merkte sich das Kennzeichen des Flüchtigen. Nach der im Krankenhaus geglückten Wiederbelebung konnte er sich anschließend wieder an den Auffahrunfall erinnern und der Krankenschwester das Kennzeichen

92 DVD: Jenseits des Greifbaren, 2016.

wiedergeben, die dies der Polizei umgehend weiterleitete, und so schließlich der flüchtige Unfallverursacher erfolgreich ermittelt werden konnte.

- Jemand, der bei einer Operation den Körper verlassen hatte und über seinem eigenen Körper schwebte und sich so dort selbst liegen sah, konnte von oben die Lampe vom Operationstisch sehen und so nachher sogar die zwölfstellige Artikelnummer von der Lampe wiedergeben.
- Ein Patient, der seinen physischen Körper während der Operation verließ, konnte ein Pfennigstück, das irgendwann einmal von einem Arzt oberhalb des Kontrollbildschirmes des Operationsplatzes platziert wurde, sehen und dessen Prägungsjahr, das oben stand, nachher wiedergeben.
- Eine Tochter sieht während ihrer Nahtoderfahrung auf dem Operationstisch ihre bangende, wartende Mutter in einen anderen Raum rauchen und spricht sie, als sie wieder zu Bewusstsein kam und ansprechbar war, darauf an, da sie ja ihres Wissens Nichtraucherin ist.
- Ein Patient verstarb während der Operation. Die Wiederbelebungsversuche waren erfolglos. Daraufhin kam seine Ehefrau aus dem Warteraum herein und sagte: »*Mein Mann war gerade bei mir und sagte, dass er nicht tot sei und Sie es bitte mit der Wiederbelebung noch einmal versuchen sollten.*« Und es gelang.[93]

***Spiritueller Impuls:*** Tote oder, besser gesagt, Seelen wollen sich bei Nahestehenden/bei uns melden, unter anderem, um Trost zu spenden, und sie versuchen, sich auf verschiedenste Arten und Weisen, wie unter anderem mit herunterfallenden Bildern, Telefonanrufen, Bildschirmtexten, Computertexten, Tonbandaufnahmen, stehenbleibenden Uhren und flackerndem Licht, bei uns bemerkbar zu machen.

- Auch existeren viele dokumentierte Aufzeichnungen, bei denen Patienten während der Nahtoderfahrung

93 Vgl: DVD Illusion Tod Dr. Raymond Moody.

auf tote Familienangehörige getroffen sind, von denen bis dahin noch gar niemand der Angehörigen wusste, dass diese überhaupt gestorben seien. So berichteten zum Beispiel Nahtod-Patienten, dass sie von Tante Emma aus Amerika begrüßt wurden, von der aber bis zu dieser Zeit noch alle dachten, dass diese noch am Leben sei. Wenn die Angehörigen dies dann überprüften, mussten sie fassungslos feststellen, dass Tante Emma wenige Minuten vor der Nahtoderfahrung desjenigen Patienten gestorben sei.[94]

- Was auch noch wirklich erstaunlich ist, ist, dass solche Patienten nach so einer außerkörperlichen Erfahrung nicht nur wiedergeben können, was Ärzte alles so besprechen oder welche Aussagen sie tätigen. Nicht nur »*Wir verlieren den Patienten*«, sondern sogar auch, was diese während dieser Zeit dachten.[95]

## Eine karmische Betrachtung des Todes

Der Tod ist das Ende des physischen Körpers und des Geistes in dieser Inkarnation. Deshalb ist es wichtig, den Tod für das Karma-Thema nochmal separat genauer zu betrachten. Um die Kette von Inkarnationen und Reinkarnationen geht es nun in diesem Kapitel.

Generell nehmen Menschen schon bis zu drei Tage vorher intuitiv wahr, dass ihre Zeit (zu sterben) gekommen ist, sprich, dass ihr physischer Tod eintritt. Aus karmischer Sicht gibt es für das Einsetzen des Todes viele Gründe, er kann auch ein Segen sein. Das heißt, wenn ein Mensch dermaßen viel Energie nach außen gebracht und sie nicht wieder in sich zurück hat fließen lassen – so viel, dass er gefährdet wäre, sein Wahres Selbst zu verlieren –, dann wird der Tod einsetzen, um die ausgesandte Energie wieder zurückzuführen. Ein wichtiger Punkt: Der Tod hilft also dem Individuum, den Schleier der Ablehnung gegenüber den eigenen Energien wieder abzulegen.[96]

94 Vgl: Broes, Dieter: Methamorphose der Menschheit, S. 461.

95 DVD: Jenseits des Greifbaren, 2016.

96 Abuna Semai.

Lehnt ein Mensch den Sterbeprozess allerdings ab, stirbt er unbewusst begleitet von Panik und Angst sowie mit verschlossenem Herzen, dann wird er auch unbewusst wiedergeboren (inkarniert) und nimmt in diesem Fall nichts bewusst Gewähltes mit ins nächste Leben. Das Wissen der früheren Existenz ist dann nicht mehr im Bewusstsein vorhanden. Wer so ins neue Leben tritt, kann sein Lieblingsinstrument nicht mehr spielen, nicht mehr früher beherrschte Sprachen sprechen, obwohl das alles Fähigkeiten sind, die das Individuum einst aus dem Effeff beherrschte. Wenn der Mensch aber bewusst annehmend und lächelnd stirbt, wird er solche Fähigkeiten sehr wohl ins nächste Leben mitnehmen können. Oft werden sie dann als sogenannte »*Wunderkinder*« wiedergeboren, da sie solche Geniebegabungen besitzen, deren Herkunft sich die Otto-Normal-Bevölkerung nicht erklären kann. In der Literatur werden sie auch als »*Indigo-Kinder*« bezeichnet.

Indigo-Kinder können schon in jungen Jahren Instrumente spielen, mehrere Sprachen sprechen, malen wie ein studierter Künstler – ohne es in diesem Leben erlernt zu haben! Wolfgang Amadeus Mozart zum Beispiel konnte schon mit ca. drei bis vier Jahren exzellent Klavier spielen, wohlgemerkt noch bevor ihm sein ehrgeiziger Vater dabei Unterricht erteilte! Mit gerade mal 11 Jahren wurde Sergei Alexandrowitsch aus Russland Schachgroßmeister. Mit vier Jahren war Thomas Hobbes aus England schon Mathematik-Meister. Das sind genau jene, die es geschafft haben, möglichst viel beim Todesprozess mit hinüber ins nächste Leben zu nehmen. So wie bei einem Umzug sollten wir es handhaben, bei dem wir auch versuchen, möglichst alle noch brauchbaren Dinge ins neue Zuhause mitzunehmen. Das ist auch der Grund, warum etwa Buddhisten trainieren, sowohl bewusst und lächelnd als auch herzoffen zu sterben, sodass sie ins nächste Leben möglichst viel Erlerntes mitnehmen können.

***Spiritueller Impuls:*** Die Yogatheorie lehrt, dass vor dem Tod der letzte Gedanke als besonders wichtig gilt. Er hat erstens erheblichen Einfluss darauf, wo man im Jenseits ankommt, zweitens auf die Zeit, die man dort verbringt und drittens darauf, wo wir im nächsten Leben wieder reinkarnieren. Am besten sei es demnach, wenn man beim Sterbeprozess den Geist nicht mehr auf das irdische Leben richtet, sondern nach innen zum Herzen, und dann die Achtsamkeit auf das dritte Auge zwischen den Augenbrauen lenkt und das Mantra »*Om*«[97] spricht und beim Verlassen des Körpers nur noch an Gott[98] denkt. Wenn man dies befolgt, so wird behauptet, sollte man einen wundervollen harmonischen Tod wahrnehmen.

## Wenn Eltern ein Kind verlieren

Lange habe ich mit mir gehadert, ob ich dies hier mit aufnehmen soll oder nicht, da mir selbstverständlich bewusst ist, dass Folgendes ein sehr sensibles und heikles Thema ist, dennoch finde ich aber auch, dass es zu wichtig ist, um ihm zumindest nicht einen kleinen Platz im Buch einzuräumen. Deshalb erlaube ich mir einen kurzen Einblick in ein Thema, das sehr sensibel zu sein scheint, zu geben, um auch hier ein karmisches Verständnis zu erlangen.

Der Tod eines eigenen Kindes ist so gut wie für alle Eltern das schlimmste nur vorstellbare Ereignis. Dennoch kann man dieses Ereignis auch im Sinne der Karmalehre betrachten, um Verständnis zu erlangen, warum eine höhere Macht diesen Prozess überhaupt zulässt.

Die Eltern eines solchen Kindes sollten begreifen, dass dem Kind, infolge seines eigenen vergangenen Karmas, von Anfang an nur diese kurze Lebensspanne zugeteilt worden war. Sie sollten dankbar sein, dass ihnen das Kind für diese kurze Zeit »*geschenkt*« wurde. Als seine Zeit vorüber war, musste bzw. durfte es gehen. Sein kurzes Leben war nur eine

---

97 »*Om*« ist eine Silbe (welche auch als Mantra praktiziert wird), die in vielen Glaubensströmungen als heilig angesehen wird und die Gegenwart des Absoluten bezeichnet.

98 Eine Ausführung über die verschiedenen Namen für »*Gott*« (z.B. »*universelle Bewusstseinsstruktur*«) sei hier außenvorgelassen.

Szene, ein kurzer Auftritt. Wenn etwa ein Kind mit fünf Jahren stirbt, dann wurde den Eltern dieses Kind für fünf Jahre geschenkt.

Ein solches Erlebnis im Leben der Eltern hat aber auch mit ihrem eigenen Karma, das noch ausgeglichen werden musste, zu tun. Danach war für das Bleiben des Kindes kein Grund mehr vorhanden, genauso wenig wie ein Schauspieler auf der Bühne bleibt, wenn seine Rolle zu Ende ist.

## Frühere Leben

Die Erfahrungen/die Energie (die damals ausgesendeten und nicht wieder in sich aufgenommenen Wunsch-Energien), die Du in früheren Leben nicht abgetragen hast (und die auch mit dem Tod nicht abgetragen wurden), sind meist die Dinge, die Du am meisten geliebt hast, die am tiefsten in Deinen Knochen saßen oder wovor Du am meisten Angst gehabt hast. Diese müssen im nächsten Leben zwingend zu Ende erlebt und aufgelöst werden.

Sicherlich kennst auch Du aus Deinem Bekanntenkreis Kinder mit unerklärlichen Ängsten, die nicht aus diesem Leben stammen können, da sie auf keinen darin gemachten Erfahrungen beruhen. Genauso gibt es aber auch bei Erwachsenen Phobien (wie mit dem Lift zu fahren, über Brücken zu gehen, durch Tunnel zu fahren), die in diesem Leben einfach keine Erklärung finden, da keine entsprechenden Erfahrungen gemacht wurden. Häufig passiert es uns auch, dass uns jemand seltsam vertraut vorkommt – auch diese Vertrautheit kann durchaus eine Erinnerung aus einem unserer vergangengen Leben sein! Auch starke Abneigungen oder Zuneigungen zu Menschen, die rational nicht erklärbar sind, können aus karmischer Sicht nur aus früheren Leben sinnvoll erklärt werden. Das bedeutet für Dich ganz persönlich, dass alle Energien, sprich das ganze Karma, das Du in früheren Leben nicht aufgelöst hast, in diesem Leben auf der Erde erlebt werden muss – ohne Wenn und Aber! Du musst dabei aber auch beachten, dass Karma nur auf der Erde abgetragen werden kann, weil es nur auf der Erde Materie gibt. Denn wir Menschen brauchen Materie, um materielle

Erfahrungen zu machen. Das heißt, wenn Du einen materiellen Wunsch noch nicht realisiert hast, musst Du gezwungenermaßen wieder auf der Erde reinkarnieren, so oft, bis Du ihn voll und ganz ohne Gegenwehr, also in Gleichmut, angenommen hast und Dir nichts mehr wünschst, was Du nur hier erfahren kannst. (Das vermeintlich Positive am Karma ist nämlich, dass es Dich zur Wiedergeburt zwingt.)

***Spiritueller Impuls:*** Einen materiellen Wunsch noch nicht zu Ende erfahren zu haben, bedeutet, dass Du die exakte Menge an Energien und Emotionen, die Du irgendwann einmal durch Wünsche und Taten ausgesendet hast, (noch) nicht wieder zu 100 Prozent zu Dir zurückfließen lassen und in Dir aufgenommen hast. Dies passiert, wenn Du bei Wahrnehmungen nicht in Gleichmut bleibst, sondern reagierst.

***Spiritueller Impuls:*** Durch die Anhäufung von Karma, egal ob harmonisches oder unharmonisches, entsteht der Kreislauf der Wiedergeburten. Daher ist es eben nicht das Ziel, so viel harmonisches und so wenig unharmonisches Karma wie nur möglich zu erzeugen, sondern nach Möglichkeit gar kein Karma zu produzieren und so dem Kreislauf der Wiedergeburten zu entrinnen! So wird man von den Ketten der Wiedergeburt befreit und diese – gleichgültig ob goldene oder eiserne Ketten – halten Dich schlussendlich gefangen.

# Kapitel 12: Weitere karma-produzierende Prozesse

## Wo stehst Du im Augenblick?

Stell Dir einen Wanderweg in einem Bergmassiv wie dem Himalaya vor, welcher von einer tiefen Schlucht in Dunkelheit eingehüllt ist (= große Karma-Last), der bis hin zum höchsten, sonnenüberfluteten Gipfel führt (= Licht und Liebe – befreit von Karma-Lasten). Deine Geburt mit dem noch nicht abgetragenen Karma aus früheren Leben legt Deine persönliche Startposition auf diesem Wanderweg fest und damit auch, wie viele Meter Du Dich gerade über dem Meeresspiegel befindest. Viele Umstände, unter anderem Deine früheren Leben, Dein Geburtsort, Deine Eltern, Freunde, Konditionierungen, Glaubenssätze und wie kontinuierlich Du an Dir arbeitest, legen fest, wie schnell Du Dich von Deinen aktuellen Koordinaten entweder lichtwärts nach oben zum Gipfel oder nach unten bewegst. In jedem Augenblick bestimmen wir durch das Wählen unserer ausgesendeten Emotionen, durch Denken, Fühlen und Handeln die Richtung unseres Weges.

Anhand dieser Analogie kann es Dir auch wie Schuppen von den Augen fallen, warum Du in vielen Fällen im Vergleich mit anderen Menschen nicht so gut dastehst. Denn während Du denkst, dass sich eine betreffende Person viel erfolgreicher und glücklicher durch das Leben bewegt, nimmst Du nicht wahr, dass diese Person von einem weit höheren Startpunkt aus auf ihre Lebenswanderung gegangen ist. Wir befinden uns alle in unterschiedlichen Entwicklungsstufen. Allgemein ist Vorsicht geboten, denn man kann die Startposition anderer Menschen nicht am augenscheinlich momentan schönen Leben festmachen. Es gibt zum Beispiel unzählige Stars und Sternchen, die man zuerst beneidet, weil sie angeblich so ein wundervolles, traumhaftes Leben führen, jedoch stellt man später fest, wie froh man sein kann, dieses erbärmliche Leben nicht zu haben. Denn das Leben dieser vermeintlichen Erfolgreichen und Glückspilze entpuppt sich in Wirklichkeit oft eher als ein sehr unharmonisches, weil diese Individuen häufig mit

Tarnen und Täuschen im Rampenlicht nur so tun, bis sie unter der eigenen Last zusammenbrechen.[99] Die Wahrheit kommt dann oft in den Medien ans Licht.

Dann gibt es wiederum Menschen, die einen harmonischen Start in ihrem Leben gehabt haben und auch in Wirklichkeit ein wunderbares, harmonisches Dasein haben, bei denen dann aber ihr noch nicht abgetragenes Karma seinen Lauf nimmt und es dementsprechend unharmonisch wird.

Auf der anderen Seite gibt es Menschen, wie beispielsweise Papst Johannes Paul I. oder Elvis Presley, die aus erbärmlichen Lebensverhältnissen kamen, was sie aber nicht davon abhielt, großartige Menschen zu werden. Es gibt natürlich auch viele Vorteile, wenn man von weiter unten startet, denn auch ein nicht gerade einfacher und weiter Aufstieg zum Gipfel kann sehr viele unfassbar schöne Erfahrungen und Chancen in sich bergen, die vielleicht Menschen, die weiter oben starten, nie erfahren werden. Zudem treten die vermeintlichen Tiefstarter dadurch oft sehr kraftvoll und gestärkt hervor, sodass sie nicht gleich beim kleinsten Gegenwind den Boden unter den Füßen verlieren.

Werfen wir einen Blick auf die Stars und Sternchen, deren Leben viele Menschen beneiden und bewundern, weil sie augenscheinlich so ein erfüllendes und erfolgreiches Dasein haben und es so aussieht, als seien diese Menschen frei von unharmonischem Karma. Hierzu ein Beispiel aus der deutschen Schauspiellandschaft: Der Schauspieler Birol Ünel war ein erfolgreicher Mann. Sein Kinodebüt hatte Ünel 1988 in »*Der Passagier. Welcome to Germany*« an der Seite von Tony Curtis. Es folgten kleine und mittlere Rollen, meist als zwielichtiger Typ, bis er als Zivilfahnder in »*Dealer*« (1999) mehr Aufmerksamkeit erregte. Im Jahr 2000 spielte er in Fatih Akins »*Im Juli*« und 2004 in »*Gegen die Wand*«, worin er seinen großen Durchbruch mit seiner Rolle als Alkoholiker feierte, wofür er auch den Deutschen Filmpreis als bester Hauptdarsteller erhielt. Ünel hatte

99 Als Beispiel hierfür kann man unzählige Tode von Stars durch Drogen nennen, siehe bspw. Whitney Houston, Elvis Presley, Kurt Cobain, Amy Winehouse und viele mehr.

es augenscheinlich geschafft! Er war ganz oben, auf dem Höhepunkt seiner Karriere. Zu diesem Zeitpunkt wurde er von vielen Menschen beneidet. Doch dann war es schnell vorbei mit dem harmonischen Leben für Birol Ünel und es änderte sich so ziemlich alles und er zog Erfahrungen von unharmonischem, noch nicht abgetragenem Karma in sein Leben. Nach anfänglicher Bewunderung oder anfänglichem Neid konnte man ihn später nur noch bemitleiden. Denn die Rolle, die er in »*Gegen die Wand*« als Alkoholiker verkörperte, wurde später zu seiner Realität. Er wurde alkoholabhängig und lebt aktuell als Obdachloser am Kottbusser Tor in Berlin.[100]

Ein weiteres Beispiel, um zu verdeutlichen, dass es nicht möglich ist, an irgendeinem Zeitpunkt im Leben festzustellen, wie karma-frei jemand ist, sprich, wie weit oben ein Mensch den Pfad hinauf zu immer mehr Licht und Liebe erklommen hat:

Es handelt sich um ein weiteres Geschehen, das für viel Aufsehen in den Medien gesorgt hat – dieses Mal aus der deutschen Unternehmerlandschaft: Adolf Merckle wurde am 18. März 1934 in Dresden in eine Unternehmerfamilie geboren. Merckle, der Rechtswissenschaft studierte, arbeitete bis 1967 als Rechtsanwalt in Hamburg. Im gleichen Jahr erbte Adolf von seinem Vater einen kleinen Arzneimittelbetrieb in Blaubeuren mit ca. 80 Mitarbeitern, den der Senkrechtstarter zu einem der größten Generikahersteller Europas – Ratiopharm – formte.[101]

Bis jetzt ein beneidenswertes Leben und harmonisches Karma, könnte man meinen. Doch wer jetzt denkt, es ginge abwärts und unharmonisches Karma träte in sein Leben, der irrt, denn es geht noch weiter steil nach oben! In Sachsen-Anhalt hatte Merckle 1997 weitere sechs Firmen erworben, investierte und stellte Leute ein. Es folgte der Kauf des Elektromotorenherstellers VEM und des Pistenraupen-Her-

100 Vgl.: https://www.welt.de/vermischtes/article145055837/Der-traurige-Hilferuf-der-Bad-Boys-aus-Gegen-die-Wand.html.

101 http://www.spiegel.de/wirtschaft/finanzkrise-milliardaer-merckle-begeht-selbstmord-a-599774.html.

stellers Kässbohrer, die Beteiligung an Skilift-Betreibern und Waldbesitz, der Aufbau des Pharmahändlers Phoenix und schließlich die Mehrheits-Übernahme bei Heidelberg Cement. Des Weiteren war er beim Bau von Windgeneratoren, an Schiffs- und Zementanlagen, Verkehrstechnik, Motoren für die Chemieindustrie, an der Metallurgie und an Immobiliengeschäften beteiligt.

Seine Firmengruppe stand glänzend da. Mittlerweile beschäftigte das Industrie-Konglomerat der Merckle-Familie mehr als 100.000 Menschen. Im Oktober 2005 wurde Adolf Merckle vom baden-württembergischen Ministerpräsidenten Günther Oettinger das Bundesverdienstkreuz erster Klasse übergeben. Er war erster Träger der Rudolf-Schönheimer-Medaille, der höchsten Auszeichnung der Deutschen Gesellschaft für Arteriosklerose-Forschung (DGAF). Ab 2004 war Merckle Träger des Sächsischen Verdienstordens. Von der Universität Ulm und Tübingen wurde er mit der Ehrendoktorwürde der Medizin ausgezeichnet und war deren Ehren-Senator. Adolf Merckle hatte so ziemlich alles erreicht, was ein Mensch sich so wünschen könnte!

Bis hierhin hättest Du, lieber Leser, wegen des bis dato schönen und erfolgreichen Lebens Merckle vielleicht beneidet und gewünscht, Du selbst wärst so karma-frei. Er war mehrfacher Milliardär, hatte eine liebe Ehefrau namens Ruth und eine gesunde Familie – und dennoch nahm er sich am 5. Januar 2009 das Leben, da sein Unternehmenskonglomerat in wirtschaftliche Schieflage geraten war.

***Spiritueller Impuls:*** Grundsätzlich kann keine karmische Bürde, die sich jetzt gerade zeigt, egal wie leidvoll sie auch erlebt wird, zu schwer beziehungsweise zu unharmonisch sein, um sie nicht bewältigen zu können. Es gibt also, in unserem diesem karmischen Sinne, keine so große Bürde, die (als letzter Ausweg erdacht) Suizid rechtfertigen würde. Das ist ein universelles Gesetz: Suizid führt zu keiner Erlösung, da man genau wieder der gleichen karmischen Last begegnen wird wie jener, von der man gedacht hatte, sich verabschiedet zu haben, und exakt da weitermachen muss. (Solch ein Ableben löst kein Karma auf!)

## Das vermeintlich glückliche Leben von Lotto-Millionären

Hand aufs Herz: Was wäre Dir lieber: Sechs Richtige im Lotto zu haben oder durch einen Unfall querschnittsgelähmt zu enden? Ich glaube, da muss keiner lange überlegen!

Als ich das erste Mal von der Studie, die konträrer nicht sein könnte, las, die im Jahre 1978 von den amerikanischen Psychologen Philip Brickman, Dan Coates und Ronnie Janoff-Bulman durchgeführt wurde, um das Level an Glücksempfinden zweier komplett unterschiedlicher Gruppen von Menschen-Schicksalen zu vergleichen, verging erst mal eine Weile, bis ich den Mund vor Staunen wieder schließen konnte. Untersucht wurden 29 durch Unfälle Querschnittgelähmte und 22 Lotto-Millionäre.

Es scheint klar auf der Hand zu liegen, was mit deren jeweiligem Glücksempfinden passiert. Von der vor wenigen Monaten höchsten Glücksstimmung über den Lottogewinn und von dem tiefen Bedauern über die eingeschränkte Bewegungsfreiheit einmal abgesehen, pendelte sich die eigene Befindlichkeit nach einiger Zeit weitgehend wieder dort ein, wo sie vorher war. Das Glücksgefühl stieg also, wie erwartet, bei den Lottospielern in den ersten paar Monaten nach dem Geldregen stark an und bei den querschnittsgelähmten Unfallopfern sank es stark. Das Entscheidende sind allerdings die Erkenntnisse der Studie über das langfristige Glücksempfinden der beiden Gruppen: Nach etwa einem Jahr sind beide Menschengruppen wieder genauso glücklich wie vorher.

Die nachfolgenden Zeilen werden in Dir vielleicht ein Kopfschütteln hervorrufen, aber glaube mir, ich habe mich nahezu 20 Jahre intensiv mit Glücksforschung oder einfach »*glücklich leben*« beschäftigt! Im Gegensatz zu der Annahme vieler Menschen hat Glücklichsein wenig mit Reichtum oder generell mit Dingen, die man Dir wieder wegnehmen kann, zu tun. Das gilt auch für Macht, Status, Anerkennung und dergleichen, denn diese dienen nur dem Falschen Selbst. Aussehen und physische Gesundheit, sprich ob Dir Gliedmaßen fehlen oder nicht, sind ebenso wenig maßgeblich – auch wenn es selbstverständlich schön ist, über alle oben genannten Dinge zu verfügen! Der ohne Arme und Beine lebende Motivationsredner Nicholas James »*Nick*« Vujicic, geboren am 4. Dezember 1982 in Kalifornien, ist hierfür wohl das beste Beispiel. Denn er lebt wahres Glück und strahlt dieses ebenso aus. Die meisten Menschen unterliegen dem Irrglauben, dass Macht, Status, Anerkennung, Ruhm und Geld glücklich machen und verfolgen diese vermeintlichen Lebensziele zielstrebig und blind. Die Werbung unterstützt den Glauben an diese Irrlehre durch ihre Programmierung noch zusätzlich. Doch das wahre Glück findet sich in mental psychischer Gesundheit, innerer Ruhe und Frieden, Erfüllung, harmonischen Partnerschaften, gute Freundschaften, Zusammenhalt, Geborgenheit, innigen Freundschaften und menschlicher Wärme.

> *»Als ich jung war, pflegte ich Menschen mit Luxus zu bewundern. Jetzt bewundere ich Menschen mit innerem Frieden.«*
> (UNBEKANNT)

> *»Der größte Reichtum ist innerer Frieden.«*
> (WALTER BAUMGARTNER)

## Liebe, Frieden, Aggression und unser Bewusstsein[102]

Der Ur-Zustand unseres Bewusstseins beinhaltet sowohl Liebe und Frieden als auch Aggression. Man könnte auch sagen, diese Urzustände (ungeformte Elemente) haben eine Grundschwingung, einen Grundton, der immer da ist, der ewig und nicht lösch- und veränderbar ist. Man könnte sie auch als die pure, reine Lebenskraft benennen. Bei einer Aggression kann es zum Beispiel mal richtig laut werden, und dennoch ist diese Situation trotzdem harmonisch, herzverbunden. Aggression ist geballte Lebenskraft und dient dem Wahren Selbst, um die Ordnung, sprich die Wahrheit wiederherzustellen. Wie viel wir davon zum Ausdruck bringen, ist unwesentlich, da die Aggression ausschließlich von

102 Inspiriert von Abuna Semai.

Herzen kommt. Wenn zum Beispiel Dein Kind zum dritten Mal auf die Straße läuft, obwohl Du diesbezüglich Verbote ausgesprochen hast, sendest Du in so einem Moment sehr wahrscheinlich eine aggressive Botschaft aus, um es Deinem Kind ein für alle Mal klarzumachen, aber diese Aggressivität ist liebevoll intendiert. Wichtig ist hier die Unterscheidung zu dem, was im Alltag in Streitereien und auch körperlichen Auseinandersetzungen unter Aggression verstanden wird, denn hier ist meist eine Gemengelage aus Wut, Angst und Ego (Falsches Selbst) am Werk.

Die Ur-Zustände haben nicht viel mit der eigenen Schöpfung – also mit dem, was Du selbst mit Deinen eigenen Gedanken erschaffst – oder mit dem Menschsein auf der Erde zu tun, sondern mit dem, was Dein Wahres Selbst ist.

***Anmerkung 1:*** Ur-Zustände darf man nicht verwechseln mit den Ur-Emotionen. Aus den Ur-Zuständen entstehen die Ur-Emotionen. Die Ur-Emotionen haben eine Ursache und die sind genau genommen ein falscher Umgang mit den Ur-Zuständen.

*»Die wahre Essenz von innerem Frieden und Glück ist, beim Denken und Handeln die richtigen Entscheidungen zu wählen.«*
(Walter Baumgartner)

## Innere Kinder

*»Du hast Deine Kindheit vergessen, aus den Tiefen Deiner Seele wirbt sie um Dich. Sie wird Dich so lange leiden machen, bis Du sie erhörst.«*
(Hermann Hesse, 1877–1962)

Hast Du schon mal etwas vom »*inneren Kind*« oder »*inneren Kindern*« gehört? Die inneren Kinder sind Reste vergangener Scheinselbst-Verkörperungen und sind das Symbol Deiner gespeicherten Erfahrungen, Empfindungen und Gefühle aus Deiner Kindheit. Diese wiederum beeinflussen auch noch im Erwachsenenleben und im hohen Alter nicht nur Deine Gefühls- und Gedankenwelt, sondern korrelieren auch hochgradig mit der Karma-Produktion. Im Grunde genommen besteht bei all den wichtigen Themen Deines Lebens ein Zusammenhang zu Deinen inneren Kindern. Du kannst Dir Deine inneren Kinder als frühere beziehungsweise jüngere Versionen Deines Ichs vorstellen, die in bestimmten auslösenden Situationen in Aktion treten und Dich bestimmte abgespeicherte Emotionen fühlen lassen.

Ist Dein Partner zum Beispiel für längere Zeit auf einer Dienstreise und fühlst Du Dich über die Maßen einsam, obwohl ihr jeden Abend miteinander skypet, kommt ein großer Teil Deiner Einsamkeit aus einem Deiner inneren Kinder. Denn als Baby und Kleinkind kannst Du Dich nicht selbst versorgen und bist auf die Hilfe anderer angewiesen. Obwohl Du Dich jetzt in Deinem erwachsenen und selbständigen »*Ich*« mehr als gut um Dich selbst kümmern kannst, könnte eine frühere häufige Abwesenheit einer Deiner Hauptbezugspersonen die Ursache für diese starke, unharmonische Emotion sein, die wiederum hochgradig Karma produziert. Solche abgespeicherten Emotionen können der Grund dafür sein, warum eigentlich vor Kraft strotzende Männer oder sehr starke Frauen in der Blüte ihres Lebens ohne einen Trauerfall völlig unvermittelt in Tränen ausbrechen.

Wie ein richtiges Kind brauchen auch unsere inneren Kinder, beziehungsweise die kindlichen Anteile in uns, regelmäßig Liebe, Geborgenheit, Streicheleinheiten, Spaß, Lob, Aufmerksamkeit, spannende Erlebnisse oder einfach nur Zeit. Geben wir ihnen diese nicht, ist es wie im physischen/realen Leben: Bekommen Kinder nicht die erwünschte Aufmerksamkeit oder eben das, was ihnen momentan fehlt, werden sie immer lauter. Ähnlich ist es mit unseren inneren Kindern: Bekommen diese nicht ihre gewünschte Aufmerksamkeit und werden ihre Bedürfnisse nicht gestillt, machen sie sich mit immer unharmonischeren Emotionen bemerkbar, welche bis hin zu körperlichen oder mentalen Symptomen reichen können. Die inneren Kinder werden so lange an einem zerren, bis sie ihre Bedürfnisse und die erwünschte Aufmerksamkeit, die ihnen fehlt, bekommen. Was auch immer Deinen inneren Kindern in der Vergangenheit fehlte oder geschehen ist: Jetzt kannst Du Dich liebevoll um sie kümmern und ihnen alles geben, was sie in diesem Moment brauchen. Gib Deinem inneren Kind in so einer Situation genau das, was es in diesem Augenblick braucht. Falls Dir unklar ist oder Du Dir nicht ganz sicher bist, was das genau ist, so kannst Du es einfach mit Deiner inneren Stimme fragen, und wirst mit großer Wahrscheinlichkeit auch eine Antwort von ihm oder von Deiner Intuition, dem Höheren oder Niederen Selbst, bekommen. Eine andere Möglichkeit und große Hilfe ist es auch, wenn Du Dir einfach vorstellst, dass Du der Vater oder die Mutter des inneren Kindes wärst, und Dich selbst einfach fragst, was das (eigene) innere Kind, das sich jetzt gerade zum Beispiel verletzt fühlt, in diesem Augenblick von Dir braucht.

Das oben genannte Beispiel liefert die Analyse, dass Liebe und Zuneigung benötigt werden. Gib Deinem inneren Kind diese Emotionen, indem Du Dir beispielsweise vorstellst, wie Du im Schaukelstuhl sitzt und Dein inneres Kind auf den Schoß nimmst, es liebevoll umarmst und herzt und ihm zusprichst, dass alles gut ist. Führe bei dieser Übung zusätzlich unterstützend beide Hände zur Herzgegend.

Um Dich näher mit der Thematik Deiner inneren Kinder zu beschäftigen, möchte ich Dir ein sehr gutes Buch empfehlen: »*Das Kind in Dir muss Heimat finden*« (von der Autorin Stefanie Stahl).

## Enttäuschung

Oft verwenden wir Wörter, denken und sprechen sie aus und haben dabei aber den wahren Wesenskern dieses Wortes vergessen. Grundsätzlich wird von uns eine »*Enttäuschung*« jeglicher Art ausschließlich immer als etwas Unharmonisches angesehen, dennoch steckt in diesem Wort noch so einiges mehr als nur für uns vermeintliches Unschönes drinnen. Sprachlich gesehen ist im Wort »*Ent-Täuschung*« »*das Ende einer Täuschung*« enthalten.

Bei einer scheinbaren wahren Liebe kommt manchmal die Erkenntnis, dass sie eine Täuschung war und der Partner nur eine vorgetäuschte Rolle spielte. Der Liebende ist einer Täuschung auferlegen, und als ihm diese offenbart wird, die Täuschung endet, ist er ent-täuscht, weil er die Realität als minderwertig im Verhältnis zu der ihm vorgetäuschten betrachtet. Und zwar nur deswegen, weil zu diesem Zeitpunkt das, was echt ist, die Wahrheit, das Friedvolle, die Ekstase, die Energie darin noch nicht erkannt wurde. Deswegen wurde lieber die Täuschung gewählt, denn diese fühlte sich in diesem Augenblick liebevoller, angenehmer, klarer, kraftvoller oder schöner an. Dies ist aber immer energieraubend, bewusstseinstrübend und herzverschließend. Die Wahrheit fühlt sich in diesem Moment deshalb noch nicht gut an, weil sie von der Täuschung überlagert wird und deswegen bis jetzt noch nicht erkannt oder nicht für »*wahr*« genommen wurde. Spätestens am Ende der Täuschung wird einem die Wahrheit so gut wie immer bewusst (muss sich aber nicht gut anfühlen.) Nicht nur das Wort selbst trägt bereits den tröstenden Schlüssel in sich, sondern natürlich auch die Erfahrung an sich, denn das Gute am Ende einer Täuschung ist, dass egal in welcher Situation auch immer nur dort eine Enttäuschung möglich geworden ist, wo von vorneherein schon Täuschung bestanden hat. Zum anderen, so leidvoll das Ende einer Täuschung für jemanden immer auch sein mag, ist sie dennoch auch immer ein wichtiger Schritt in die richtige Richtung, nämlich der Wahrheit entgegen. Des Weiteren werden wir so auch auf unsere damalige Fehleinschätzung und unser damaliges Fehlverhalten hingewiesen, um daraus lernen zu können. Auch steckt im »*Ende einer Täuschung*« das Prinzip »*Veränderung in die richtige Richtung bewirken*« drin, da es uns dadurch so ermöglicht wird, unserem eigentlichen herzbasierten Weg wieder folgen zu können. Sei dankbar, wenn Du wieder unverblendete Sicht zur Wahrheit bekommst, denn nachdem einige Zeit verstrichen ist, ist so ein Ende jeglicher Täuschung eine wahrliche Befreiung von Illusion und Irrtum.

***Spiritueller Impuls:*** Erwartungen sind die Basis für Enttäuschungen und förmlich mit Enttäuschungen verheiratet.

## Warum Du es vor allem zuerst Dir selbst recht machen solltest

*»Ich kenne keinen sicheren Weg zum Erfolg, aber einen sicheren Weg zum Misserfolg: es allen recht machen zu wollen.«*
(PLATON, 428/427–348/347 V.CHR.)

Gehörst Du auch zu der Spezies Mensch, die es immer allen recht machen will? Wenn ja, dann hast Du garantiert eine Person vergessen, den wichtigsten Menschen überhaupt: Nämlich Dich selbst! Wenn Du ständig damit beschäftigt bist, es anderen recht zu machen, kannst Du es Dir selbst nie und nimmer recht machen, denn es gibt so viele verschiedene Meinungen, wie es Menschen auf diesem Planeten gibt. Diese Fokussierung auf die Meinung anderer bringt Dich immer wieder von Deinem Weg ab, dem Du eigentlich klar folgen würdest, wenn Du den Fokus auf Deine Herzimpulse gerichtet hättest. Hierzu eine passende Geschichte:

*Ein Mann reitet auf seinem Esel, hinter dem ein kleiner Junge, sein Sohn, läuft. Plötzlich ruft eine Stimme: »So eine Unverschämtheit! Der Vater sitzt auf dem Esel und der arme kleine Junge muss mit seinen kleinen Beinchen hinterherrennen!«*

*Der Vater überlegt einen Moment, dann steigt er ab und lässt seinen Jungen auf dem Esel sitzen. Doch bald ist eine andere Stimme zu hören: »Das ist doch die Höhe! Da sitzt der Junge wie ein Pascha auf dem Esel und der arme alte Vater muss nebenherlaufen!« Vater und Sohn schauen sich für einen Moment an und dann steigt der Vater zu dem Jungen auf den Esel.*

*Kaum sind sie ein paar Schritte geritten, ruft ein anderer: »So eine Tierquälerei! Jetzt muss der arme Esel so schwer tragen, nur weil die Herrschaften zu fein sind, um zu laufen!«*

*Vater und Sohn schauen sich an und steigen beide vom Esel ab und laufen nun neben ihm her. Plötzlich hören sie ein lautes Gelächter und eine Stimme ruft: »Nun schaut euch die beiden Trottel an! Wie kann man nur so blöd sein und neben seinem Esel herlaufen? Wozu hat man denn so ein Tier?«*

Indem Du eine Entscheidung wählst, die sich für Dich liebevoll und friedvoll anfühlt und Dich dabei nicht von anderen beeinflussen lässt, bist Du in Harmonie und erzeugst so kein Karma.

## Echte Liebe

> *»Die Liebe ist die Quintessenz des Lebens.«*
> (ALBERT EINSTEIN, 1897–1955)

Liebe ist die einzige Macht im Universum, die der Mensch nicht gelernt hat, nach seinem Willen zu formen. So steht es in Trutz Hardos wunderbarem Buch »*Liebe aus karmischer Sicht*« und hierbei bezieht er sich auf die echte wahre Liebe. Die wahre (und auch einzig echte) Liebe ist die »*bedingungslose Liebe*«! So wie die unbeschreibliche Liebe einer Mutter zu ihrem Kind. Sie wird ihr Kind immer, ohne diesem Bedingungen zu stellen, lieben. Immer, egal was es auch anstellt. Und diese Liebe erkennt man unter anderem daran, dass diese immer freudvoll und niemals leidvoll ist.

> *»Liebe ist die Quelle großen Glücks.«*
> (LORNA BYRNE, *1953)

Viele Menschen verfallen dem Irrglauben, dass es die Liebe ist, die da immer Leid verursacht. Allerdings ist das ein fataler Irrglaube. Die Wahrheit ist hingegen, dass man bei der so genannten gesellschaftlich bedingten Liebe, also jener vermeintlichen Liebesform, bei der es dann doch oft anders kommt, als man es eigentlich erwartet hat durch die Enttäuschung der Erwartung (dem Ende der Täuschung), dann die eigenen inneren Mängel bzw. Unreinheiten ans Licht kommen und freigelegt werden. Und genau diese sind es auch, die das Leid verursachen. Durch die erfahrene Abweisung beginnen sich Emotionen wie Verzweiflung, Ohnmacht, Verwirrtheit und dergleichen vermehrt zu zeigen, welche sich in der Folge oft in Wut, Rachegelüste, Traurigkeit, Einsamkeit verwandeln und von Dir in vollen Zügen Besitz ergreifen. Auch die weitbekannte »*rosarote Brillen*«-Liebe ist im Gegensatz zur echten Liebe fast immer untrennbar mit Erwartungen und Bedingungen verknüpft und löst durch das noch »*nicht selbst gut genug zu sein*« oder zu »*geringe Selbstliebe*« nahezu immer Festhalten, Klammern und Eifersucht als Verhalten aus. Dies wiederum resultiert so sicher wie ein Schweizer Uhrwerk in unglaublichen Beziehungsturbulenzen und starkem Leid.

> *»Liebe ist die Fähigkeit, den Menschen, die uns wichtig sind, die Freiheit zu lassen, die sie benötigen, um so sein zu können, wie sie sein wollen. Unabhängig davon, ob wir uns damit identifizieren können oder nicht.«*
> (GEORGE BERNARD SHAW, 1856–1950)

Merke Dir, wahre Liebe verbindet, aber bindet nicht. Bei der bedingten Liebe ist das größte Hindernis, dass viele Menschen schlicht und einfach sich selbst nicht gut genug lieben. Aufgrund fehlender Selbstliebe und dadurch innerem Mangel, den der anderere auffüllen soll, wird nach einem Partner, der sie vervollständigt, gesucht – aber das sind wir selbst schon, von Anfang an.

> *»Es ist nicht Deine Aufgabe, mich zu lieben, es ist meine.«*
> (BYRON KATIE, *1942)

Hier liegt auch die Ursache für die schmerzende Einsamkeit, die nicht nur nach dem Ende von Partnerschaften, sondern auch in Beziehungen selbst erlebt wird.

Unwahre, bedingte Liebe unterscheidet sich von wahrer Liebe dahingehend, dass diese:

1. zeitlich beschränkt ist,
2. Leid erschaffen kann,
3. Bedingungen stellt,
4. Erwartungen hat (Erwartung ist mit Enttäuschung verheiratet),
5. Sicherheit und besitzen möchte,
6. kontrollieren, festhalten, fixieren möchte und klammert,
7. Eifersucht entstehen lässt,
8. getrennt voneinander sein eine Qual ist und endlich wieder zusammensein die Erlösung ist,
9. Enttäuschungen entstehen lassen kann (das Ende der Täuschung).

> *»Lieben heißt, sich selbst im anderen zu erkennen.«*
> (ECKHARD TOLLE, *1948)

Sätze wie »*Liebst Du mich, dann liebe ich Dich auch, aber wenn Du mich nicht mehr liebst, dann liebe ich Dich auch nicht mehr.*«, »*Trinkst Du nochmals Alkohol, dann ist es aus*« oder »*Bist Du mir nicht treu, na, dann kannst Du was erleben, dann liebe ich Dich nicht mehr*«, sind Aussagen, die Bedingungen stellen und von echter (bedingungsloser) Liebe so weit entfernt sind wie die Erde von der Sonne. So oder so ähnliches Verhalten hat nichts mit Liebe zu tun, sondern viel mehr mit einem Tauschhandel. Die Mehrheit der Menschen assoziieren bei der partnerschaftlichen Liebe eine Art Monopol auf den eigenen Partner, sie glauben, er gehört dadurch jetzt ihnen. So entsteht bei der bedingten Liebe, welche die meisten als Lebensprinzip wählen, fast immer unausweichlich irgendwann Leid, das in Wahrheit der eigene Mangel ist. Ein Mangel an Selbstliebe, der sich dadurch zeigt, dass Du Dir selbst noch nicht gut genug bist.

> *»Sobald Du beginnst, Dein Herz für die Liebe zu Dir selbst zu öffnen, wird auf magische Weise etwas Wunderbares geschehen: Dann öffnet sich auch die Liebe der Welt zu Dir.«*
> (WALTER BAUMGARTNER)

Wenn hingegen ein reifer, entwickelter Mensch Liebe gibt, dann tut er dies immer bedingungslos, er gibt einfach.

> *»In Wirklichkeit ist der andere Mensch Dein empfindlichstes Selbst in einem anderen Körper!«*
> (KHALIL GIBRAN, 1883–1931)

Echte Liebe sollte in übertragenem Sinne in etwa so sein: wie eine geöffnete, liebevolle, sanfte, achtsame, wärmende Hand, die voller Vertrauen geöffnet bleibt, wenn ein Schmetterling wählt, darauf zu landen. Das Gegenteil wäre das Schließen oder Klammern der Hand. Die Botschaft, die Du beim Schließen der Hand ausstrahlst, lautet unter anderem: »*Ich vertraue dem Leben nicht, ich möchte auf Nummer sicher gehen, ich bin es nicht wert*«, »*Ich habe Angst, den Partner zu verlieren*« oder »*Es gibt einen besseren, schöneren, reicheren Partner für ihn*«. Die begrenzte Liebe ist immer begrenzt, die bedingungslose Liebe grenzenlos. Außerdem ereignen sich Herzenslieben nie zufällig. Liebe ist ein Gefühl, das einfach da ist, wenn es von der göttlichen Schöpfung so vorgesehen ist, und eben keine Entscheidung; man kann nicht entscheiden, in wen man sich verliebt, sie trifft einen einfach wortlos mitten ins Herz.

Echte wahre Liebe lässt Brücken überschreiten, die für andere schon als einsturzgefährdet oder sogar als unpassierbar angesehen werden. Wenn ich aufrichtig Liebe gebe, ohne etwas im Gegenzug zu erwarten, möchte ich, dass der andere glücklich ist. Wenn er mich miteinbezieht, ist das einfach großartig; wenn er mich nicht miteinbezieht, weil dieser sich bezüglich »*Partnerschaft*« für jemand anderen entscheidet, wünsche ich ihm trotzdem ehrlichen Herzens sein Liebes-Glück, denn wahre Liebe ist auch immer, das Beste für den anderen zu wollen. Wenn Du einen Menschen wirklich liebst, egal ob er Dich zurück liebt oder auch nicht, denn das ist für die wahre Liebe gleichgültig, dann handelt es sich um die Liebe, von der auch Jesus Christus gesprochen hat. Spätestens hier trennt sich die Spreu vom Weizen und die Wahrheit über wahre oder unwahre Liebe kommt so unweigerlich ans Licht.

Von allem, was existiert, ist echte Liebe das Fundament des Kosmos, das all uns verbindende Gewebe, der Stoff, aus dem wir gemacht sind – in anderen Worten der Seins-Zustand des »*Selbstes*« und das Licht der Seele.

*»Die Liebe ist die Urquelle des Kosmos.«*
(HANS PETER DÜRR, 1929–2014)

Abschließend zitiere ich noch den persischen Mystiker Rumi, denn besser kann man diese elementare Botschaft nicht auf den Punkt bringen:

*»Wahre Liebe überschreitet die materielle Ebene und unabhängig davon, ob eure Körper getrennt sind, eure Seelen werden für immer verbunden sein.«*

*»Goodbys sind nur für diejenigen, die mit ihren Augen lieben. Denn für diejenigen, die mit Herz und Seele lieben, gibt es so etwas wie die Trennung nicht.«*
(DSCHALAL AD-DIN AR RUMI, 1207–1273)

## Eifersucht

*»Eifersucht ist eine Eigenschaft, die mit Leidenschaft Leiden schafft.«*
(FRIEDRICH ERNST DANIEL SCHLEIERMACHER, 1768–1834)

Eifersucht entstammt einem zu geringen Selbstwertgefühl und mangelnder Selbstliebe. Die mangelnde Liebe zu sich selbst oder das Getrenntsein vom »*Selbst*« führen zu einem erlebten Mangel an Liebe. Es wird dann versucht, diese Leere mit dem Etikett »*Einsamkeit*« durch die Liebe eines anderen Menschen auszugleichen. Dies gelingt aber nur so lange, wie man einen Menschen findet, der diesen Erwartungen entspricht. Von Dauer kann dies nicht sein, da die grundlegende Leere augenblicklich wieder zutage tritt, sobald der

Partner seine Liebe verweigert oder man die Liebe des Partners nicht als solche wahr- oder annimmt.

Eifersucht spielt dabei die Rolle der Angst, die Liebe des Partners zu verlieren, und damit in Wahrheit die Angst davor, in die Einsamkeit zurückzufallen, in der man erneut mit der eigenen Unzulänglichkeit an mangelnder Selbstliebe konfrontiert werden würde. Eifersucht dient damit als vorsorglicher Schutzmechanismus, um die Illusion aufrecht zu erhalten, mit der Fremdliebe die mangelnde Selbstliebe kompensieren zu können.

Eifersüchtige Menschen neigen deswegen häufig zum Nachspionieren und dazu, ihren Partner einzuengen sowie ein starkes Kontrollbedürfnis auszuüben. Damit sorgen sie unbeabsichtigt dafür, dass sich ihre schlimmsten Befürchtungen bewahrheiten und sie ihren geliebten Partner an einen anderen, vermeintlich besseren Menschen verlieren. Du weißt es schon: Karma! Nahezu jede Wahrnehmung wird im Licht einer Gefahr betrachtet, bei der nach Anhaltspunkten gesucht wird, um die Eifersucht logisch zu ergründen. In Folge dessen driftet die Beziehung immer weiter auseinander und in immer größere Disharmonie. Diese Emotionen und Handlungen produzieren große Mengen an unharmonischem Karma. Mittlerweile hast Du gelernt, was das bewirkt: Es tritt genau jene Situation ein, welche die eifersüchtige Person eigentlich mit aller Kraft verhindern wollte. Der Partner findet auf einmal Interesse an einem anderen Menschen. Und während der sich unharmonisch fühlende Partner immer eifersüchtiger wird, produziert er immer mehr unharmonisches Karma und das Gegenteil seines eigentlichen Wunsches manifestiert sich zunehmend – sein Partner wendet sich immer mehr der anderen Person zu. Der ausgesendete Wunsch erfüllt sich in seiner Umkehrung, obwohl dies am wenigsten gewollt war.

Das – karmisch gesehen – sehr viel sinnvollere Verhalten wäre, die eigenen Emotionen der Eifersucht zu beobachten; dazu folgende Übung:

Nimm einen tiefen Atemzug, schließe Deine Augen und mach einen Rundgang durch Deinen Körper. Beobachte jeden Winkel in ihm und gehe den feinsten Spuren der Empfindungen Deines Innersten nach (Kopf, Hals, Brust, Bauch und weiter hinab) hinsichtlich Deiner wahrgenommenen Empfindungen. Fühle vor allem dorthin, wo Du die stärkste unharmonische Empfindung wahrnehmen kannst. Verweile dort so lange wie nur möglich. Dann geh zur nächsten Empfindung, verweile dort ebenfalls und führe diesen Prozess entlang Deines gesamten Körpers durch. Und schon bald wird diese starke unharmonische Emotion um ein Vielfaches leichter werden, wenn nicht sogar ganz verschwinden – weil es wahrgenommen und nicht verdrängt wird.

Erwähnen möchte ich noch, dass Eifersucht keineswegs eine uns in die Wiege gelegte Grundemotion, geschweige eine Ur-Emotion ist. Es gibt (noch) genügend Völker und Gemeinschaften auf unserem Planeten, die noch weitgehend frei von unseren Religionen, Politiken, Konditionierungen und Glaubenssätzen sind, die zumindest noch ein freieres Leben als wir in der westlichen Welt führen.

So schildert Bronislaw Malinowski, dass bei den auf einer Insel des Staates Papua-Neuguinea heimischen Trobriandern Eifersucht eine kaum feststellbare Rolle spielt. Die Trobriander werden als ein glückliches, lebensfrohes und friedliches Volk bezeichnet. Sie kennen keine Gewalt, keinen Krieg und haben für Diebstahl in ihrer Sprache kein Wort.[103] Sexuell tolerant und von Eifersucht weitgehend frei ist ebenfalls die Volksgruppe der Dogo, die in Westafrika im Osten von Mali lebt und ursprünglich aus dem Nordwesten von Burkina Faso stammt. Die Völkerkundlerin Margaret Mead berichtet darüber hinaus von einer Samoanerin, die auf eine vorbeikommende Frau ihres Stammes gezeigt habe: »*Das ist meine megan.*« Das heißt auf Deutsch etwa »*meine Mitfrau*«. So stolz habe sie es gesagt, wie wenn hierzulande ein Mädchen darauf aufmerksam machen würde, dass sie ihre »*beste Freundin*« ist. Solche völkerkundlichen Beispiele – wie das Anbieten der eigenen

---

103 Vgl.: Malinowski, B.: Korallengärten und ihre Magie: Bodenbestellung und bäuerl. Riten auf den Trobriand-Inseln. Frankfurt am Main: Syndikat, 1981.

Ehefrau an den Gast bei den Eskimos, die Vielmännerei bei den Nayar in Indien oder den Murias in Zentralindien, den Lobi im Süden Burkina Fasos und im Norden Westafrikas, den Sirionó-Indianern im östlichen Bolivien, dem südindischen Stamm der Ras oder den Lakandonen, ein indigenes Volk der Maya im östlichen Chiapas (Mexiko), um nur einige zu nennen, zeigen anschaulich, dass das Verhältnis der Geschlechter zueinander und das Empfinden von Eifersucht untereinander kulturell bedingt ist und nicht zwangsläufig so sein muss, wie es sich bei uns in der westlichen Welt eingespielt hat.

## Einsamkeit und Nicht-allein-sein-Können

Lieber Leser, lasse nun das folgende Zitat eine Weile auf Dich wirken:

> *»Einsamkeit ist die Folge der Ignoranz gegenüber der Verbundenheit.«*
> (Laura Winter, *1985)

Je mehr es Dir gelingt, Dir bewusst zu werden, dass wir allesamt ständig miteinander verbunden sind, egal ob fern oder nah, je zugänglicher Dir dies wird, desto mehr wirst Du einen Zustand der Abwesenheit von Einsamkeit hin zu vollkommener Freiheit und innerem Frieden erlangen. Dazu ein wunderbares Zitat von Osho, das es auf den Punkt bringt:

> *»Die Fähigkeit, alleine zu sein, entspricht der Fähigkeit, zu lieben. Es mag paradox erscheinen, doch das ist es nicht. Es ist eine grundlegende Wahrheit. Nur jene, die alleine sein können, können lieben, können teilen, können zum tiefsten Kern einer Person durchdringen, ohne sie zu besitzen, ohne abhängig von ihr oder süchtig nach ihr zu werden.*
> *Sie erlauben anderen die volle Freiheit, denn sie wissen, wenn sie verlassen werden, sind sie genauso glücklich wie vorher. Ihre Freude kann nicht genommen werden, weil sie nicht von anderen stammt.«*
> (Osho, 1931–1990)

In Gesprächen mit vielen Menschen stelle ich immer wieder fest, dass das Nicht-allein-sein-Können beziehungsweise die Einsamkeit in unserer heutigen Zeit ein sehr starker Emotions-Aussender und damit auch Wunsch-Aussender ist und deswegen zugleich beständig unharmonisches Karma produziert wird. Die Lösung dafür ist, an Deiner inneren Gefühlswelt zu arbeiten (z.B. durch die 10-Tages-Vipassana-Meditation), Dich dadurch zu entwickeln und Dich von Deiner Einsamkeit zu befreien und diese, wenn sie sich zeigt, in Gleichmut anzunehmen.

> *»Auf diese Weise entsteht Einsamkeit. Einsamkeit ist der Verlust des Selbst. Wenn Du Dich um die Angelegenheiten anderer Menschen kümmerst, sie bewunderst, verurteilst, ihnen sagst, was sie zu tun haben, dann lässt Du Dich alleine. Wenn Du im Geist dort drüben bist, ist hier niemand für Dich da.«*
> (Byron Katie, *1942)

> *»Alleinsein ist keine Isolation, es ist nicht das Gegenteil von Einsamkeit, es ist ein Seinszustand, wenn alle Erfahrung, alles Wissen ein Ende haben.«*
> (Jiddu Krishnamurti, 1895–1986)

## Angst

Wenn ich von allen Zitaten in diesem Buch das meiner Meinung nach wichtigste auswählen müsste, dann wäre es dieses:

> *»Die Angst lebt von Deiner Flucht, daher fühle sie und geh ihr beharrlich entgegen, denn in der größten Angst liegt auch das höchste Potential.«*
> (Walter Baumgartner, inspiriert von Shanty Mark R. Koppikar, *1967)

Angst ist für uns auf alle Fälle einer der größten Karmaproduzenten. In schulmedizinischer Sicht befindet sich das Angstzentrum im Gehirn in der Amygdala (auch Mandelkern oder Corpus Amygdaloideum genannt). In unserem Verständnis in diesem Buch gilt: ALLE (!) Ängste sind in Wahrheit nur Einbildungen! Es gibt keine reale Angst. Das ist eine sehr gute und wichtige Nachricht. Aber Achtung: Angst ist nicht zu verwechseln mit der lebenserhaltenden Furcht vor Gefahren wie etwa vor Fressfeinden, Gift, Kälte, Hitze, Höhe, Geschwindigkeit, Bedrohung und vielem mehr, denn diese sind natürlich real.

> *»Du musst Dich daran erinnern, dass Angst nicht echt ist. Sie ist ein Produkt der Gedanken, die Du kreierst. Verstehe mich nicht falsch: Gefahr ist sehr echt, aber Angst ist eine Entscheidung.«*
> (Will Smith, *1968)

Was ist es also, was landläufig als »*Angst*« bezeichnet wird? Vorweg: Angst kann nur existieren, wenn Du Dich nicht selbst erkennst (Selbsterkenntnis). Wenn Du Dich voll und ganz selbst erkennst, gibt es keine Angst mehr. Ängste sind Konditionierungen und kommen ausschließlich vom Falschen Selbst. Die meisten Ängste stammen aus bestimmten Vorstellungen unseres Falschen Selbsts, wie die Dinge ablaufen oder ablaufen sollten. Die vollkommen ungefährliche Angst, vor einer großen Menschenmenge zu sprechen zum Beispiel, ist ein Klassiker. Man könnte auch sagen: Angst ist das Gegenteil von Freiheit, denn irreale Ängste sind wie unsichtbare Ketten, die Dich am gelingenden und glückseligen Leben hindern.

Am einfachsten gelingt die Vermeidung der Angst, wenn man in seiner Komfortzone bleibt. Eine Komfortzone ist der Bereich, in dem Du Dich sicher fühlst, nichts wagen oder riskieren musst und wo Du Dich in vertrauter Umgebung befindest. Solange man in der Komfortzone verweilt, fällt es einem relativ leicht, keine Angst zu empfinden. Denn Du bist Dir bewusst, welche Konsequenzen auf die Dir bekannten Handlungen eintreten. Du kannst innerhalb dieser Zone herzverbunden und kraftvoll sein. Wenn Du aber Deine Komfortzone verlässt, wird es viel schwieriger, herzoffen zu bleiben. Dennoch, das Glück wirst Du (eher) außerhalb Deiner Komfortzone finden.

*»Der sicherste Ort für ein Schiff ist der Hafen. Aber nicht dafür wurden Schiffe gebaut!«*
(JOHN AUGUSTUS SHEDD (1859–1928), AMER. SCHRIFTSTELLER UND PROFESSOR)

*»Zögern ist wie das nicht anzünden einer Kerze, die eigentlich dafür gemacht ist zu brennen.«*
(HERMANN SCHERER, *1964)

Ich bin der festen Überzeugung, lieber Leser, dass Glück, Wohlstand oder einfach nur ein wunderbares Leben eher erst dann entstehen, wenn Du Dich öfter außerhalb Deiner persönlichen Komfortzone begibst, um Dich Deinen dort lauernden Ängsten zu stellen. Denn »*erst dann und nur so*« können, werden und wollen sich die irrealen Ängste für immer auflösen, da sie Dich nichts mehr lehren können, was eigentlich ihre Intention ist. Dadurch, dass Du dann kein neues, (durch Ängste) unharmonisches Karma mehr erschaffst, wird Dein Leben einen immer schöneren Verlauf nehmen. Ängste zeigen Dir verlässlich Lebensbereiche auf, in welchen Du Dich noch nicht vollkommen angenommen hast, was und wer Du bist, bzw. in denen Du noch nicht zutiefst von Dir überzeugt bist und dennoch eine Barriere zwischen Deinem »*Ich*« und Deinem »*Selbst*« besteht, Du Dich folglich noch nicht erkannt hast (Selbsterkenntnis) oder Du einfach dem Leben noch nicht vollkommen vertraust, dass es für Dich gut sorgt. Es ist daher wichtig, bewusst zu trainieren, wie Du Deine Komfortzone verlassen kannst.[104] Die einzige Möglichkeit, irreale Angst, die von unserem Falschen Selbst stammt, aufzulösen, ist, ihr mutig und herzoffen entgegenzutreten und ihr so die Stirn zu bieten.

*»Die Angst sieht die Gefahr durch ein Vergrößerungsglas.«*
(ELISABETH HABLÉ)

104 An dieser Stelle kann ich die Arbeit vom Bewusstseinsforscher Abuna Semai (www.gottmensch.de) über die »*Drei Dantien*« für vertiefendes Wissen sehr empfehlen.

Übung: Fang klein an und frag doch das nächste Mal im China-Restaurant, nachdem Du Dein Gericht bereits erhalten hast, nach einer größeren Portion Reis – natürlich ohne Aufpreis. Oder wenn Du das nächste Mal einen großen Elektronikartikel im Fachmarkt erstehen willst, fang an zu verhandeln, als wärst Du auf einem orientalischen Basar. Nimm diese zwei Übungen als erste Schritte, um Deine Komfortzone zu erweitern und geh so gegen Deine irrationalen Ängste vor!

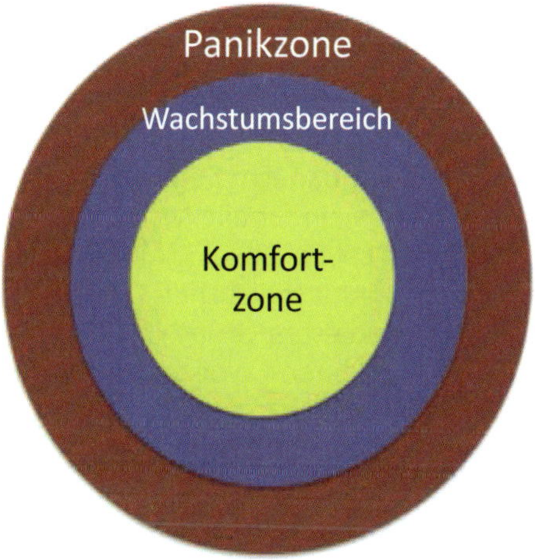


Geh Deiner Angst entgegen! Je mehr wir versuchen, Angst zu vermeiden, desto mehr breitet sie sich später aus. Anfangs mag es vielleicht so erscheinen, dass die Angstvermeidungs-Strategie dazu führt, dass sie nachlässt, da unser Unterbewusstsein erste Anzeichen der Besserung sofort als Erfolg wertet. Aber dem ist nicht so. Egal, wo Du Dich auch zu verstecken versuchst, die Angst wird Dich finden – garantiert.

*»Probleme, die man konsequent ignoriert, verschwinden nur, um Verstärkung zu holen.«*
(Sonja Brückner, *1979)

Wir ziehen dadurch nur immer wieder unharmonische Wahrnehmungen in unser Leben. Es ist also keine große Überraschung, dass genau diejenigen, die zum Beispiel große Angst davor haben, über den Tisch gezogen, ausgeraubt, bestohlen oder betrogen zu werden, diese Erfahrung wahrscheinlich leider auch bald machen dürfen, weil sie die entsprechenden Emotionen in die ebenso entsprechende Richtung ausgesendet haben. Das Positive daran ist aber, dass uns dann immer Situationen geboten werden, in und mit denen wir in dem Fall trainieren können, der Angst herzoffen sowie in Frieden und Liebe entgegenzutreten, um kein weiteres unharmonisches Karma zu produzieren. Mein Rat an Dich: Stelle Dir in jeder für Dich herausfordernden Situation immer zuerst folgende Frage: »*Wie würde jetzt ein Mensch handeln, der sich selbst vollkommen liebt und absolut keine Angst hat?*« Und dann handle, so gut es Dir gelingt, danach. Sobald es Dir gelungen ist, dass Du Deinen Ängsten ein für alle Mal den Garaus gemacht hast, wird in Deinem Leben etwas Wunderbares passieren. Deine vergangenen unharmonischen Lebens-Erfahrungen, die Du beständing aus diesem Grund in Dein Leben gezogen hast, werden sich ähnlich der Wolken am Himmelsgewölbe auflösen und Dein Dasein sich immer freudvoller und gespickt mit schönen Erfahrungen entwickelt.

***Merke:*** Es existiert keine Angst in uns, die nicht zu bearbeiten und aufzulösen wäre, auch wenn es uns hin und wieder unmöglich erscheint. Wenn wir ihr tapfer und mutig entgegentreten und nicht vor ihr fliehen, wird sie sich bald wie der Nebel am Morgen auflösen. Eine sehr gute Methode, Ängste aufzulösen, ist die Meditation. Sara Lazar vom Massachusetts General Hospital in Boston konnte am Hirnscanner belegen, dass bei Probanden der Mandelkern im Gehirn (der für die Angst zuständig ist) nach einem längeren und kontinuierlichen Meditations- und Achtsamkeitstraining geschrumpft ist.[105] Zeitgleich vergrößerte sich das Areal, das für Mitgefühl zuständig ist.

---

105 Vgl. http://www.sueddeutsche.de/wissen/meditation-spuren-im-kopf-1.2339128.

> *»Frage Dich in jeder schwierigen Situation: ›Was würde der stärkste, mutigste, liebevollste Teil meiner Persönlichkeit jetzt tun?‹ Und dann tue es. Tue es richtig. Und zwar sofort.«*
> (DAN MILLMAN, *1946)

## Der Rampenlicht-Irrtum

Was andere über einen und das eigene Auftreten denken, wird in unserer heutigen Gesellschaft oft einem sehr hohen Stellenwert beigemessen. Auch wenn so gut wie jeder gebetsmühlenartig behauptet: »*Mir ist egal, wie andere hinter meinem Rücken über mich sprechen und deswegen tue ich, was ich will*«, habe ich festgestellt, dass die meisten Menschen sich an dieser Stelle selbst belügen. Dadurch, dass wir dem, was andere über uns denken, so eine hohe Bedeutung schenken, wird dieses Muster aber auch zum Produzenten von unharmonischen Karma par excellence. Lass uns dieses Muster mit folgender Erkenntnis aus der Glücksforschung den Garaus machen.

Der Rampenlicht-Irrtum ist ein weit verbreitetes Phänomen, bei dem wir im Guten wie im Schlechten glauben, in den Augen der anderen mehr hervorzustechen, als wir es tatsächlich tun. Thomas Gilovich, Professor an der Cornell University in Ithaca New York, führte drei Studien zu genau diesem Thema durch. Wir empfinden unser Aussehen, unsere Kleidung, unsere Erscheinung und das, was wir gerade tun oder sagen, übertrieben wichtig. In Wirklichkeit wird das alles von unserem Umfeld viel weniger registriert als erwartet.

In seinen drei Experimenten erwartete Thomas Gilovich, dass 15 Zielpersonen sich darin überschätzen würden, wie aufmerksam sie von ihren Studienkollegen tatsächlich wahrgenommen werden. In seinen ersten beiden Experimenten wurden Studenten gebeten, T-Shirts zu tragen, die Motive zeigten, die ihnen peinlich waren (Schnulzensänger, Klassenfotos, Tierbabys). Danach Bilder, mit denen sie sich identifizieren konnten und wollten (Bob Marley, Martin Luther King, Rockstars). Anschließend sollten sie schätzen, wie viel Prozent der Studenten bemerkt hatten, wer oder was auf ihren T-Shirts abgebildet war.

Im ersten Experiment überschätzten alle 15 Zielpersonen den Prozentanteil, wie sie in ihren »*peinlichen*« T-Shirts wahrgenommen wurden. Sie nahmen an, dass rund die Hälfte aller Studenten ihr peinliches Outfit bemerken würde. Allerdings registrierte mit unter 23 Prozent nur rund jeder Vierte ihre skurrile Oberbekleidung.

Im zweiten Experiment überschätzten alle 15 Zielpersonen wiederum den Prozentanteil der Studenten, welche Motive trugen, mit denen sie sich identifizieren konnten, um das Sechsfache. Die Angaben auf einer 100-Prozent-Skala lagen zwischen 8 Prozent, welche tatsächlich von den College-Studenten bemerkt wurden, und 48 Prozent der geschätzten Prozentzahl der Wahrnehmungen der Zielpersonen. Der Unterschied beim schmeichelhaften Rampenlicht-Irrtum betrug also 40 satte Prozentpunkte.

Die Studien zeigen deutlich: Wir lassen uns von unserem Kopf gerne täuschen, wenn wir glauben, dass das, was gerade wichtig für uns ist, genauso oder ähnlich wichtig für die anderen ist. Wir alle sehen uns viel zu oft, als Folge unserer kindlichen, egozentrischen Ich-Bezogenheit, im Rampenlicht-Irrtum. Gedanken wie z.B. »*Hoffentlich hat mein Stolpern gerade niemand mitbekommen*« oder »*Die Männer neben der Süßen mit dem tollen Kleid lachen bestimmt über mich, wenn ich jetzt versuche, sie anzusprechen*« und viele mehr sind typische Beispiele für den Rampenlicht-Irrtum.

Es kommt noch besser, denn der Rampenlicht-Irrtum beschränkt sich nicht auf Kleidung: In seinem dritten Experiment erwartete Thomas Gilovich, dass sich die 15 Zielpersonen nicht nur in der Wirkung ihrer Kleidung und Erscheinung auf ihre Studienkollegen überschätzen würden, sondern auch ganz allgemein in der Wirkung ihres Benehmens und ihrer Selbstdarstellung in einer Gruppendiskussion. Tatsächlich überschätzten sich die Zielpersonen wiederum wesentlich, wie stark ihre positiven Beiträge zur Diskussion wahrgenommen wurden. (Wer hat am meisten zum Verlauf der Diskussion beigetragen? Wer hat die bemerkenswertesten Beiträge geleistet?). Ebenso verschätzten sie sich bei der Fremdwahrnehmung negativer Äußerungen. (Wer hat sich am häufigsten versprochen? Wer hat die meisten ausfallenden Bemerkungen getätigt?).

Gleichgültig, ob wir meinen, wir hätten einen glänzenden Beitrag zu einer Diskussion geleistet oder nur ein neues T-Shirt tragen:

Die Scheinwerfer der Welt sind weit weniger auf uns gerichtet, als wir annehmen und viele unserer Ängste und Sorgen (und dadurch die Karmaproduktion) sind deshalb fehl am Platz. Menschen bemerken und erinnern sich weit weniger an unsere Schnitzer, als wir glauben. Benimmfehler beim ersten Rendezvous, das Stolpern vor den Augen der Anderen oder sich vor Zuhörern zu versprechen: All das mag uns zwar in Verlegenheit bringen und für uns peinlich sein, meist wird davon allerdings wenig Notiz genommen.[106]

*»Wo die Angst ist, ist der Weg.«*
(Japanisches Sprichwort)

*»Mache jeden Tag etwas, wovor Du Angst hast!«*
(Unbekannt)

*»Wovor Sie am meisten Angst haben, ist genau das, wo am meisten Energie in Ihnen steckt.«*
(Unbekannt)

*»Mut steht am Anfang des Handelns, Glück am Ende.«*
(Oscar Wilde, 1854–1900)

106 Gilovich, Thomas, Medvec, Victoria und Savitsky, Kenneth: The Spotlight Effect in Social Judgement: An Egocentric Bias in Estimates of Salience of One`s Own Actions and Appearance, in: Journal of Personality and Social Psychology, Heft Feb. 2000, Bd. 78, S. 211–222, von: Hornung, Bernd: Glücksforschung und Glückswissenschaft Band I. Wie man wirklich glücklicher wird. Standardwerk der Glückswissenschaft, 9. Neuauflage, Januar 2012.

> *»Das Leben beginnt dort, wo die Furcht endet.«*
> (OSHO, 1931–1990)

> *»Das Geheimnis der Freiheit ist der Mut.«*
> (PERIKLES, 490–429 V.CHR.)

## Karmaproduzierende Nahrungsaufnahme

Ein ebenso zentrales Thema des karmaproduzierenden Handelns betrifft die Nahrung[107], die wir zu uns nehmen. Unsere Ernährung trägt ganz erheblich zu unserer spirituellen Entwicklung bei. Du wirst Dir vielleicht jetzt denken: »*Wie um Himmels Willen kann ich denn bitte beim Essen unharmonisches Karma produzieren?*« Leider kann das nur allzu leicht geschehen, zum Beispiel, indem Du Fleisch verzehrst. In diesem Kapitel wird nun näher betrachtet, warum und weshalb das so ist.

Ein nicht geringer Teil unserer Bevölkerung, so z.B. auch in Indien, verzehrt kein Fleisch; von vielen wird in Indien Fleischgenuss deshalb abgelehnt, weil er einen Tötungsprozess voraussetzt. Hinter dieser Ablehnung steht der Glaube an das Karma-Gesetz, zu dem sich die Inder schon seit ungezählten Generationen bekennen. Aus demselben Grund essen die meisten Inder weder Fleisch, Fisch noch sonstige Nahrung, welche die genannten Zutaten enthält.

Früher aß man einmal in der Woche oder nur zu besonderen Anlässen Fleisch, heute aber wird schon fast täglich Fleisch konsumiert. Wenn wir in der Familie eine Weihnachtsgans verspeisen, dann nehmen wir dieses Tier nicht als ein Lebewesen, das einst mit uns zusammen die Erde teilte, wahr, sondern schlicht und einfach als Nahrung. Wir haben gelernt wegzuschauen, wenn es um die Situation der sogenannten Nutztiere geht. Weil wir die Tiere fast immer erst im toten Zustand zu Gesicht bekommen, fällt es uns

107 Die Inhalte dieses Unterkapitels sind dem folgenden Werk entnommen: Johnson, J. P.: Pfad der Meister, Ergolding: Drei Eichen 1997.

leichter, dass wir das, was wir konsumieren, nicht als etwas wahrnehmen, das einmal Gefühle hatte.

***Spiritueller Impuls:*** Der Fleischkonsum bringt das Töten von Tieren mit sich und das verursacht postwendend Karma.

Besser vorstellen kann man sich das folgendermaßen: Es gibt Tiere, die sind für einen Menschen mehr oder weniger wert, je nachdem, welche Glaubenssätze er in sich trägt. Es gibt viele unterschiedliche Menschen: Die einen essen gerne Kühe, die anderen wiederum gerne Hunde (bestimmte Regionen in China), der eine wieder Schweine, die anderen bevorzugen Meerschweinchen (Südamerika), andere wiederum Katzen als ihr Lieblingsmahl. (In Südchina und Nordvietnam werden etwa Katzen gegessen.)

Ja, ich weiß, ich kann mir Deine Gedanken schon ausmalen. Jetzt stellst Du Dir womöglich vor, auch wenn es ein wenig unharmonisch wird, Deine eigene Katze würde von irgendeinem Menschen verspeist werden. Wie würdest Du Dich fühlen, wenn dies mit einem Tier, mit dem Du sehr verbunden bist, geschieht? Da helfen auch keine Ausreden wie: »*Ja, es ist ja meine Katze, die isst man gefälligst nicht!*« oder: »*Das ist aber etwas ganz anderes!*«. Ja, Du denkst vielleicht so, aber andere Menschen anderer Kulturen denken wieder komplett anders. Es gibt immer und überall viele Optionen, aber immer nur eine Wahrheit.

Die Gene von Menschen und Insekten sind zu über 70 Prozent identisch und von Menschen und Schimpansen sogar zu 98,7 Prozent. Fakt ist, Tiere haben auch Gefühle, wie Freude, Ärger, Trauer, Mitgefühl. Schmerzen können sie genauso empfinden wie Menschen und ja, alle Tiere haben auch eine Seele. Die allermeisten Haustierbesitzer sind sich dieser Tatsache glücklicherweise sehr wohl bewusst. Das sollte Dir unbedingt bewusst sein oder werden. Welche Ausreden Menschen für ihre Taten gegen Tiere auch immer hervorbringen werden, es steht fest, dass sie dafür kein gutes Karma ernten werden, dessen unharmonische Folgen nicht weniger werden, wenn sie nicht damit aufhören.

Jede Nahrung, die wir zu uns nehmen, prägt uns nicht nur körperlich, sondern auch seelisch und hat weitreichende karmische Auswirkungen. Ausreden wie »*Dieses Lebewesen war doch schon tot*« oder »*Ich habe es ja nicht getötet, sondern der Metzger (oder der Koch) im Restaurant*« helfen da wenig. Ein weiterer Grund für den Verzicht auf Fleischgenuss ist, dass tierische Nahrung die geistige Läuterung des Menschen stört und ihn auf die Tierebene hinabzieht. Das gilt auch für den Verzehr von Eiern.

***Spirituellen Impuls:*** Zu erwähnen wäre noch, wie wichtig es ist, Dankbarkeit für die Nahrung von Mutter Natur zu zeigen und sie bewusster zu sich zu nehmen, indem man sich ohne fremde Gedanken auf das Essen konzentriert und sich in dieser Zeit Ablenkungen wie etwa Zeitungen oder den Bildschirmen der Smartphones, Notebooks und Fernseher entzieht. Zu vergleichen ist dies mit dem bei uns etablierten Erntedankfest, bei dem man für die jährliche Ernte dankt.

## Die »China Study«

Forscher der Universitäten Cornell und Oxford untersuchten im Rahmen der »*China Study*« – der größten Studie, die jemals zum Thema »*Verzehr von Fleisch*« durchgeführt wurde – die Frage, welche Auswirkungen der Verzehr von tierischen im Gegensatz zu pflanzlichen Erzeugnissen auf den Menschen hat. An dieser Studie, die sich über 22 Jahre hinzog, nahmen 650.000 Menschen aus 26 indonesischen Provinzen teil. Eine Hälfte der Probanden aß Fleisch, die andere ernährte sich ausschließlich von pflanzlichen Produkten. In der Gruppe, die sich von Fleisch ernährte, traten Fälle von Krebs auf, während die Gruppe, die darauf verzichtete, gesund blieb. Dann wurden sozusagen die Speisepläne getauscht: Die Fleischesser wurden auf pflanzliche Ernährung umgestellt und die Vegetarier mussten Fleisch essen. Das Ergebnis:

Die an Krebs erkrankten ehemaligen Fleischesser wurden gesund, während die früher gesunden Vegetarier Krebs bekamen! Diese Umstellung wurde in der Zeit, in der die Studie lief, 50 Mal mit immer dem gleichen Resultat vorgenommen.[108]

Wir müssen wissen, dass unser Körper Eiweiß aus Aminosäuren erzeugt. Er kann tierisches Eiweiß nicht aufnehmen und es einfach so in die Zellen einbauen. Unsere Verdauung muss das Fleisch erst einmal verflüssigen (und das ist eine Menge Arbeit), die »*Fleischbrühe*« in einfache Aminosäuren-Moleküle aufspalten und dann wieder zu solchen Eiweißketten zusammensetzen, die der menschliche Körper verwerten kann. Das benötigte Eiweiß zu besorgen, ist ein sehr energie- und zeitaufwändiger Prozess und darüber hinaus auch recht ineffizient. Dazu kommt noch die Tatsache, dass tierische Produkte (einschließlich Milchprodukte) den Körper sauer machen und mit Hormonen, Antibiotika und Steroiden belastet sind. Zudem stammen sie meist von Tieren, die mit billigem und minderwertigem Futter ernährt wurden. Selbst wenn die Tiere artgerecht und ökologisch gehalten werden, eignen sich Hormone tierischer Herkunft grundsätzlich nicht für den menschlichen Verzehr. Die Hormone, die den Tieren verabreicht werden, sorgen dafür, dass die Tiere, wie etwa Rinder, schnell wachsen und ein Gewicht von etwa 500kg erreichen. Wenn wir diese Hormone verzehren, wächst auch bei uns alles schneller, auch der Krebs. Tierische Produkte bedeuten körperfremdes Eiweiß und dieses körperfremde Eiweiß kann Auslöser von Erkrankungen sein. In Kombination mit körperfremden Wachstumshormonen entsteht daraus leicht ein tödlicher Cocktail. Der Verzehr von körperfremdem, unverdaulichem Eiweiß dürfte, zusammen mit schnell abbaubarem Zucker, wohl die Hauptursache der meisten Erkrankungen sein.

Bei der Verdauung von pflanzlichem Eiweiß entstehen weniger schädliche Abbauprodukte. Außerdem werden die Blutgefäße des Menschen weniger durch Ablagerungen geschädigt, als dies beim Fleischverzehr der Fall ist. Die Nieren eines Fleischessers müssen dreimal mehr leisten als die eines Vegetariers.

---

108 Mehr dazu auf der Webseite: www.TheChinaStudy.com. Die Ergebnisse sind auch in Buchform erhältlich: Campbell, T. C./ Campbell, T. M.: The China Study, Dallas: BenBella Books 2005.

Diese Erkenntnis sollte Dich also dazu animieren, es gründlich zu überdenken, welche Nahrung Du in Zukunft Deinem wertvollen Körper zuführst.

## Tiere und der Umgang mit ihnen

Wenn Menschen glauben, dass Tiere keine Seele haben, dann sind sie von ihrer eigenen Seele weit entfernt. Tiere haben selbstverständlich göttliche Seelen und diese kommen nach ihrem Tod ebenfalls in die spirituelle Welt. Die Seelen der Tiere werden oft durch das, was Menschen ihnen auf der Erde angetan haben, sehr verletzt. Tiere haben ein Nervensystem, das sie Schmerz empfinden lässt, und sie haben Gefühle wie wir – das gilt für den Hummer, der in das kochende Wasser geworfen wird, die Fische, die bei zu großer Fischmenge in Aquakulturen qualvoll ersticken, und ebenso bei trächtigen Kühe, die auf leidvollen Reisen von einem Land ins Abnehmerland transportiert werden.

Manche Menschen denken, dass Tiere weniger wert seien als Menschen und man sie deshalb unharmonisch behandeln dürfe. Tiere jedoch sind unsere Mitgeschöpfe, sie sind beseelt, fühlen wie wir und sind Teil der göttlichen Schöpfung. Darum haben sie genauso ein Anrecht, mit allen dazugehörenden Rechten auf unserem Planeten zu leben wie wir.

Wenn uns nur bewusst werden würde, welche wunderbaren Fähigkeiten Tiere haben, die wir nicht einmal im Geringsten erahnen, dann würden wir nicht so respektlos mit ihnen umgehen! Denke bitte mal an den Tsunami im Indischen Ozean im Jahr 2004, der so unvorstellbar viele Menschenleben gefordert hat. Soweit mir bekannt ist, haben sie dort so gut wie keine toten Tiere gefunden (mit Ausnahme von denen, die zu diesem Zeitpunkt eingesperrt waren), weil die Tiere vorher schon gefühlt hatten, dass große Gefahr vom Meer droht, und ins Landinnere geflüchtet waren. Die zahmsten Elefanten haben sich von den Ketten losgerissen.

Viele Menschen haben aber auch ein Haustier, mit dem sie auch respektvoll umgehen, bei uns zum Beispiel eine

Katze oder einen Hund. Diese werden geschätzt und für die haben sie auch Mitgefühl. Für andere Menschen in einem anderen Kulturkreis sind diese genannten Tiere wiederum schlicht und einfach nur Dinge und Nahrung. Leider hat sich das Leid der Tiere in den letzten Jahrzehnten entsetzlich gesteigert: unermessliches Elend durch Tierversuche, Tiertransporte, Qualzüchtungen, Pelztierfarmen, Massentierhaltungen, an denen wir uns indirekt beteiligen, wenn wir Fleisch konsumieren.

Aus dem Living Planet Report 2014 des World Wide Fund For Nature (WWF) geht hervor, dass sich die globalen Tierbestände innerhalb von nur 40 Jahren von 1970 bis 2010 halbiert haben. Die Anzahl der im Süßwasser lebenden Tiere hat um drei Viertel abgenommen. Ein ganzer Kontinent aus Plastikmüll in der Größe von Mitteleuropa hat sich in den letzten zehn Jahren im Pazifik und auch in anderen Meeren gebildet – mit verheerenden Folgen für alle Lebewesen. An diesen Entwicklungen sind wir alle beteiligt. Liebloses Vergehen an Tieren zieht Konsequenzen nach sich: Diese weltweit stattfindenden Katastrophen gehören zum Gesamtkarma aller Menschen und betreffen direkt oder indirekt jedes Lebewesen. Jeder einzelne Mensch ist durch seine Verhaltensweisen im heutigen Leben und in allen Vorleben für solche großen aktuellen Vorkommnisse mitverantwortlich.

> *»Naturfreund ist derjenige, der sich mit allem, was in der Natur lebt, innerlich verbunden weiß, an dem Schicksal der Geschöpfe teilnimmt, ihnen, soviel er kann, aus Leid und Not hilft, und es nach Möglichkeit vermeidet, Leben zu schädigen oder zu vernichten.«*
> (Albert Schweizer, 1875–1965)

Zu guter letzt: Tiere (vor allem Haustiere) sind ein Geschenk Gottes und tragen viel Positives zu unserem Leben bei. Denn sie kritisieren uns nicht, sie bewerten uns nicht, sie sind uns gegenüber nie beleidigt, sie sind auch nicht nachtragend und, was besonders schön ist, sie freuen sich immer riesig, wenn sie uns wiedersehen. Kurz: Sie sind einfach wunderbare göttliche Wesen, die uns so viel Freude schenken.

# Kapitel 13: Weisheiten, die mein Leben veränderten

Ich kann mich noch sehr gut erinnern, wie ich im Jahr 2000 aufgrund eines besonderen Ereignisses erstmals begann, mich für mein »*Selbst*« und meine Persönlichkeit zu interessieren und anfing, mich zu ent-wickeln. Der ausschlaggebende Satz, den ich zufällig aufschnappte, inspirierte mich sofort: »*So wie innen, so auch außen.*« In den ersten guten Büchern, die ich dann zu lesen begann, ging es auch damals schon unter anderem um Themen wie Verzeihen, Loslassen, Vertrauen und Dankbarkeit. Ich muss zugeben, ich habe diesen Artikeln in den diversen Büchern damals wenig Beachtung geschenkt, sie sogar fast schon ausgeblendet. Mittlerweile sind seitdem fast 20 Jahre vergangen und ich habe gefühlt nahezu die halbe Welt bereist, um mich voll und ganz meiner Entwicklung zu widmen. Nach unzähligen inspirierenden Erkenntnissen, Gesprächen, Meditationen und Seminaren bin ich jetzt an jenem Punkt angelangt, an dem mir klargeworden ist, wie wertvoll diese Texte eigentlich damals waren und selbstverständlich auch heute noch sind. Es würde mir Freude bereiten, wenn ich Dich mit meinen Zeilen hier dazu inspirieren und Dir 20 Jahre inklusive der Produktion einer Menge unharmonischen Karmas ersparen kann, indem Du dieses Kapitel achtsam liest und ihnen dann auch folgst.

## Glück, Pech, Schicksal und Zufall

> *»Das, wobei unsere Berechnungen versagen,*
> *nennen wir Zufall.«*
> (Albert Einstein, 1879–1955)

So etwas wie Glück, Pech, Schicksal oder Zufall, wie ich im Verlauf dieses Buches schon mehrfach erwähnt habe, gibt es genau genommen nicht, vielmehr gilt: Es fällt einem zu, was fällig ist. Dank intensiven Forschungen auf dem Gebiet der Quantenphysik können Wissenschaftler heute beweisen: Es gibt keine Zufälle.[109] Was es gibt, sind Ereignisse, bei denen wir bzw. unser Verstand keine erklärbare, zufriedenstellende, oder eben plausible Antwort parat haben bzw. hat, die deren Zusammenhang mit einer von uns irgendwann gesetzten Ursache im Moment des Eintreffens erklärt. Oder in Kurt Tepperweins Worten: Zufall und Glück sind nur Bezeichnungen für einen nicht erkannten Zusammenhang.

Bei solchen, für uns nicht nachvollziehbaren Ereignissen verwenden wir dann nur allzu gerne die vier vorher genannten Lieblingswörter.

Mit *»gesetzter Ursache«* ist das Handeln und das Aussenden von Emotionen durch Dein Denken gemeint. Man kann bestimmte Situationen zwar als Zufall bezeichnen und beurteilen, aber es entspricht nicht der Wahrheit. Die Ursachen sind in Wahrheit nur Emotionen, erweitert um Energien, die wir selbst in diesem oder in früheren Leben irgendwann einmal bewusst oder unbewusst ausgesendet haben und die jetzt gerade als Karma wieder in unser Leben treten und aufgelöst werden möchten und müssen. Viele nennen sie nur lieber Glück, Pech, Schicksal oder Zufall, weil sie sich selbst dann nicht dafür verantwortlich fühlen müssen und die Schuld einer anderen Person oder Situation in die Schuhe schieben können. Doch wenn man sich dieser Eigenverantwortung entzieht, handelt man der Karma-Auflösung genau entgegen.

*»Bis Du Dir dem Unbewussten bewusst wirst,*
*wird es Dein Leben steuern und*
*Du wirst es Schicksal nennen.«*
(Carl Jung, 1875–1961)

*»Für Zufälle ist in der großartigen durchdachten*
*Schöpfung kein Platz.«*
(Trutz Hardo, *1939)

---

109 Vgl. https://www.welt.de/wissenschaft/article1499170/Die-geheimnisvolle-Macht-des-Zufalls.html.

> *»Das Wort ›Schicksal‹ ist sinnlos.*
> *Alles hat eine Ursache.«*
> (VOLTAIRE, 1694–1778)

> *»Glück oder Pech gibt es im wahrsten Sinne des Wortes nicht, Du bestimmst Deine zukünftigen Erfahrungen anhand Deiner Wahl, welche Emotionen Du durch Denken und Handeln überwiegend aussendest.«*
> (WALTER BAUMGARTNER)

## Die vier Indianischen Gesetze

Zu einer Zeit, als ich mich in den Lehren der Ureinwohner verschiedener Kontinente fortbildete und dabei zum ersten Mal von den vier Indianischen Gesetzen las, wusste ich noch nicht, warum mir diese in die Hände gefallen sind. Aber ich spürte tief im Inneren schon, dass diese Gesetze mit mir etwas machten und dass sie etwas ganz Besonderes waren; darum hatte ich sie auch immer ganz präsent in meinem Kopf. Erst später merkte ich, wie diese als unsichtbare, emsige Helferlein für meinen weiteren Lebensweg dienlich geworden waren und sich diese meiner Forschungen nach auch bewahrheiteten. Und daher möchte ich sie Dir mit auf den Weg geben.

Das erste Gesetz besagt:

- *»Die Person, die Dir begegnet, ist die richtige.«*

Das soll heißen, dass niemand rein zufällig in unser Leben tritt. Alle Menschen, die uns umgeben, die sich mit uns austauschen, stehen für etwas. Entweder, um uns etwas zu lehren oder uns in unserer Situation voranzubringen.

Das zweite Gesetz besagt:

- *»Das, was passiert, ist das Einzige, was passieren konnte.«*

Nichts, aber absolut nichts von dem, was uns passiert, hätte anders sein können. Nicht einmal das unbedeutendste Detail. Es gibt einfach kein »*Wenn ich das anders gemacht hätte, dann wäre es anders gekommen*« – nein, das, was passiert, ist das Einzige, was passieren konnte, und es musste passieren, damit wir unsere Lektion lernen, um vorwärts zu kommen. Alle, ja, jede einzelne der Situationen, die uns im Leben widerfahren, sind absolut perfekt, auch wenn unser Verstand und unser Falsches Selbst sich widersetzen und es nicht akzeptieren wollen.

Das dritte Gesetz besagt:

- »*Jeder Moment, in dem etwas beginnt, ist der richtige Moment.*«

Alles beginnt genau im richtigen Moment, nicht früher und nicht später. Wenn wir dafür bereit sind, dass etwas Neues in unserem Leben passiert, steht es bereits vor unserer Tür.

Das vierte und letzte Gesetz:

- »*Was zu Ende ist, ist zu Ende.*«

So einfach ist es. Wenn etwas in unserem Leben endet, dient es unserer Entwicklung. Deshalb ist es besser, loszulassen und vorwärts zu gehen, beschenkt mit den jetzt gemachten Erfahrungen.

*»Ich glaube, dass es kein Zufall ist, dass Du das hier jetzt liest. Wenn Dir dieser Text heute begegnet, dann deshalb, weil Du die Voraussetzungen erfüllst und verstehst, dass nicht eine einzige Schneeflocke irgendwo auf dieser Welt aus Versehen auf einen falschen Ort fällt!«*

> *»Es gibt keine Zufälle. Es fällt einem zu,*
> *was fällig ist.«*
> (UNBEKANNT)

## Verzeihen

> *»Zu vergeben bedeutet,*
> *einen Gefangenen freizulassen und zu erkennen,*
> *dass dieser Gefangene Du selbst warst.«*
> (LEWIS BENEDICTUS SMEDES, 1921–2002)

Verzeihen – anderen und vor allem sich selbst. Es gibt viele schädliche Verhaltensweisen für Dein Karma, aber eines kannst Du als einen absoluten Super-GAU für Dein Karma verstehen: Wenn Du nicht verzeihen kannst. Dadurch produzierst Du schlechtes Karma in unvorstellbaren Maßen.

Wir alle kennen Situationen, in denen man von einer anderen Person verletzt wurde, so sehr, dass der Stachel sehr tief sitzt und man denkt: »*Das vergesse ich ihr nie. Er ist für mich gestorben. Wenn Du wüsstest, was passiert ist! So etwas kann man nicht verzeihen.*«, und wir dem Irrglauben verfallen, es demjenigen wieder heimzuzahlen. Wenn man aber in diesem Moment in sich hineinfühlt, nimmt man schnell wahr, dass man im Grunde genommen damit nur einen einzigen Menschen verletzt, nämlich sich selbst. Weiter zu bedenken ist auch, dass wir immer selbst dafür verantwortlich sind, was uns zustößt. Dies gilt ebenso bei Menschen, die uns verletzen und denen wir (wegen unserer eigenen Karma-Produktion zuliebe) so zeitnah wie möglich wieder verzeihen sollten, um wieder mit uns selbst in Frieden zu kommen. Um es nochmal zu verdeutlichen: Kein Mensch (und auch kein Tier) auf diesem Planeten kann Dich verletzen oder Dir irgendwelchen Schaden zufügen, wenn es nicht schon vorher Bestandteil Deines eigenen Karmas war! Mit dieser Einsicht, lieber Leser, sollte es Dir in Zukunft auch spürbar leichter fallen, einem Menschen verzeihen zu können und so damit wieder inneren Frieden zu erlangen.

»*Vergebung ist ein Zeichen von Selbstliebe.*«
(Unbekannt)

Mit Sicherheit hast Du in der Folge gespürt, wie energieraubend es ist, jemanden zu ignorieren, und wie es sich anfühlt, einem anderen Menschen gegenüber Wut, Groll, Hass, Ärger, Zorn oder dergleichen zu empfinden und beleidigt zu sein. Fälschlicherweise glaubt man, man könne mit der Salve an unharmonischen Emotionen, die man in Richtung dieser Person abfeuert, diese Person »*zurückverletzen*«. Aber in Wirklichkeit verstümmelt man sich mit unharmonischen Emotionen selbst. Das Wort »*Be-leid-igt*« beinhaltet auch schon das Wort Leid. Obwohl das Verzeihen so einfach erscheint und unbeschreiblich wirkungsvoll wäre, um wieder zu innerem Frieden zu kommen, scheint es für uns Menschen dennoch eines der schwierigsten Dinge überhaupt zu sein, das wir kennen. Außerdem verhalten sich die meisten Menschen bei eigenen Fehlern oft wie Rechtsanwälte, bei Fehlern anderer aber wie Staatsanwälte. Wir können nicht unbeschwert in die Zukunft blicken und wir produzieren beständig unharmonisches Karma, wenn der Ballast längst vergangener Zeiten unser Herz beschwert. Nicht wenige Menschen hassen eine andere Person wegen einer Banalität ihr ganzes Leben lang, die sich vielleicht schon in ihrer Jugendzeit zugetragen hat. Wir sollten daher beginnen, uns generell immer auf das Gute in einem anderen Menschen zu fokussieren. Für unser Wohlbefinden und Karma ist es enorm wichtig, liebevolle Gedanken über andere Menschen zu hegen, vor allem nach einem Zwist mit ihnen. Sei dem anderen nicht böse und nimm es nicht persönlich. Beende den Zwist und das Gekränktsein und halte Dir die Tür für verloren gegangene Freunde offen, damit sie wieder zurückkehren können. Der Schlüssel zur Vergebung liegt darin, anderen und auch sich selbst mit Mitgefühl und Verständnis zu begegnen.

Vergebe Dir auch selbst, dass Du Dich damals in einer solchen Situation befunden hast. Du wusstest es zu jenem Zeitpunkt einfach nicht besser. Aber jetzt ist eine neue Zeit angebrochen, jetzt kannst Du Dich neu orientieren und das Alte hinter Dir lassen.

> *»Der einzige Mensch, der sich vernünftig benimmt, ist mein Schneider. Er nimmt jedes Mal neu Maß, wenn er mich trifft, während alle anderen immer die alten Maßstäbe anlegen in der Meinung, sie passten auch heute noch.«*
> (George Bernard Shaw, 1856–1950)

Sich selbst und anderen zu verzeihen, ist wie eine Einladung zu einem Neuanfang in bestimmten Bereichen unserers Lebens. Es öffnet unser Herz, hat eine enorme Kraft und setzt dadurch eine Portion Liebe in uns frei, die uns regelrecht spürbar überflutet und sozusagen erleuchtet, die bis dato in uns eingeschlossen war.

> *»In der Verzeihung des Unverzeihlichen ist der Mensch der göttlichen Liebe am nächsten.«*
> (GERTRUD VON LE FORT, 1876–1971)

Alles verstehen heißt alles verzeihen. Das passiert meistens dann, wenn nach einer Erfahrung einige Zeit verstrichen ist. Oft sehen nach etwa einem Jahr das Geschehene und die Welt auf einmal schon wieder ganz anders aus und es fällt einem meistens wie Schuppen von den Augen, dass alles einen Grund gehabt hat und alles gut und richtig war, wie es eben war. »*Die Vergebung ist ein Allheilmittel der Liebe*.«[110]

Eine auch überaus wirkungsvolle Methode, wie es uns um einiges einfacher gelingt, einem Menschen zu verzeihen, der uns Schaden zugefügt hat oder für uns (aus unerklärlichen Gründen) Abneigung empfindet, ist uns bewusst zu machen, dass uns dieser Mensch nur deshalb nicht wohlgesonnen ist, weil WIR es zuerst waren, die ihm in der Vergangenheit (höchstwahrscheinlich in einem früheren Leben) Leid zugefügt haben. Wir werden mit Menschen solange immer wieder zusammengeführt, bis alle Disharmonien aufgelöst sind. Alles, was noch im Logbuch des Lebens zwischen Menschen aufgezeichnet ist, geht nicht verloren. Deshalb erleben wir dann, wenn der Zeitpunkt für den Ausgleich reif ist, die entsprechende Erfahrung. Diese können wir dann in Gleichmut annehmen, um somit das Thema ein für alle Mal aufzulösen. Mit dieser neuen Erkenntnis, dass wir es selbst waren, die unharmonisch auf diese Beziehung eingewirkt haben, und den dadurch neuen Herangehensweisen wird es uns um einiges leichter gelingen, Menschen zu vergeben.

In meiner letzten Partnerschaft war ich mit einer wunderbaren Frau zusammen, die wirklich fast alles hatte, was sich ein Männerherz wünscht. Sie war wunderschön im optischen Sinne und ihr Charakter stand dem in nichts nach. Jeder, der sie kennenlernte, mochte sie sofort, weil sie so

110 Vgl. Hardo, T.: Liebe aus karmischer Sicht, Güllesheim 2017, S. 44.

ein positiver Mensch war. Sie liebte mich über alles und sie tat wirklich fast alles für mich. Sie liebte es, mein Zuhause zu putzen und mich zu bedienen. Ja, das war wirklich ihre Erfüllung. Ihr ganzes Leben drehte sich in dieser Zeit um mich. Wir hatten eigentlich alles, was zu einer klassischen Vorbild-Partnerschaft dazugehört. Dennoch gab es ein Problem zwischen uns. Ich fühlte mich körperlich nicht zu ihr hingezogen. Irgendetwas in mir blockierte mich und ich war vollkommen machtlos dagegen. Wie gesagt, sie hatte eine traumhafte Figur und ein wunderschönes Gesicht, alles, was Mann für sein Auge braucht. Ich liebte sie sehr, aber irgendwie auf eine andere Art und Weise. Ich konnte es mir einfach nicht erklären und das frustrierte mich am meisten. Ich verliebte mich schließlich in eine andere Frau. Ich lag im Bett mit meiner Freundin und fühlte mich einerseits pudelwohl mit ihr, andererseits wollte ich keine Intimitäten mit ihr und dachte die ganze Zeit immer an die andere Frau. Ich konnte mir nicht helfen, es war einfach furchtbar.

Schließlich erzählte ich ihr, dass ich mich in einen anderen Menschen verliebt hatte. Dann begann es, dass sie um mich kämpfte. Es war sehr schmerzvoll für uns beide. Als sie sich schließlich gezwungenermaßen von mir trennte, ging sie mit einem meiner besten Freunde in eine Partnerschaft. Ich freute mich wirklich sehr für sie und mir fiel förmlich eine Riesenlast von den Schultern, da ich es sprichwörtlich nicht übers Herz brachte, mich von ihr zu trennen. Als der Kontakt zwischen uns dann schließlich abbrach, war bei mir allerdings noch nicht Schluss mit den schmerzvollen Erfahrungen, sondern ich begann, mir ziemlich starke Vorwürfe zu machen, weil sie wegen mir gelitten hatte. Ich ging in den Wald, weinte oft, umarmte Bäume, die mir Energie gaben. Das Leid verminderte sich zwar, löste sich aber nicht auf. Bis mir ein sehr wirkungsvolles Ritual in die Hände fiel, das mit einem einfachen Prozess in Form von vier Schritten, mit deren Hilfe man lernt, 100 Prozent Verantwortung zu übernehmen, sich selbst bedingungslos zu vergeben, zu lieben und es anschließend besser zu machen.

## Das »Hoóponopono« – hawaiianische Vergebungsritual

Hoóponopono[111] gilt als eine der effektivsten Problem- und Konfliktlösungsmethoden, die je in einer Kultur ersonnen wurde. Sie wurde vor allem durch Dr. Ihaleakala Hew Len und seine Geschichte der Heilung von 28 psychisch kranken Gefangenen bekannt. Diese Begebenheit gilt als therapeutisches Wunder und zeigt, wie wirkungsvoll Hoóponopono ist. Übrigens gilt sie in den USA als anerkannte Form der Therapie. Und diese so einfach und schnell auszuführende Methode funktioniert so:

Stell Dich am Morgen und am Abend vor den Spiegel und sage zehnmal hintereinander: »*Es tut mir leid. Bitte verzeih mir. Ich liebe Dich, (Dein Vorname). Danke.*«

Für eine erfolgreiche Durchführung sind dabei folgende Schritte wichtig:

1. Die Verbindung mit der Urquelle, den Wesen des Lichts und den Vorfahren (Pule)

Die Verbindung zur Ur-Quelle ist das A und O. Du bist in Deinem Kern ein spirituelles Wesen, das eine materielle Erfahrung macht. Durch die Verbindung mit Deinem Ursprung bringst Du Dich mit Deinem wahren Sein in Einklang. Weil das Göttliche immer rein, voller Liebe, Glück und ewig ist, bist Du das auch. Alle Probleme entstehen aus dem Falschen Selbst, der Identifizierung mit dem, was Du nicht bist. (Urquelle ist ein Wort, das neutral für alle Leser gelten kann. Bitte verwende das Wort für Gott, das Göttliche oder einen Namen, den Du präferierst.)

2. Die Betrachtung und das Annehmen des Problems (Mahiki)

Hier wird detailliert über das Thema gesprochen und dabei auch persönlich Verantwortung übernommen. So werden hier auch Täter-Opfer-Rollen vertauscht; die Konfliktpartner müssen Rollen tauschen und von dort aus sprechen und argumentieren.

---

111 Vgl. Duprèe, E. U.: Hoóoponopono. Das hawaiianische Vergebungsritual, Darmstadt: Schirner-Verlag 2015.

3. Das gegenseitige Vergeben und Verzeihen (Mihi)
Hier wird Materielles, das man schuldet, zurückgegeben. Man bittet um Verzeihung (intellektuelle Ebene) und um Vergebung (Ebene des Herzens) und verzeiht ebenso sich selbst bedingungslos.

4. Die Freiheit durch das Gewähren von Vergebung (Kala)
Nachdem alle negativen Gefühle entlassen wurden, bekunden alle Beteiligten ihre Bereitschaft, ab sofort konstruktiv im Sinne der Gemeinschaft zu handeln.

Das Schlussgebet ist ein reines Dankgebet: »*Danke, danke, danke.*«

Immer, wenn Dich etwas wirklich stört, Du Dich am liebsten umdrehen und weglaufen möchtest und vor allem dann, wenn jemand bei Dir die roten Knöpfe drückt, sprich in Gedanken die folgenden Sätze:

»*Es tut mir leid. Bitte verzeih mir. Ich liebe Dich (Dein Vorname). Danke!*«

Diese vier Sätze wirken wie eine Art Mantra oder magische Formel, sie sind wie eine Meditation. Sie wirken durch Raum und Zeit, jenseits von Ursache und Wirkung, und wenden sich direkt an Dein Hohes Selbst, Dein Unterbewusstsein und an Dein Wachbewusstsein. In kurzer Zeit erlangst Du inneren Frieden und wechselst von der Disharmonie in die Harmonie. Du bewegst Dich von der Trennung in die Einheit, indem Du sagst:

»*Es tut mir leid.*
*Ich entschuldige mich. Ich nehme wahr, dass ich leide, und das verbindet mich mit meinen Gefühlen. Ich lehne das Problem nicht mehr ab, sondern erkenne meine Lernaufgabe. Ich oder meine Ahnen (durch die ich energetisch, genetisch und durch Tradition sowie Geschichte verbunden bin) haben Leid verursacht. Ich werde jetzt durch die Kraft des gesprochenen Wortes frei von dieser Schuld.*

*Bitte verzeihe mir.*
*Bitte verzeihe mir, dass ich oder meine Ahnen Dich und mich in unserer Entwicklung bewusst oder unbewusst gestört haben. Bitte verzeihe mir, dass ich gegen die göttlichen Gesetze der Harmonie und Liebe gehandelt habe. Bitte verzeihe mir, dass ich Dich (oder die Situation) bisher beurteilt und unsere spirituelle Identität und Verbundenheit in der Vergangenheit missachtet habe.*
*Ich liebe Dich.*
*Ich liebe Dich, und ich liebe mich. Ich sehe und respektiere das Göttliche in Dir. Ich liebe und akzeptiere die Situation, so, wie sie ist. Ich liebe das Problem, das zu mir gekommen ist, um mir die Augen zu öffnen. Ich liebe mich und Dich bedingungslos mit all unseren Schwächen und Fehlern.*
*Danke.*
*Danke, denn ich verstehe, dass das Wunder bereits unterwegs ist. Ich danke Gott und den Engeln für die Transformation meines Anliegens. Danke, denn das, was ich erhalten habe, und das, was passieren wird, ist das, was ich durch das Gesetz von Ursache und Wirkung verdient habe. Danke, denn durch die Kraft der Vergebung bin ich jetzt frei von der energetischen Fessel der Vergangenheit. Danke, dass ich erkennen darf und verbunden bin mit der Quelle allen Seins.«*[112]

Vergebung befreit. Sie befreit uns von einer Last, die wir weder tragen können noch tragen wollen. Wer möchte schon sein Leben lang unharmonisches Karma produzieren, indem man einen großen Rucksack voller Probleme, alter Konflikte und Ängste auf den Schultern trägt? Vergebung heilt und macht das Leben leichter. Vergebung ist vor allem ein Geschenk, das man sich selbst macht. Auf Hawaii sagt man, nach einer Vergebung sei die Angelegenheit »*oki*« (deutsch: »*erledigt*«) und man rüttelt nicht mehr daran.

---

112 Duprèe, E. U.: Hoóoponopono. Das hawaiianische Vergebungsritual, Darmstadt: Schirner-Verlag 2015.

> *»Bevor die Sonne untergeht, vergib.«*
> (HAWAIIANISCHES SPRICHWORT)

Wenn man sich die Fehler der Vergangenheit nicht vergibt und glaubt, schuldig zu sein, wird man nach Meinung der indigenen Bevölkerung Hawaiis krank. Schließlich muss man für Fehler bestraft werden und leiden.

Es ist ganz einfach: Wenn Du Dich für gescheiterte Beziehungen, verpasste Karrierechancen oder Deine finanzielle Lage immer wieder tadelst, programmierst Du Dein Unterbewusstsein in Richtung Zerstörung. Du wirst dann zu viel oder zu wenig essen, zu viel oder zu wenig schlafen, vielleicht arbeiten bis zum Umfallen oder beginnen, es jedem recht machen zu wollen. Wenn wir uns unbewusst tadeln und strafen, kann es sein, dass unser mangelndes Selbstbewusstsein nicht nur unser Immunsystem schwächt, sondern auch den Kontostand ins Minus fährt. Schließlich hat jemand, der nichts wert ist, kein Geld und auch keine Belohnung verdient.

> ***Spiritueller Impuls:*** Sicherlich kennst Du das: Wenn wir zum Beispiel einen Konflikt mit einem Menschen haben, sagen wir oft, so als wäre es eine unumstößliche Selbstverständlichkeit: »*Die anderen haben Schuld.*« Was wir damit meinen ist, die anderen schulden uns unser Glück. Das Interessante dabei ist, dass der vermeintliche Täter exakt das Gleiche sagt. Nahezu jeder Täter beschreibt sich selbst als Opfer. Wer ist jetzt denn nun wirklich der Täter und wer das Opfer? Zur Entstehung eines Konfliktes gehören immer zwei, selbst dann, wenn wir mit uns hadern und es sich nur um den inneren Dialog nagender Selbstzweifel handelt. Das Problem liegt immer bei mir, denn ich bin Teil des Konflikts. Ich habe einen Anteil an ihm, selbst dann, wenn ich nicht die offensichtliche Ursache bin. Wenn ich akzeptiere, dass es eine Schwingung in mir gibt, welche die Störung durch das Resonanzprinzip[113]

113 Das Resonanzprinzip bezieht sich auf das Prinzip, dass Gleiches auch Gleiches anzieht. Was man ausstrahlt, kommt zurück. Es werden nur Dinge angezogen, die der derzeitigen Schwingung entsprechen.

angezogen hat, bewege ich mich von der Ohnmacht zur Macht und kann konstruktiv etwas zur Lösung beitragen.

Verzeihe Dir selbst dafür, Dich in der Vergangenheit immer wieder in solche Situationen gebracht zu haben. Gib einfach den Widerstand auf, denn alles, gegen das Du Dich wehrst, kommt mit nur noch größerer Energie wie ein Bumerang zu Dir zurück.

*»Der Schwache kann nicht verzeihen; Verzeihen ist eine Eigenschaft des Starken.«*
(MAHATMAN GANDHI, 1869–1948)

Eines der wichtigsten Erkenntnisse, zu dem man durch das Verständnis des Karma-Gesetzes kommen kann, ist Folgendes: Wenn man weiß, dass jeder ernten muss, was er gesät hat, und dass er diesem Gesetz nicht entrinnen kann, wird kein vernünftig denkender Mensch mehr mit seinen Mitmenschen unbarmherzig umgehen und weiterhin gemeinen und erniedrigenden Leidenschaften frönen. Niemand wird sich bei vollem Verstand selbst schädigen. Das Karma-Gesetz lehrt uns, dass das einem anderen zugefügte Unrecht nur eine andere Form von Selbstverstümmelung ist.

*»Vergib nicht, weil Menschen vielleicht Vergebung verdienen oder Du das Verhalten jener jetzt akzeptierst, sondern, weil Du dadurch endlich wieder zu innerem Frieden gelangst. So gelingt es Dir, einfacher loszulassen und Dein Leben wieder harmonischer zu leben.«*
(WALTER BAUMGARTNER)

## Loslassen

*»Wir müssen bereit sein, das Leben loszulassen, das wir geplant haben, damit wir das Leben bekommen, das auf uns wartet.«*
(JOSEPH CAMPBELL, 1904–1987)

Loslassen zu können, bedeutet, ein Ereignis oder eine Situation, die unseren Wünschen widerspricht, so zu akzeptieren und anzunehmen, wie es oder sie ist, ohne diese verändern zu wollen. Loslassen bedeutet auch das Abziehen der Aufmerksamkeit von etwas, es ist eine Form der Anpassung: Es bedeutet, den Mut zu haben, Veränderungen zu akzeptieren, den Blick wieder nach vorne zu richten und dem Leben dahingehend zu vertrauen, dass für Dich zu jeder Zeit gesorgt ist.

***Spiritueller Impuls:*** Wenn zwei Menschen die gleiche Energie und dieselben Emotionen, wie zum Beispiel Groll (weil sie sich nicht mögen), miteinander teilen, sich dieselben Gedanken und Informationen kommunizieren, entsteht zwischen ihnen eine unsichtbare Bindung. Diese Verbindung entsteht deswegen, weil durch den »*Beobachtungseffekt*« ein unsichtbares Band, in Form von einem Energiefeld, erschaffen wird. So sind diese beiden dann, ohne es zu wissen, dadurch aneinandergebunden, sodass sie sich, auch wenn dies von beiden gar nicht gewollt ist, immer wieder begegnen. Möchte man dies auflösen, ist Gleichmut und ein wenig Energie erforderlich, um die Aufmerksamkeit von den Menschen und deren Lebensumständen abzuziehen, von dort, wo so viel geistreiche und schöpferische Energie durch die Aufmerksamkeit der beiden Teilnehmer in diese Richtung gesendet wurde.

Unharmonische Emotionen erfolgreich loszulassen, ist eine der schwierigsten Aufgaben, die einem das Leben stellen kann. Um Dich aus diesem sumpfigen Morast zu ziehen, enthält das Unterkapitel zum Loslassen deswegen vor allem Methoden, die Dir den Schlüssel der Auflösung in die Hand legen.

Denn: Nicht loszulassen, obwohl es richtig und wichtig wäre, zerstört Deinen Frieden, daher: Schließe Frieden mit Deiner Vergangenheit, sonst nimmt sie Einfluss auf Deine Gegenwart.

*»Lerne loszulassen, das ist der Schlüssel zum Glück.«*
(Siddhartha Gautama, 563–483 v. Chr.)

Es gibt vielfältige Situationen, in denen Menschen es nicht schaffen, loszulassen, aber in meiner spirituellen Arbeit sind mir dabei drei Hauptkategorien immer wieder begegnet. Das Loslassen einer vermeintlichen Traumbeziehung bzw. des Wunschpartners, das Loslassen eines verstorbenen Familienmitgliedes, zu dem eine sehr enge Verbindung bestand und das Loslassen verpasster Chancen, beruflich wie privat.

> *»Der Kopf muss lernen loszulassen, damit die Seele wieder atmen und das Herz wieder zur Ruhe kommen kann.«*
> (UNBEKANNT)

Wenn eine Person an seiner vergangenen Beziehung oder Ehe krampfhaft festhält, sind einige Aussagen die Indikatoren, die in so einer Situation typisch sind. Mit Sicherheit kennst Du folgende Verlautbarungen von Dir selbst oder Bekannten:

- *»Wenn ihr nur wüsstet, wie unglaublich stark unsere Verbindung ist.«*
- *»Wir haben uns doch schon so viel miteinander aufgebaut.«*
- *»Ich liebe ihn doch so sehr.«*
- *»Ihr könnt da nicht mitreden, denn ihr wisst ja gar nicht, was wahre Liebe ist.«*
- *»Das geht unmöglich wegen unserem Haus, unserem Auto, unseren Kindern.«*
- *»Was würden nur die anderen dann von uns denken?«* (wird oft nur heimlich gedacht)
- *»Ich kann ohne sie/ihn nicht leben.«*
- *»Ihr wisst ja nicht, was ich alles schon durchgemacht habe, ich hatte so eine schwere Kindheit.«*

Zugegebenermaßen sind einige nachvollziehbare Gründe dabei, die das Loslassen erschweren, aber bitte, sind wir doch einmal ehrlich zu uns: Sind das nicht eher vorgeschobene Ausreden, um sich der Wahrheit nicht stellen zu wollen und sie nicht sehen zu müssen? Ich bin der festen Überzeugung, dass Du mir recht geben wirst, wenn ich behaupte, dass es sicherlich auf diesem Planeten Menschen gibt, die mit mindestens den gleichen nicht einfachen Bedingungen und denselben Herausforderungen die Situation erfolgreich gelöst haben.

> *»Es erscheint immer unmöglich, bis es getan ist.«*
> (NELSON MANDELA, 1918–2013)

Karmisch betrachtet ist die Zeit für Deinen ehemaligen Partner und Dich nun vorbei. Es ist an der Zeit für Dich, ein neues Kapitel Deiner Geschichte zu schreiben, mit einem neuen Partner.

Sei Dir im Klaren: Es gibt nur einen Menschen, der für Dein Glück verantwortlich ist und das bist Du selbst und sonst niemand.

> *»Erst wenn wir loslassen, kreuzt etwas Besseres unseren Weg.«*
> (UNBEKANNT)

## Vier Denkanstöße zur emotionalen Befreiung

Der größte Klammerer für Bewährtes und Bekanntes ist unser Kopf, deswegen musst Du Dein Denken befreien, wenn Du lernen möchtest, loszulassen.

Kraftvoller Denkanstoß Nr. 1:
»*Das Leben ist ständig in Veränderung.*«

Schon der Grieche Heraklit wusste, dass »*alles fließt*« (griechisch: Panta rhei). Menschen, die versuchen, das Leben zwanghaft konstant zu halten, stoßen schnell an ihre Grenzen. Öffne Dich für die Möglichkeit der Veränderung, denn das Leben besteht aus Werden und Vergehen.

> *»Wenn Du gerade eine schwere Zeit durchmachen musst, bleib stark: Deine jetzige Situation ist nicht das Ende Deiner Reise. Es kommen noch so viele schöne Tage, die Dir wieder ein Lächeln ins Gesicht zaubern werden!«*
> (UNBEKANNT)

Kraftvoller Denkanstoß Nr. 2:

»*Jede Ablehnung von dem, was gerade ist, hat einen hohen karmischen Preis!*«

Jedes »*Nein*« zu dem, was sowieso nicht veränderbar ist, produziert unharmonisches Karma und verändert das Jetzt in keinster Weise! Richtig ist, sich einzugestehen: »*Ja, stimmt, ich kann dies oder jenes nicht mehr ändern und es wird sich auch in Zukunft von selbst nichts mehr ändern. Es wird Zeit, loszulassen.*«

Kraftvoller Denkanstoß Nr. 3:

»*Wenn Du entdeckst, dass Du ein totes Pferd reitest, steig ab!*«

Hierbei handelt es sich um eine Weisheit, nach der schon die Dakota-Indianer lebten. Trotz der Banalität dieser Weisheit wird sie von vielen Menschen mit Füßen getreten. Denn wir sind äußerst kreativ, wenn es darum geht, Strategien zu entwickeln, wenn wir etwas unbedingt haben wollen, und nicht wahrhaben wollen, dass es Zeit ist, loszulassen, privat wie beruflich. Hier ein paar Beispiele für die besten Strategien im Umgang mit toten Pferden. Hand aufs Herz: Welche Strategien davon verwendest Du in Deinem Leben?

- Wir versuchen, das Pferd wieder zum Leben zu erwecken.
- Wir ändern die Kriterien, die besagen, ob ein Pferd tot ist.
- Wir besorgen uns eine stärkere Peitsche.
- Wir verdoppeln die Futterration für das Pferd.
- Wir wechseln das Stroh im Stall aus.
- Wir lassen den Stall renovieren.

Aber trotz allem gilt: »*Wenn Du merkst, dass Du ein totes Pferd reitest, sorge für einen bequemen Sattel – es könnte ein langer Ritt werden!*«

Kraftvoller Denkanstoß Nr. 4:

Wenn Du sicher sein könntest, dass Du in vier Monaten sterben würdest, welche Ereignisse und Emotionen würdest Du loslassen, obwohl es Dir bisher unmöglich erschien?

> *»Das Problem ist, dass Du denkst, Du hast Zeit.«*
> (SIDDHARTHA GAUTAMA, 563–483 V. CHR.)

Was bereuen wir, wenn unser Leben zu Ende geht? Welche Wünsche blieben unerfüllt, welche Sehnsüchte wurden nie gestillt? Die Palliativpflegerin Bronnie Ware, die mehrere Jahre lang sterbenskranke Menschen in ihrem Sterbeprozess betreut hat, hat ein Buch über jene Dinge geschrieben, die Menschen in ihren letzten Stunden bewegen. »*Fünf Dinge, die Sterbende am meisten bereuen*«[114] ist weltweit ein Bestseller. Lass Dich von Deinen zentralen Erkenntnissen bewegen, um dem Pfad von Denkanstoß Nr. 4 zu folgen:

1. »*Ich wünschte, ich hätte den Mut gehabt, mein eigenes Leben zu leben.*«
2. »*Ich wünschte, ich hätte nicht so viel gearbeitet.*«
3. »*Ich wünschte, ich hätte den Mut gehabt, meinen Gefühlen Ausdruck zu verleihen.*«
4. »*Ich wünschte, ich hätte den Kontakt zu meinen Freunden aufrechterhalten.*«
5. »*Ich wünschte, ich hätte mir erlaubt, glücklicher sein.*«

> *»An den Gräbern der meisten Menschen trauert, tief verschleiert, ihr ungelebtes Leben.«*
> (GEORG JELLINEK, 1851–1911)

Bronnie Ware hat aufgrund ihrer Sterbebegleitung und der dort gewonnenen Erkenntnisse ihr Leben verändert und arbeitet heute als Sängerin und Autorin. Ihr Motto: »*Ich mache das, was ich will – denn wenn ich das nicht tue, weiß ich, was ich auf meinem Sterbebett bereuen werde.*«

> *»Eure Zeit ist begrenzt, also verschwendet sie nicht, indem ihr das Leben eines anderen lebt. Lasst den Lärm anderer Meinungen nicht eure innere Stimme*

114 Ware, B.: 5 Dinge, die Sterbende am meisten bereuen: Einsichten, die Ihr Leben verändern werden, Göttingen: Arkana 2015.

> *übertönen. Und am wichtigsten: habt den Mut eurem Herzen und eurer Intuition zu folgen.«*
> (STEVE JOBS, 1955–2011)

Nachdem Dein Geist nun begonnen hat, sich klar in Richtung Loslassen zu positionieren, ist es an der Zeit, aufzulösen, was Dich zurückhält, indem Du Dich auf einen sehr kraftvollen und tiefgreifenden Vier-Schritte-Prozess einlässt:

## Auflösen, was Dich zurückhält: Der Vier-Schritte-Prozess

Schritt 1: Zulassen

Sei Dir als Erstes bewusst, dass Du zuerst ernsthaft die Entscheidung treffen musst, ein für alle Mal auch wirklich loszulassen. Stell Dir die Frage: »*Tue ich nur so oder will ich noch gar nicht oder bin ich überhaupt schon bereit, wirklich loszulassen?*«

Der Beginn der Auflösung liegt in einem einzigen kraftvollen Satz, der lautet: »*Ja, ich bin bereit, loszulassen.*«

Akzeptiere diesen Entschluss und die darauffolgenden Mühen, Gefühle und Emotionen. Lade die folgenden unharmonischen Wahrnehmungen, die das Loslassen mit sich bringt, liebevoll ein, heiße die Gefühle und Emotionen herzlich willkommen. Sei geduldig mit Dir und gib Dir Raum und auch Zeit. Gefühle (Geh-fühle!: Geh hin und fühle mich!) wollen bewusst bejahend gefühlt werden und nicht verdrängt, sonst hießen sie »*Gedränge*«. Verdrängen wir sie, nehmen sie noch mehr Raum ein, werden immer intensiver und es entsteht noch mehr Druck und Leid. Umarme den Schmerz, fühle Dich genau hinein, dorthin, wo der Kern des Schmerzes genau wahrnehmbar ist.

> *»Meine Traurigkeit ist glücklich, weil ich sie liebe.«*
> (SAMARPAN, *1941)

Sei ohne jegliche Bewertungen freundlich zu dem Schmerz. Nimm wahr, welche Farbe er hat, welche Form er hat, wie er sich anfühlt. Nimm ihn genauestens unter die Lupe, nur dann kann er sich verabschieden und wieder verschwinden. Freue

Dich, wenn möglich, dass endlich die Zeit gekommen ist, ihn anzunehmen, um ihn anschließend loszulassen. Lerne zu verstehen und vor allem diese Tatsache anzunehmen und zu akzeptieren, dass leidvolle Wahrnehmungen zu unserem Leben genauso dazugehören wie die freudvollen. Schon der Beginn unseres menschlichen Lebens, unsere Geburt, die weit von Harmonie entfernt ist, unterstreicht dies deutlich, oder hast Du etwa gelächelt, als Du das Licht der Welt erblickt hast?

*»Wenn der Wind der Veränderung weht,*
*bauen die einen*
*Mauern und die anderen Windmühlen.«*
(CHINESISCHES SPRICHWORT)

Schritt 2: Bewusstwerdung Deiner Situation

Nimm Dir, bei stiller Umgebung und stillem Geist, einen Zettel und einen Stift und gehe nach ein paar tiefen Atemzügen tief in Dich hinein und mache Dir alle Konsequenzen, die dadurch entstehen, wenn Du nicht loslässt, bewusst. Notiere alles, was Dir einfällt: gesundheitliche Folgen, emotionale Auswirkungen sowie seelische Belastungen. Die Zeit rennt Dir davon wie in einer Sanduhr, Du wirst immer älter und es ändert sich nichts. Alle Versäumnisse, die aus dem Festhalten resultieren, notierst Du Dir.

Schritt 3: Unbegründete Ängste bearbeiten

Auf einem weiteren Blatt Papier schreibst Du alle Ängste nieder, die Dir das Loslassen so maßgeblich erschweren. Schreibe Dir alle Konsequenzen, die sich durch das Loslassen Deiner Ansicht nach ergeben würden, auf und ergänze diese, falls Dir noch etwas einfällt. Die Erfahrung hat gezeigt, dass die meisten Ängste, die wir uns ausmalen, nur Illusionen sind. Generell sind Ängste, wie Du ja jetzt schon weißt, nicht real, Gefahren jedoch schon.

Schritt 4: Bewusstwerdung der harmonischen Konsequenzen nach dem Loslassen

Auf einem dritten Blatt Papier notierst Du Dir alles, was sich nach dem Loslassen positiv, also auf harmonische Weise verändern wird. Im Falle einer Trennung von Deinem Partner beispielsweise könnte das bedeuten, dass Du endlich Deinen Kopf für einen neuen Partner frei bekommst, mit dem Du eine glückliche Partnerschaft genießen kannst. Es geht dann endlich wieder vorwärts in Deinem Leben, Deine Handbremse im Kopf ist gelöst. Du fühlst Dich frei und empfindest erstmals seit langem wieder inneren Frieden. Schreibe alles auf, was Dir einfällt und erweitere diese Liste beständig.

*»Wenn Du etwas loslässt, bist Du etwas glücklicher.*
*Wenn Du viel loslässt, bist Du viel glücklicher.*
*Wenn Du ganz loslässt, bist Du frei.«*
(Ajahn Chah, 1918–1992)

*»Wenn wir uns einbilden, alles sei verloren, fängt nur etwas Gutes, Neues an.«*
(Lew Nikolajewitsch Graf Tolstoi, 1828–1910)

*»Veränderung kann sehr unharmonisch sein, doch nichts schmerzt mehr, als dort zu bleiben, wo man nicht (mehr) hingehört.«*
(Walter Baumgartner)

*»Alte Wege öffnen keine neuen Türen.«*
(Unbekannt)

*»Ein Grund dafür, weshalb sich die Leute vor Veränderung fürchten, ist, weil sie sich stets auf das konzentrieren, was sie verlieren könnten, anstatt auf das, was sie dazugewinnen könnten.«*
(Rick Godwin, *1944)

*»Gott, gib mir die Gelassenheit, Dinge hinzunehmen, die ich nicht ändern kann, den Mut, Dinge zu ändern, die ich ändern kann, und die Weisheit, das eine vom anderen zu unterscheiden.«*
(Reinhold Niebuhr, 1892–1971)

*»Wer loslässt, braucht nicht mehr festhalten und hat beide Hände frei für alles Neue, das kommt.«*
(WALTER BAUMGARTNER)

*»Loslassen bedeutet, etwas in Frieden anzunehmen und so zu lassen, wie es ist, da es nicht für Dich bestimmt war.«*
(WALTER BAUMGARTNER)

*»Was Du liebst, lass frei. Kommt es zurück, gehört es Dir – für immer.«*
(KONFUZIUS, 551–479 V. CHR.)

*»Du erreichst alles im Leben, was Du willst, nur durch Loslassen und nicht durch Festhalten.«*
(UNBEKANNT)

*»Wenn Du mutig genug bist, ›Lebewohl‹ zu sagen, wird das Leben Dich mit einem neuen ›Hallo‹ belohnen.«*
(PAUL COELHO, *1947)

*»Es entspricht einem Lebensgesetz: Wenn sich eine Tür vor uns schließt, öffnet sich eine andere. Die Tragik ist jedoch, dass man auf die geschlossene Tür blickt und die geöffnete nicht beachtet.«*
(ANDRE GIDE, 1869–1951)

*»Du kannst kein neues Kapitel beginnen, wenn Du immer wieder im alten Kapitel nachliest.«*
(PIERRE FRANCKH, *1953)

*»Irgendwann kommt der Tag, an dem alles gut ist. Wir blicken zurück und schütteln den Kopf über das, was wir uns selbst in den Weg legten. Und lachen über uns selbst, wie wir versuchten, Menschen in unserem Leben zu halten, die mit der heutigen Erkenntnis gesehen niemals zu uns gepasst haben.«*
(UNBEKANNT)

## Vertrauen

### Vertrauen – in das Leben und in sich selbst:

Dem Leben zu vertrauen, das heißt von der inneren Gewissheit beseelt zu sein, dass eine höhere Macht auf uns aufpasst, für uns sorgt und uns beschützt, ist eine der wichtigsten Eigenschaften eines jeden Menschen, um ein friedvolles Leben führen zu können. Dem Leben zu vertrauen heißt, friedvoll und gelassen sich dem hingeben zu können, was sich im alltäglichen Leben zeigt und bietet. Das tiefe Vertrauens-Gefühl einer Gewissheit wahrzunehmen, dass höhere Instanzen, unter anderem Schutzengel, über uns wachen, dass uns allein das Leben selbst trägt und es der wahren Natur entspricht, dass für uns gesorgt ist. In Frieden damit zu sein, wenn man nicht weiß, was als Nächstes passiert. Dass Menschen von Grund auf dem Leben vertrauen, gehört zu unserer wahren Natur und ist eine der großartigsten Qualitäten unseres Seins, aber dieses Wissen ist immer mehr abhandengekommen. Die Gründe dafür sind unterschiedlich, aber es gibt zwei Hauptgründe, die ich ausmachen konnte:

- Grund Nr. 1 ist, dass viele große Firmen davon profitieren, dass Du dem Leben nicht vertraust. Wir werden ununterbrochen unbewusst geprägt, es wird uns eingeredet, dass überall auf unserem Planeten Gefahren lauern. Überall gibt es Richtlinien, Kontrollen, Gebote und Verbote. Alles muss versichert werden: Kind, Auto, Gesundheit, Leben, Haus und bei einigen sogar das Haustier. Ich habe zum Beispiel alle Versicherungen gekündigt, die nicht verpflichtend sind und lebe trotzdem noch und sogar besser als vorher. Wir wollen unseren Partner kontrollieren, fragen nach, was er wann, wo, mit wem und warum gemacht hat. Das Urlaubsparadies wird auch gleich zum Krisengebiet erklärt. Mit diesen Verhaltensweisen teilen wir dem Leben unser Misstrauen mit.

Früher spielten Kinder Fußball auf der Straße, gingen alleine zur Schule und hatten Spielsachen ohne TÜV-Gütesiegel.

Heute ist das undenkbar. Stattdessen verwenden wir Sonnencremes mit mindestens Schutzfaktor 50. Überall wird davor gewarnt sowie Angst geschürt und verbreitet. Der Grundtenor, der mit der Zeit zu unseren Glaubenssätzen wurde, lautet: »*Pass auf, Du darfst dem Leben nicht vertrauen, das Leben sorgt nicht für Dich, es lauern überall Gefahren.*« Und das obwohl wir nachweislich in einer der sichersten Zeiten überhaupt leben.

Also fühle in Dich hinein: Ist dieses Misstrauen wirklich gerechtfertigt, müssen wir wirklich alles absichern und kontrollieren und sind wir dazu überhaupt fähig? Oder brauchen wir uns in Wahrheit keine Sorgen zu machen und können dem Leben gelassen vertrauen?

Beantworte mir und vor allem Dir selbst, in tiefster Ehrlichkeit, folgende Fragen:

1. Wie oft wurde in Dein Haus oder in Deine Wohnung schon eingebrochen?
2. Wie oft wurde Dir schon das Auto gestohlen?
3. Wie oft wurdest Du schon mit einer Waffe bedroht und ausgeraubt?
4. Wie oft wurdest Du schon böswillig körperlich verletzt, wodurch Du großen Schaden davongetragen hast?

Siehst Du? Die Welt ist in Wirklichkeit ein wunderschöner, sicherer Ort!

> *»Ich habe in meinem Leben schon unzählige Katastrophen durchlebt – die wenigsten davon sind eingetreten.«*
> (MARK TWAIN, 1835–1910)

Kennst Du auch so eine Situation in Deinem Leben, in der Du Dir gesagt hast: »*Keine Ahnung, was das jetzt war, aber irgendetwas hat mich da soeben beschützt.*«? Oder: »*Keine Ahnung, was das jetzt war, aber auf unsichtbare Weise wurde mir da jetzt irgendwie geholfen*«? Ich denke, jeder von uns kennt solche Momente.

- Grund Nr. 2: Erfahrungen aus der Vergangenheit. Erst nach unharmonischen Erfahrungen fangen wir an, dem Leben zu misstrauen. Das Misstrauen entsteht ausschließlich aus vergangenen Erfahrungen. Aber das Leben findet im Hier und Jetzt statt. Du versäumst die Chance, ein altes, unharmonisches Erlebnis zu überschreiben, wenn Du es nie wieder versuchst. Nur weil Du in der Grundschule nach einem Liebesbrief den peinlichsten Korb Deines Lebens bekommen hast, heißt das nicht, dass Du nicht erneut auf einen attraktiven Menschen zugehen solltest. Denn sonst ändert sich das Gesetz der Anziehung für Dich nie.

**Das Gesetz der Anziehung:**
Wenn Du glaubst, dies oder jenes ist die Wahrheit, dann wirst Du genau diese persönliche Wahrheit, nach dem Gesetz der Anziehung, in Dein Leben ziehen. Dein Verstand fühlt sich dann sogar als Sieger, denn er kann gleich bestätigen, was er schon immer gewusst hat: Beim Ansprechen jedes attraktiven, fremden Menschen ist ein Korb vorprogrammiert.

Es ist Dein Leben und Deine Entscheidung, welchen Gedanken Du zu wählen gedenkst und welchem Du Glauben schenken möchtest. Auf jeden Fall wirst Du zukünftige Erfahrungen entsprechend Deiner Wahl dann auch in Dein Leben ziehen.

**Den Menschen vertrauen lernen:**
Stell Dir vor, Du würdest in eine Stadt mit einer hohen Kriminalitätsrate reisen und Dich trotzdem sicher fühlen und dem Leben vertrauen. Was, denkst Du, würde höchstwahrscheinlich passieren? Nichts, sofern diesbezüglich keine alten (noch zu erleben müssende) Karma-Lasten vorhanden sind, da Du die Emotion »*Vertrauen*« ausgesendet hast! Der Ruf, die Energie, die Du ausstrahlst, würde ungefähr so lauten: »*Ich bin in vollkommenem Vertrauen, mir wird nichts passieren.*« Was würde allerdings im gleichen Beispiel passieren, wenn Du schon Tage vorher im Kopf gruselige Horrorszenarien durchgespielt hättest, was alles passieren könnte, und dann, wenn es so weit ist, auch noch zusätzlich große Angst

ausstrahlen würdest, während Du durch die Stadt läufst? Du wärst das gefundene Fressen Deiner Erwartung und der Taschendiebe gleichermaßen!

> *»Du bist der Rufende, wähle bewusst Deinen Ruf, denn er wird erhört.«*
> (Walter Baumgartner)

Wir sollten verstehen lernen, dass es die Ur-Natur aller Menschen auf unseren Planeten ist, dass alle Menschen von Natur aus gut sind. Kein einziger Mensch wird als Bösewicht geboren, der es nur darauf abgesehen hat, Dir etwas anzutun. Auch wenn es die heutige Sichtweise der Menschen ist, dass es Krieg und Gewalt schon immer gegeben hat, entspricht das nicht der Wahrheit. Die Ureinwohner, quasi die Menschen des ersten Zeitalters der Erde, waren reine Lichtwesen. Erst in späteren Zeitaltern hielten solche Verhaltensweisen und die Mentalität »*das gehört mir, das gehört Dir*« Einzug. Die Ur-Natur der Menschen ist harmonisch und herzlich.

> *»Jeder Gedanke ist Dein Wunsch, den Du aussendest, darum achte darauf, welche Wünsche Du erleben möchtest.«*
> (Walter Baumgartner)

Eine Anekdote dazu aus meinem Leben: Ich hatte vor vielen Jahren einen Golf 2, zugegeben, er war nicht mehr so viel wert, aber ich habe diesen Wagen geliebt. Jedes Mal, wenn ich das Auto zu Hause abgestellt habe, habe ich den Schlüssel abgezogen und bin ins Haus gegangen. Ich habe ihn so gut wie nie abgeschlossen. Ich hatte Vertrauen, dass mir das Auto, oder was sich in ihm befand, nicht entwendet wird. Meine Nachbarin hingegen, die überall Gefahren sah, hatte ihr Fahrzeug in der Garage abgeschlossen, die Garage auch verschlossen und ihr Fahrzeug wurde gestohlen. Warum? Weil sie permanent diese Angst ausgestrahlt hat und ihr ausgesendeter Wunsch dadurch rasch erfüllt wurde, denn:

***Spiritueller Impuls:*** Jemand, der in der Haltung des Opfers durch die Welt zieht, wird überall einen Täter finden. Garantiert!

Statt sich förmlich in solchen oder ähnlichen Angstfallen zu suhlen, gewinnst Du Dein Vertrauen ins Leben zurück, indem Du Dir jeden Abend vor dem Schlafengehen folgende Botschaft laut vorliest:

»*Ich vertraue ab jetzt dem Leben und gebe mich dem Fluss des Lebens voll und ganz hin, da ich jetzt weiß, dass es für mich sorgen wird. Ich will Frieden und Wohlwollen erfahren und da ich jetzt weiß, dass die Welt und die Menschen nur meine Glaubenssätze, meine Gedanken, meine Ängste spiegeln, sprich, dass ich so genau dies in mein Leben ziehe, werde ich in Zukunft gut auf meine Gedanken aufpassen und Misstrauen immer mehr aus meinem Leben verbannen und anfangen, tiefes, göttliches Vertrauen zu entwickeln, damit das Leben seiner Natur gemäß wieder bestens für mich sorgen kann.*«

Lass ab jetzt diese ständige Kontrolle über den Fluss des Lebens in Frieden los und gib Dich der Ungewissheit, wie es wohl weitergehen wird, friedvoll, voller Vertrauen und in Liebe hin. Fang damit an, dem Leben, den Menschen, den Tieren wieder mehr und mehr zu vertrauen. Da draußen ist etwas, das sich um Dich kümmert. Lass Dich wieder mehr und mehr tragen vom Fluss des Lebens. Schenke dem Leben ein wenig mehr Hoffnung und hab tiefes göttliches Vertrauen, dass für Dich immer und überall bestens gesorgt wird und dass es das Leben gut mit Dir meint. Tiefes Vertrauen zu haben und im Flow zu leben, ist ungemein kraftvoll.

Falls Dir das alleine als mentaler Prozess schwerfällt, empfehle ich Dir folgende Praxis-Übung:

Besuche irgendeinen Ort, eine Stadt, ein Land auf dieser Welt, das, wonach Du Dich gerade fühlst, und plane absolut nichts. Wirklich nichts! Das Einzige, was Du tun musst, ist ein Flug- oder Bahnticket zu kaufen und tiefes Vertrauen auszustrahlen, dass Du dem Leben voll und ganz vertrauen kannst und dass sich alles so fügt, wie es gut für Dich ist. Dass alles so kommt, wie es kommen soll. Du wirst etwas Erstaunliches feststellen, nämlich, welch wunderbare Dinge einem so zufallen, womit man an diesem Ort überhaupt nicht rechnet.

Du kannst weitere tiefgreifende Veränderungen Deines Vertrauens in das Leben auch direkt in Deinem Alltag trainieren:

- Solltest Du der Typ Mensch sein, der nicht oder selten ein Telefongespräch annimmt, weil Dir die Nummer nicht bekannt ist, dann empfehle ich Dir: Hab in Zukunft Vertrauen und nimm mit Vorfreude an, dass Dir auf der anderen Seite ein netter Mensch etwas Erfreuliches mitzuteilen hat.
- Solltest Du einmal vergessen haben, Dein Auto abzuschließen, dann ruhe im wissenden Vertrauen, dass alle Gegenstände in Deinem Auto sowie Dein Fahrzeug selbst vom Universum beschützt und daher nicht entwendet werden.
- Sollte Dein Kind nicht zum vereinbarten Zeitpunkt nach Hause zurückkehren oder sich nicht melden, dann bleib gelassen und nimm die friedvollen Emotionen der Sicherheit, die Dein Kind soeben beschützen, wahr. Anstatt sich Sorgen wegen des Kindes zu machen, sollten sich die Eltern eher mal um das eigene »*Sorgenmach-Programm*« kümmern.[115] Das sind nämlich alles Wünsche, die Du da aussendest und je intensiver, desto eher werden diese Realität.
- Wenn Du in einer Partnerschaft lebst, dann entscheide Dich in Zukunft in Situationen, in denen Du in der Vergangenheit diesbezüglich sonst immer mit Eifersucht reagiert hast, stattdessen dafür Dankbarkeit auszusenden, dass genau Du so einen begehrenswerten Partner

115 Denn sich Sorgen machen bedeutet, diese in sein Leben zu ziehen, weil man dorthin dachte. Sich Sorgen machen ist ein fehlendes Vertrauen in das Leben. Sich Sorgen machen ist karmaproduzierend.

hast. Und vor allem versuche, tiefes Vertrauen in das Leben auszusenden, dass Dein Partner genau weiß, zu wem er gehört.

- Hast Du einen neuen Arbeitskollegen oder Geschäftspartner? Dann denke daran, was für ein Glückspilz Du bist, den besten, ehrlichsten Kollegen in Dein Leben gezogen zu haben. Dann wird nämlich eines passieren: Entweder bleibt er, weil er so ein Mensch ist, oder er verschwindet wieder aus Deinem Leben, da er zu Deiner Schwingungsebene nicht mehr passt und bei Dir kein Platz mehr für das Betrogen- und Hintergangenwerden ist, weil Du dies nicht mehr ausstrahlst und er keine Chance hat, in Deinem Leben zu bleiben. Und Du wirst bald den richtigen Geschäftspartner oder Kollegen in Dein Leben ziehen, der genau Deinen ausgesendeten Emotionen entspricht.
- Vielleicht wird Dir von der Schulmedizin eine ernste Krankheit diagnostiziert. Gehe aber nicht bereits sofort vom bitteren Ende aus, sondern nimm diese an, verstehe diese als Momentaufnahme und lass die Diagnose bewusst los und beschäftige Dich stattdessen mit der Botschaft, die Dir diese körperlichen Symptome mitteilen möchten, und wie in Dir wieder Heilung geschieht. Wir alle kennen, wenn wir genau hinsehen, seit jeher viele Spontanheilungen und viele medizinische Wunder, die ernsthaft diagnostizierten Menschen widerfahren sind. Außerdem darfst Du nie vergessen, dass Krankheiten auch immer eine Funktion haben können, nämlich als ein Hilfeschrei Deiner Seele.

***Spiritueller Impuls:*** Solange Du den Gedanken zuhörst, die Dir einflößen wollen, dass überall Gefahren lauern, und denen auch Glauben schenkst, wirst Du nach dem Gesetz der Anziehung auch solche Erfahrungen in Dein Leben ziehen.

*»Höre Dir selbst zu! Und Du wirst erkennen, weshalb nur Du die einzige Ursache in Deiner Welt bist.«*
(Kevin Kunert, *1991)

> *»Das Leben ist wie ein Spiegel. Ein Spiegel tut das, was Du tust. Lächelst Du, lächelt er zurück. Aber Du musst als Erster lächeln.«*
> (MARC GALAL, *1974)

**Der Tempel der 1000 Spiegel**

*Vor vielen tausend Jahren gab es in Indien den Tempel der tausend Spiegel. Er lag hoch oben auf einem Berg und sein Anblick war gewaltig. Eines Tages erklomm ein Hund den Berg, stieg die Stufen des Tempels hinauf und betrat den Tempel der tausend Spiegel. Er war wütend, weil er sich 1000 Hunden gegenübersah, und knurrte. Und 1000 Hunde knurrten zurück. Dies erzürnte ihn so sehr, dass er zu bellen begann – und 1000 Hunde bellten zurück, da sie sein Spiegelbild waren. Letztendlich geriet der Hund so sehr in Rage, dass er vor Aufregung starb. Viele Jahre später gelangte ein anderer Hund in den Tempel der 1000 Spiegel. Auch er sah sich 1000 Hunden gegenüber, aber er freute sich, dass er Gesellschaft gefunden hatte, und wedelte mit dem Schwanz – und 1000 Hunde wedelten zurück. Und die Freude wollte kein Ende nehmen.*[116]

*So wie die Spiegel in dieser wunderbaren Geschichte, verhält es sich auch mit unserem Karma, unseren durch Denken und Handeln gewählten ausgesendeten Emotionen. Was sich in diesen Spiegeln für jeden einzelnen zeigt, sind unsere bewusst oder unbewusst gewählten, ausgesendeten Emotionen, die wir Tag für Tag mit Denken und Handeln produzieren, die exakt so wieder zu uns zurückkommen (wenn oft auch zeitverzögert). Hierzu eine weitere Erzählung, die dies, wie ich finde, sehr schön veranschaulicht:*

116 Eine Geschichte aus Indien.

## Der König und sein Berater[117]

*Es war einmal ein König in einem fremden Land, der sich besonders dadurch auszeichnete, dass er einen Berater sein Eigen nannte, der ihn immer und überall hin begleitete und seine erste Anlaufstelle zu jeder Lebensfrage war. Die Fähigkeit dieses Beraters lag darin, allen Dingen, die geschahen, immer auch etwas Positives abzugewinnen – was dem König aber auch manchmal gewaltig auf die Nerven ging. Egal, was passierte, der Berater sagte: »Das ist gut so, mein Herr.«, und der König glaubte es auf diese Weise.*

*So geschah es eines Morgens, dass der König, nachdem er aus dem königlichen Bett aufgestanden war, ungeschickt auf dem Marmorboden ausrutschte und sich den Ellenbogen brach. Der ganze Palast konnte ihn schreien hören, so groß waren seine Schmerzen. Aber noch bevor er nach seiner Königin rief, schrie er nach seinem Berater. Der Berater kam sofort ins Schlafgemach: »Mein Herr, was ist passiert?« Der König entgegnete: »Ja schau, was passiert ist!« Der Berater sah es sich an und sagte: »Es ist gut so, mein Herr.«*

*Von dieser Antwort war der König aber sehr verärgert: »Wie kannst Du nur so etwas sagen? Sieh doch, wie sehr es schmerzt – wie kannst Du dann so reden? Geh' von mir.« Er rief nach den Wachen und ließ den Berater in den Kerker sperren. Seine Mediziner bandagierten seinen Arm, gaben ihm einen Kräutersud zur Schmerzlinderung und taten alles, damit der Arm wieder heilen konnte. Nachdem eine Woche vergangen war und der König sich schon viel besser fühlte, konnte er es nicht mehr abwarten, dass sein Arm vollständig heilte. Er sagte seiner Dienerschaft: »Ich muss raus, etwas frische Luft schnappen.« Sogleich hatte er auch Lust zu reiten, was er doch so liebte. Also befahl er, sein königliches Pferd zu holen, stieg auf und ritt los. Den Ausritt genießend jubilierte er: »Oh, wie wundervoll, den Wind im Haar zu spüren, wenn ich auf meinem Pferd durch meine Länder reise!«*

117 Frei adaptiert nach Cohens Geschichte »*Der optimistische Königsberater*« (in: Cohen, A.: Wiedergefunden! Freiburg: Lüchow 1997) und nach Anthony Paul MooYoung (https://www.youtube.com/watch?v=ijhJrrtLZm8&t=16s).

*An diesem Morgen war dem König besonders danach, nicht anzuhalten, sondern mit seinem royalen Gaul immer weiter zu galoppieren, bis zur Grenze seines Königreichs. Ehe er es sich versah, befand er sich in einem fremden Land. Und so kam es, dass er von wilden Eingeborenen gefangen genommen und in deren Dorf verschleppt wurde. Zu allem Überfluss war er auch noch einem Menschenfresser-Stamm in die Hände gefallen. Der König erkannte dies sehr schnell und verfiel in tiefe Angst und Schrecken.*

*Die Eingeborenen begannen rhythmisch zu trommeln, ritualisierte Tänze und durchdringende Gesänge folgten, während andere schon ein großes Feuer bereiteten. Sie sperrten ihn in der Zwischenzeit in eine Hütte, aus der er durch die Ritzen beobachten konnte, wie sie einen großen, schweren Eisenspieß präparierten. »Nein, nein, nein!«, schrie der König in schriller Panik. Jetzt kamen die wilden Kannibalen, um ihn zu holen. Sie zerrten und zerrten an ihm, während sich der König mit all seiner Kraft wehrte und festhielt. Im allerletzten Moment, kurz bevor er in das Feuer geworfen wurde, riss dem König ein Ärmel ab. Da entdeckten die Wilden den blutigen Ellenbogen und ein Tuscheln begann. Im Handumdrehen stoppten das Trommeln, die Tänze und der Gesang. Es herrsche auf einmal Totenstille. Alle Eingeborenen sahen auf einmal sehr enttäuscht aus.*

*Der Häuptling der Eingeborenen trat vor seine Untertanen und rief: »Unser Opfer ist nicht perfekt. Jedes Jahr opfern wir unserem Gott einen Gefangenen, damit er uns auch im nächsten Jahr gnädig gestimmt ist. Aber dafür hat unser Gott vollkommene Opfer verdient.«*

*Mit Murren entfernten die Eingeborenen die Fesseln, brachten ihn zurück zu seinem Pferd, hievten ihn in den Sattel und gaben dem Pferd einen Klaps. Der König ging in den schnellsten Galopp über und nach einem langen Ritt war er heilfroh, wieder in seinem Königreich angekommen zu sein. In den Zügeln hängend halfen ihm seine Diener vom Pferd herunter. Sie trugen den erschöpften Monarchen in sein Schlafgemach, in dem er in einen tiefen Schlaf fiel.*

*Nachdem der König aufwachte und den Fokus fand, seine Gedanken zu verfolgen, begann er darüber nachzudenken, welch unglaubliches Glück er eigentlich gehabt hatte, diesen leichtsinnigen Ausritt nicht mit dem Leben bezahlt zu haben. Im gleichen Atemzug entsann er sich den Worten seines Beraters zum Zeitpunkt des Ellbogenmalheurs: »Das ist gut so, mein Herr.« Der König erschrak, denn sein Gedankensprung war: »Mein Berater, er ist immer noch im Gefängnis, und das seit über einer Woche – unschuldig!«*

*Der König sprang aus seinem Bett und lief eiligen Schrittes mit nackten Füßen in den Kerker. Beim Anblick seines Beraters wimmerte er: »Oh Berater, mein Berater!« Der Berater entgegnete freudestrahlend: »Oh mein Herr, Eure Majestät – wie habt Ihr mir gefehlt!« Der König jammerte: »Sag, was habe ich getan, wie konnte ich nur?« Der Berater antworte mit einer Gegenfrage: »Oh, was ist das Problem, werter König?« Der König atmete tief aus und erklärte: »Oh, weißt Du, Du bist so gut. Weißt Du noch, vor einer Woche, als ich mich am Arm verletzte? Du sagtest, es sei gut und ich war so verärgert über Dich; ich konnte es einfach nicht verstehen.«*

*Der König erzählte dem Berater die ganze Geschichte, die ihm widerfahren war. »Verstehst Du? Es hat sich gezeigt, wie gut der verletzte Arm für mich war. Aber Du warst eingesperrt.« Der Berater warf ein: »Aber es war doch gut so?« Der König reagierte verwirrt: »Aber was war denn jetzt daran schon wieder gut? Du warst bei Brot und Wasser im dunklen Verlies eingesperrt! Wie konnte es sich also für Dich als gut erweisen?« Der Berater hielt einen Moment inne und erklärte dann: »Also mein Herr, es ist doch so: Ich habe Euch immer überallhin begleitet. Als Ihr ausgeritten seid, wohin Euer Weg Euch auch geführt hätte, wäre ich bei Euch gewesen, und sie hätten uns beide gefangen genommen. Und wenn sie gesehen hätten, dass sie Euch nicht opfern können, dann hätten sie mich geopfert. Somit war es gut für mich, hier im Gefängnis zu sitzen.«*

*»Geduld ist das Vertrauen, dass alles kommt,*
*wenn die Zeit dafür reif ist.«*
(ANDREAS TENZER, *1954)

> *»Wenn Du durch eine harte Zeit gehst und alles gegen Dich zu sein scheint, wenn Du das Gefühl hast, es nicht mehr eine Minute länger zu ertragen, GIB NIE AUF, weil dies die Zeit und der Ort ist, wo sich die Richtung ändert.«*
> (DSCHALAL AD-DIN AR RUMI, 1207–1273)

## Dankbarkeit

> *»Nicht die Glücklichen sind dankbar. Es sind die Dankbaren, die glücklich sind.«*
> (FRANCIS BACON,1561–1626)

Dankbarkeit[118] spielt in der buddhistischen Tradition auf dem Weg zum inneren Frieden seit Jahrtausenden eine wichtige Rolle. Seit einigen Jahren rückt Dankbarkeit auch immer mehr in den Fokus der Wissenschaft.

Falls auch Du einer von jenen Menschen bist, die ab und zu Workshops für ihre innere Entwicklung besuchen, gute Bücher lesen und sich generell mit erfolgreichen und glücklichen Menschen umgeben, wirst Du eines feststellen, nämlich, dass all die sogenannten Erfolgs-Menschen (hier sind aber nicht die gemeint, die es hauptsächlich auf Geld abgesehen haben) bei einem Thema alle gleich ticken: Sie verweilen in tiefer Dankbarkeit. Dankbarkeit hat profunde Auswirkungen auf Dein gesamtes Leben. Sie verbessert die Stimmung erheblich, sie ist wie ein Zaubertrank für Deinen Körper, Deinen Geist und Deine Seele und macht Dich gesund. Studien belegen, dass Dankbarkeit wie ein Muskel trainierbar ist und je mehr wir ihn trainieren, desto besser funktioniert er, sodass unser Gehirn regelrecht auf Dankbarkeit gepolt wird und es uns immer einfacher gelingt, die entsprechenden harmonischen Emotionen der Dankbarkeits-Gedanken abrufen zu können. Je mehr Du mit der Dankbarkeit vertraut bist, desto intensiver sind die Effekte, weil sich das Gehirn umso mehr daran erinnert. Du bist sofort

118 Das folgende Kapitel beruht auf folgendem Blog der University of California: https://shcs.ucdavis.edu/blog/healthy-habits/expressing-gratitude#.VkZJL3arR9M.

fröhlicher und besser gelaunt. Zudem erzeugt sie bei uns eine erheblich verbesserte Ausstrahlung. Dankbarkeit ist sprichwörtlich eine Liebeserklärung an Dein Leben, welches sich durch das kontinuierliche Praktizieren ins Positive verändern wird. Wenn Du dankbar bist, strahlst Du die richtigen Emotionen aus, um Harmonie in Dir zu fühlen. Wenn Du dankbar bist, hast Du keine Zeit, in unharmonischen Gedanken zu verweilen: Dankbarkeit produziert ausschließlich harmonisches Karma.

Forschungen belegen: »*Dankbarkeit verändert Dein Gehirn und macht Dich glücklicher, zufriedener und gesünder*«.

Wenn das Gehirn unharmonische Emotionen wie Ärger oder Wut verarbeitet, gibt es Alarmsignale an den Körper weiter. In der Folge wird das Stresshormon Cortisol ausgeschüttet. Ein dauerhaft zu hoher Cortisol-Pegel steht im Verdacht, das Risiko von Herzerkrankungen, Bluthochdruck, Fettleibigkeit, Diabetes und Depressionen zu erhöhen. Wie ein Forscher-Team der University of California in Davis bei ihren Nachforschungen herausgefunden hat, sinkt der Cortisol-Pegel allein durch Dankbarkeit nachgewiesenermaßen um 23 Prozent.[119]

Hier nochmal die weiteren Vorteile des Praktizierens von Dankbarkeit im Überblick, welche internationale Forscherteams in Studien herausgefunden haben:

- Dankbarkeit programmiert Menschen zu wahren Optimisten um.
- Deine Lebensfreude steigt drastisch an.
- Dankbarkeit lässt Dich vitaler fühlen.
- Deine sozialen Bindungen verstärken sich.
- Deine Motivation für Deine Vorhaben steigert sich erheblich, da sich der Dopamin-Pegel erhöht, der wiederum für Deine Antriebssteigerung und Motivation zuständig ist.
- Dein Selbstvertrauen erhöht sich.
- Du bekommst mehr innere Ausgeglichenheit.
- Dein Schlaf verbessert sich erheblich.
- Unharmonische Emotionen wie Neid, Wut und Angst reduzieren sich drastisch.

119 Vgl. http://www.ucdmc.ucdavis.edu/welcome/features/2015-2016/11/20151125_gratitude.html.

- Körpersymptome wie Kopf, und Bauchschmerzen, Schwindel oder Muskelverspannungen reduzieren sich enorm.
- Dein Glücksniveau hebt sich um satte 25 Prozent. Da sich der »*Stimmungsaufheller*«, nämlich der Serotonin-Pegel, erhöht, entsteht Gelassenheit, innere Ruhe und Zufriedenheit. Dieser sorgt ebenso dafür, dass wir uns ausgeschlafen fühlen.

Ein weiterer Vorzug ist, dass, wenn wir dankbarer sind, eine wahre Dankbarkeitsspirale entsteht. Denn je dankbarer wir selbst sind, umso liebevoller und sozialer gehen wir auch mit anderen Menschen um, und in Folge dessen werden wiederum diese Menschen (höchstwahrscheinlich) auch mehr Dankbarkeit uns und anderen gegenüber empfinden.

In Bezug auf die Geschehnisse in unserem Leben haben wir jeden Tag aufs Neue die Wahl, ob wir uns auf die Dinge konzentrieren, für die wir dankbar sein können, oder eben nicht, sprich, ob wir gute oder schlechte Emotionen wählen zu hegen. Fast immer tragen sich in unserem Dasein für uns zur gleichen Zeit sowohl gute, als auch eher weniger gute (von uns als solche bewertete) Ereignisse zu. Der wichtigste Faktor für die Gleichung des Glücklichseins, auf den es ankommt, ist, welchem Ereignis wir unsere Aufmerksamkeit schenken. Wir haben dabei zum einen immer die Wahl, durch welchen Blickwinkel wir etwas wie sehen wollen (Glas halb voll/halb leer), und zum anderen, welchem Ereignis wir überwiegend unsere Aufmerksamkeit schenken. Unser jeweiliger Fokus bestimmt dabei unsere Realität.

## Übungen, um Dein Gehirn auf Dankbareit zu programmieren

Übung 1:

Besorge Dir eine Handvoll 1-Cent-Münzen bei Deiner Bank und gib diese früh morgens, nachdem Du Dich angezogen hast, in Deine linke Hosentasche. Achte nun ganz explizit auf

Momente des Tages, in denen Du das Gefühl wahrnimmst, dass Du für die soeben gemachte schöne Erfahrung dankbar sein könntest; und zwar bei jeder wunderbaren Wahrnehmung mit Menschen, Situationen, Dingen oder was auch immer Du als wertvoll erachtest – wie das herzliche Lächeln eines lieben Menschen. Fühle bei jeder Situation, so intensiv es Dir möglich ist, die Dankbarkeitsemotionen, die Dich durchströmen, und nimm als kleines, leises inneres Dankeschön aus Deiner linken Hosentasche eine 1-Cent-Münze heraus und gib diese in Deine rechte Hosentasche. Mit der Zeit wird es Dir immer leichter und intensiver gelingen, Dankbarkeitsemotionen wahrzunehmen. Bevor Du Dich dann schlafen legst, nimm all Deine sich in der rechten Hosentasche befindlichen Münzen heraus. Nimm Dir eine dieser Münzen und betrachte rückblickend nochmal einen dieser schönen, dankbarem Momente, die Du heute erlebt hast. Fühle Dich noch einmal kurz in jede Dankes-Situation hinein und nimm Deine guten Gefühle dabei wahr. Leg diese dann beiseite und mache dasselbe mit der nächsten Münze. Eine Münze pro dankbarem Moment! Geh dabei eine Dankbarkeits-Münze nach der anderen durch, bis keine mehr übrig ist. Sollte Dir etwas nicht mehr einfallen, ist das auch kein Thema. Wenn Du dann alle Münzen inklusive der dankbaren Erfahrungen des heutigen Tages durch hast, kannst Du Dich friedlich ins Land der Träume begeben.

Übung 2:

Nimm Dir ein Blatt Papier zur Hand und fertige eine Liste an, wofür Du dankbar in Deinem Leben bist und erweitere diese ständig. Allein schon beim Niederschreiben Deiner Liste steigert sich Deine Laune enorm. Auch wirst Du wieder achtsamer und bewusster für die schönen Dinge, die uns im täglichen Leben widerfahren. Wenn Du dann mal einen nicht so einfachen Tag hast, nimm Dir diese Liste vor, reflektiere Dein schon wunderbares Leben und fühle Dich in jeden Dankbarkeitsgrund hinein.

> *»Wir denken selten an das, was wir haben,*
> *aber immer an das, was uns fehlt.«*
> (Arthur Schopenhauer, 1788–1860)

Bitte beachte, dass es unglaublich viele Dinge im Leben gibt, welche die meisten Menschen als selbstverständlich ansehen und nicht wertschätzen. Erst wenn sie verloren gehen, erzeugen sie Schmerz und wir erkennen meist dann erst ihren wahren Wert, der die ganze Zeit unser Besitz war. Fang daher klein an. Hier ein paar Tipps, wofür Du dankbar sein kannst:

- Sei dankbar für Deine Familie.
- Sei dankbar, dass Du im Besitz Deines Augenlichtes bist.
- Sei dankbar, dass Dein Hörsinn tadellos funktioniert und dass Du hören kannst, was Dir die für Dich liebsten Menschen mitteilen.
- Sei dankbar, dass Du gut riechen kannst.
- Sei dankbar für Deinen Geschmackssinn, um all die Köstlichkeiten genießen zu können, die Du gerne isst.
- Sei dankbar, dass Du nicht hungern musst und gemütlich in den Kühlschrank greifen kannst.
- Sei dankbar, dass Du nicht frieren musst und nur zum Kleiderschrank gehen oder die Heizung aufdrehen brauchst.
- Sei dankbar, dass Du nicht in einem Kriegsgebiet lebst.
- Sei dankbar, dass für Dich sauberes Wasser zum Trinken zur Verfügung steht.
- Sei dankbar, dass Du Zugang zu ärztlicher Versorgung hast.
- Sei dankbar über Deine beste Freundin oder Deinen besten Freund.
- Sei dankbar für all die inspirierenden Tipps und Gespräche der letzten Zeit.
- Sei dankbar für all die Unterstützung, die Du generell von Freunden erhältst.

***Spiritueller Impuls:*** Um jetzt Deinem Ego noch einmal gleich vorweg den Wind aus den Segeln zu nehmen, das Dir jetzt vielleicht mitteilt: »*Ein Augenlicht haben doch alle.*« – Nein, eben nicht! Du würdest vor Schreck erstarren, wenn Du wüsstest, wie viele Menschen besonders in ärmeren Ländern blind sind, weil ihnen die richtige Nahrung, sauberes Wassser und ärztliche Versorgung fehlen.

Mach Dir vielleicht, um es ein bisschen zu verdeutlichen, einmal bewusst, wie es wäre, wenn Du von heute auf morgen durch einen Unfall Dein Augenlicht verlieren würdest.

Sicherlich fallen Dir selbst noch viele Dinge, für die Du dankbar sein kannst, ein. Und halte es Dir immer wieder mal vor Augen, dass es ein Privileg für uns ist, nicht hungern und nicht frieren zu müssen, denn wir sind eine Minderheit auf unserer Erde, die nicht von fundamentaler Existenznot umgeben ist. Die meisten Menschen der Weltbevölkerung kämpften täglich sprichwörtlich ums nackte Überleben und wir nehmen es für selbstverständlich, dass wir einfachen Zugriff auf die wichtigsten Dingen haben, um ein harmonisches Leben führen zu können.

*»Wenn Du Essen im Kühlschrank, Kleider am Leib, ein Dach über dem Kopf und einen Platz zum Schlafen hast, bist Du reicher als 75 Prozent der Menschen dieser Erde.«*
(Unbekannt)

***Spezialtipp:*** Da wir schon fast am Ende dieses Werkes angelangt sind, verrate ich Dir noch ein kleines Geheimnis: Dankbarkeit ist einer der stärksten Wunscherfüller, denn gefühlte Dankbarkeit verursacht unweigerlich das, wofür wir dankbar sind.[120] Wenn wir ehrlichen Herzens wertschätzend dankbar sind für das, was wir im Leben erhalten, wird jenes für uns stärker, besser und ständig vermehrt werden. Diese universelle Superkraft wirkt sogar auch für alle Dinge und Ereignisse, die wir noch gar nicht erhalten haben oder die bei uns als Ereignis noch nicht eingetreten sind. Warum funktioniert das? Ganz einfach, weil Du so wiederum die entsprechenden Emotionen in diese Richtung aussendest. Des Weiteren bedeutet die emotionale Signatur von Dankbarkeit grunsätzlich auch, dass wir uns freuen, weil wir etwas für uns Schönes erhalten haben bzw. dieses eingetreten ist. Das universelle Gesetz gilt immer und überall und ist unfehlbar in seiner Funktion. Wenn es Dir gelingt,

120 Inspiriert von Kurt Tepperwein.

dass Du Emotionen wie Ärger, Neid, oder Ungeduld gegen echte Dankbarkeit und Wertschätzung tauschst und beharrlich dranbleibst, dann bist Du im perfekten (Dauer-) Zustand des positiven Erschaffens zukünftiger wunderschöner und einzigartiger Lebensumstände für Dich. Denn in dem Moment, in dem Du Dich erfüllst und im Zustand des Wohlstandes fühlst und dies mit Dankbarkeit bestätigst und auch ausstrahlst, kannst und wirst Du einzig und allein nur Wohlstand sowie Gesundheit generieren. Mit diesen »*State*« befindest Du Dich sprichwörtlich im höchsten Zustand des Empfangens. So wirst Du in absehbarer Zeit Resultate in Deinem Leben sehen, wie Du sie Dir nicht ansatzweise erträumt hättest. Dinge werden sich ändern, neue Chancen werden sich ergeben, mit wunderbaren Menschen wirst Du zusammengeführt werden usw. In dem Moment, in dem Du Dein Leben und auch Dich selbst liebst, Dich wertschätzt, gepaart mit einer ordentlichen Prise Dankbarkeit, erschafft Du unausweichlich das, wofür Du dankbar bist. Einfach immer wieder ehrlichen Herzens dankbar sein, für alles, was Du hast, und auch für Deine Wünsche, die sich noch nicht erfüllt haben, und Du wirst diese anziehen wie ein starker Magnet die feinen Eisenspähne.

*»Dankbarkeit macht den Ärmsten reich.«*
(ANDREAS TENZER, *1954)

## Glücklicher und zu innerem Frieden gelangen mit Meditation

*»Meditation ist eine Umarmung mit sich selbst.«*
(JULIE ALBEDO)

Studienergebnisse belegen, welche zahlreichen positiven Auswirkungen regelmäßiges Meditieren[121] hat. Im Folgenden fasse ich für Dich die wichtigsten Ergebnisse zusammen:

121 Vgl. https://mymonk.de/10-gruende-fur-meditation-ergebnisse-der-hirnforschung/12/.

Schon vier Tage mit jeweils 20-minütigem meditativen Training genügen, um kognitive Fähigkeiten wie Aufmerksamkeit und Konzentration deutlich zu verbessern. Das ist das Ergebnis einer Untersuchung mit Meditierenden. Ein Begriff, der im Zusammenhang mit der Hirnforschung immer wieder auftaucht, ist »*Neuroplastizität*«. Studien haben bereits gezeigt, dass regelmäßige Meditationen nicht nur die Aufmerksamkeit und Konzentration langfristig schulen, sondern sogar zu sichtbaren Änderungen in den dafür zuständigen Hirnregionen führen. Meditative Praxis hat Einfluss auf die Hirnphysiologie und -anatomie, wie im Grunde auch jedes konstante Lernen, wie zum Beispiel das Üben einer Fremdsprache oder eines Instruments. Bestehende Verschaltungen und Synapsenverbindungen verstärken sich, andere verkleinern sich oder verschwinden, je nachdem, ob sie regelmäßig verwendet werden oder nicht. Das bedeutet, dass sich unser Gehirn physisch verändert, wenn wir denken, lernen oder eben meditieren. Bei Lernprozessen entstehen neuronale Bahnen. Sie verstärken sich, wenn die Gedanken wiederholt werden und lösen sich auf, wenn das Gelernte nicht genutzt wird.

Fadel Zeidan, Forscher an der Wake Forest University School of Medicine, fand heraus, dass sich regelmäßige Meditation positiv auf die verschiedensten Bereiche des menschlichen Lebens und Arbeitens auswirkt.[122] Zusammenfassend ergaben seine Forschungen, dass Meditation folgende Aspekte fördert bzw. verbessert:

- die Stimmungslage
- die Gedächtnisleistung
- die visuelle Aufmerksamkeit
- die Konzentrationsfähigkeit
- die kognitiven Fähigkeiten

Ebenso führt Meditation zu einer Verminderung von Angstgefühlen und Müdigkeit und steigert die Fähigkeit zur

---

122 Vgl. https://newsroom.wakehealth.edu/News-Releases/2015/11/Mindfulness-Meditation-Trumps-Placebo-in-Pain-Reduction.

räumlich-visuellen Wahrnehmung. Besonders deutliche Leistungssteigerungen zeigte die Meditationsgruppe im Vergleich zu der Gruppe der Nicht-Meditierenden bei allen kognitiven Tests, die unter Zeitdruck durchgeführt wurden und somit mit Stress verbunden waren. Meditation hilft in Stresssituationen, sicher auf das Gelernte zugreifen zu können. Meditation reduziert Stressreaktionen. Eine Studie der renommierten Universität Yale in New Haven (USA) befasste sich explizit mit dem Thema Emotionen und fand heraus, dass Meditierende Emotionen wie Zorn und Ärger besser regulieren können und dies ist natürlich außerordentlich gut für unser Karma-Konto und infolgedessen für unser zukünftiges Leben. Herbert Benson, Kardiologe an der Harvard Medicine School, untersuchte Mönche, die eine Meditation beherrschen, die sich TUMO nennt. Dem Meditierenden werden dabei bei Temperaturen um 3 Grad Celsius nasse Handtücher auf den nackten Oberkörper gelegt, die er durch eine signifikante Erhöhung seiner Körpertemperatur trocknet.[123] Zur Nachahmung ist das allerdings nicht zu empfehlen. Es sollte nur als Beispiel dienen, was in der Meditation möglich ist und welche Kräfte der Geist mobilisieren kann. Sicherlich wird durch dieses Beispiel klar, dass der Satz »*Der Körper folgt dem Geist*« der Wahrheit entspricht.

Eine weitere Versuchsreihe bewies, dass man mit meditativen Visualisierungsübungen Muskulatur aufbauen kann. Zwei Gruppen Nichtsportler, mit ähnlichen Tagesabläufen und Ernährungsgewohnheiten, wurden untersucht und ihre Muskel- und Fettmasse gemessen. Eine Gruppe absolvierte täglich ein kurzes gedankliches Krafttraining, das heißt, sie visualisierten sich bei Kraftsportübungen, ohne sich dabei zu bewegen. Die Vergleichsgruppe tat nichts. Schon nach wenigen Wochen hatte die Meditationsgruppe eine Zunahme von weit mehr als 10 Prozent an Muskelmasse zu verzeichnen.

Auch die extremen sportlichen Leistungen der Shaolin-Mönche hängen mit ihrem zusätzlichen mentalen Trai-

---

123 Vgl. https://news.harvard.edu/gazette/story/2002/04/meditation-dramatically-changes-body-temperatures/

ning zusammen. Gezielte Visualisierungen sowie Affirmationen, die im meditativen Zustand ausgeführt werden, beeinflussen die Körperfunktionen. Sie wirken wie Befehle auf den Körper. In allen Meditationstraditionen werden Gefühle über das Erzeugen von Bildern gesteuert, da das menschliche Gehirn Emotionen hauptsächlich mit Bildern verknüpft. Gerüche, Geschmäcker, Töne und kinästhetische Eindrücke können diese Emotionen noch verstärken. Um im emotionalen Bereich eine Persönlichkeitsentwicklung zu erreichen, sind demnach Visualisierungen positiver innerer Bilder nötig. Die Psychoanalyse spricht hierbei vom »*Internalisieren guter Objekte*«.

Inzwischen ist die therapeutische Wirksamkeit der mentalen Arbeit mit inneren Bildern neurowissenschaftlich belegt. Wolf Singer vom Frankfurter Max-Planck-Institut für Hirnforschung betont die Effektivität dieser Übungsform. Bewusste Visualisierungen können sogar externe, sprich erlebte Bilder ersetzen: Wie Kernspintomografie-Untersuchungen zeigen, ähneln diese Muster (wenn man sich ein Objekt bildlich vorstellt) bis ins Detail jenen, die man findet, wenn die Probanden dasselbe Objekt mit offenen Augen betrachten.

*Das Gehirn unterscheidet nicht zwischen dem, was ich tatsächlich gesehen und erlebt habe, und dem, was ich mir visualisiere.*

Singers Tests zufolge liegen die besten Meditationszeiten für diese Übungen am Morgen und am Abend. Der Morgen legt die Grundstimmung für den Tag fest. Der Abend steuert die Lernprozesse, die im Schlaf ablaufen. Herbert Benson, Wolf Singer und der Neurologe Richard Davidson sind sich über Folgendes einig: »*Die Szenen, an die wir uns erinnern oder die wir uns vorstellen, sind für das Gehirn gleichermaßen real.*«

Es gibt eine Gedankenübung, die an die mantrische Gebetstechnik der Mönche anknüpft. Sie besteht aus einer andauernden Wiederholung eines Gebetstextes oder eines Wortes. Während die Versenkung in Bilder die eigenen Gefühle steuert, ist die Arbeit mit Mantren der Schlüssel zur autonomen Steuerung unserer Gedanken.

Die mentale Unruhe und Hektik des Alltags lässt man durch das mentale Rezitieren eines Mantras hinter sich, um Ruhe, Gelassenheit und Frieden zu erlangen. Durch die Konzentration auf einen Satz und das Ausschalten der vielen hektischen Gedankenfetzen, die uns durch den Kopf schießen, wenn wir versuchen »*nicht zu denken*«, setzt sich dieser Satz im Unterbewusstsein fest und wird für uns zur Wahrheit. Diese »*neue Wahrheit*« wird langsam und stetig unser Handeln beeinflussen und zu den gewünschten Veränderungen führen.

Auch die therapeutische Wirkung der Arbeit mit Mantren ist medizinisch belegt. Herbert Benson von der Harvard Medical School konnte folgende körperliche Effekte durch das mentale Training mit Mantren nachweisen:[124]

- Der Bluthochdruck sank signifikant.
- Chronische Schmerzen verringerten sich.
- 75 Prozent der Patienten mit Einschlafstörungen wurden geheilt und konnten wieder normal schlafen – die übrigen 25% erlebten eine Besserung ihrer Schlafstörung.
- Bei Krebs- und Aidspatienten reduzierten sich die Symptome, welche in Form von Übelkeit und Erbrechen als Nebenwirkungen der Chemotherapie auftraten.
- Bei Patienten, die unter Angstzuständen oder leichten bis mittel-schweren Depressionen litten, trat eine deutliche Besserung ein.
- Bei Patienten mit Migräne reduzierten sich die Häufigkeit und Heftigkeit der Anfälle.

Der Nervus Vagus ist der zehnte Hirnnerv und der größte Nerv des Parasympathikus. Er ist an der Regulation der Tätigkeiten fast aller inneren Organe beteiligt. Er bremst Entzündungen und kann durch Meditation angeregt und aktiviert werden. Das ist zumindest eine Möglichkeit, Erfolge bei der Aktivierung von Selbstheilungskräften durch die Meditation zu erklären.

---

124 Vgl. http://news.harvard.edu/gazette/story/2015/10/relaxation-response-proves-positive/ und http://news.harvard.edu/gazette/story/2015/05/meditation-may-relieve-ibs-and-ibd/.

Meditierende, die man mit aggressiven Gesprächspartnern konfrontierte, blieben erstaunlich entspannt. Die Beobachtungen ergaben, dass Mimik und Physiologie während einer Diskussion praktisch unverändert blieben. Die Meditierenden behielten ihr Lächeln und ihre entspannte Haltung bei und konnten so auf das Verhalten ihrer Gesprächspartner positiv und beruhigend einwirken.[125]

Dr. Sara W. Lazar arbeitet als Neurowissenschaftlerin in der Psychiatrie des allgemeinen Krankenhauses von Massachusetts und unterrichtet Psychologie an der medizinischen Fakultät der Universität Harvard. Ihr Forschungsschwerpunkt ist die Untersuchung der neuronalen Mechanismen im Zustand der Meditation. In den für Sinnesverarbeitung und Aufmerksamkeit zuständigen Hirnarealen wies sie größere Blutgefäße und neuronale Verbindungen nach. Dies führte zur Verdickung der Großhirnrinde, die äußere, an Nervenzellen (Neuronen) reiche Schicht des Großhirns. Dieser Effekt war bei den älteren Versuchspersonen am deutlichsten ausgeprägt und betrug bis zu 5 Prozent. Man kann wohl davon ausgehen, dass eine regelmäßige Meditationspraxis die normale, altersbedingte Ausdünnung des Cortex reduziert.[126]

In der Washington Studie wurde 1993 in Experimenten in Washington D.C. nachgewiesen, dass eine Gruppe meditierender Menschen die Kriminalitätsrate des Stadtteils Columbia entscheidend senkte, bei Gewaltverbrechen sank diese Rate um über 23 Prozent. Die positiven Gefühle, wie etwa die Liebe, welche in der Meditation erfahren wurden, haben sich buchstäblich verbreitet und andere Menschen positiv beeinflusst. Es handelt sich hier um eine Gruppe von ca. 4000 Menschen, die acht Wochen lang in Schichten meditierten.

---

125 Vgl. http://www.epochtimes.de/gesundheit/ratgeber/mediziner-entschluesselt-die-wirkungsweise-der-meditation-a1076224.html.

126 Vgl. Lazar, S. W. et al.: Meditation Experience is Associated with Increased Cortical Thickness, in: Neuroreport 16 (2005), S. 1893-1897. Online zugänglich unter https://www.ncbi.nlm.nih.gov/pmc/articles/PMC1361002/.

***Spirituellen Impuls:*** Meditation macht Dich intuiver, klarer, gesünder, mental stärker, ruhiger, entspannter, friedlicher, freudvoller, positiver und glücklicher.

# Nachwort

Aus höherer Bewusstseinsebene betrachtet erschaffen wir letztendlich immer nur aus einem einzigen Grund Karma: Nämlich, wenn wir durch unser gewähltes Denken, Sprechen und Handeln gegen das universelle Gesetz der Liebe verstoßen. Durch den entsprechenden karmischen Ausgleich, in dem wir auch wieder dementsprechende Lieblosigkeit erfahren, werden wir wieder zu einem richtigen Verhalten, nämlich zu einem Verhalten voller Harmonie, Mitgefühl und Liebe, hingeführt. Ein Nichtbeachten dieses universellen, göttlichen Liebesgesetzes ist auch der einzige und wahre Grund für karmische Kontobelastungen mit entsprechenden Erlebnissen. Infolgedessen wird jedem auf die für ihm perfekt zugeschnittene Art und Weise Lieblosigkeit zugeführt, sodass derjenige am meisten und am effektivsten daraus lernen kann, um den Wert der Liebe wieder zu erkennen und diesen auch wieder zu leben. Unser Leben hier auf der Erde ist nicht unser wirkliches Zuhause, sondern wir sind mehr oder weniger für einen bestimmten Zeitraum als Besucher hier. Es ist für uns der Ort der Schule, die wir zur Entwickelung der Liebe brauchen, die Schule mit dem Hauptfach Liebe. Wir befinden uns mitten in einem großen Herzensspiel mit dem Zweck, unsere Liebe zu allem, das mit uns diese Erde teilt, von Leben zu Leben in unserem Herzen zu vermehren. Allmählich wird uns wieder bewusstwerden, was Jesus, Buddha oder andere spirituelle Meister schon immer versucht haben, uns zu vermitteln, nämlich, dass alles im Kosmos lebendig ist und wir zusammen eins sind. Mutter Erde ist ein lebendiges Wesen und wir sind ein Teil eines großen Organismus, dessen Teile ständig miteinander kommunizieren. Alles ist mit allem verbunden, da es kein Getrenntsein gibt! Wir sind mit allen Lebewesen, Menschen wie Tieren, und der Natur dauerhaft verbunden und nichts und niemand tritt zufällig in unser Leben. Wir bilden sozusagen gemeinsam eine unteilbare Einheit, etwas einzigartiges großes Ganzes, wovon wir selbst ein unauflöslicher aktiver Teil sind.

Je bewusster uns dies allmählich wieder wird, desto mehr treten wir wieder aus der Illusion des Getrenntseins heraus und werden wieder ein tiefes Gefühl der Verbundenheit, Vertrautheit und des Einsseins mit allem, was ist, wahrnehmen können. Die wahre (bedingungslose) Liebe zu leben, und da sind sich auch alle Religionen einig, ist das höchste zu erreichende Ziel. Es ist aber auch der eigentliche Schlüssel, um aus dem Rad der Wiedergeburt auszusteigen. Karma ist sozusagen ein geniales Erziehungs- und Rückkehrsystem zur Liebeswerdung, zu einem liebevollen Menschen in Großbuchstaben. So wie Jesus mit seinem obersten Gebot sagte: »*Liebe Deinen Nächsten wie Dich selbst.*« Daher werden wir bei jeder Abweichung vom Liebespfad durch einen Lieblosigkeitsausgleich auf unsere Verfehlung hingewiesen. Denn meist erst durch entsprechende Selbsterfahrung einer Lieblosigkeit erkennen wir wieder den Wert der Liebe. Das einzige Ziel besteht dabei jedes Mal nur darin, ein warmes Herz, vollkommen durchflutet von Liebe und Mitgefühl zu ent-wickeln. Wie Forschungen uns nahelegen, werden wir im Jenseits (bzw. oben im Himmel) unvergleichbare, viel harmonischere Erfahrungen wahrnehmen, als es uns hier auf der Erde überhaupt nur ansatzweise denkbar und möglich ist, da es dort ausschließlich nur die bedingungslose Liebe gibt.

Hierzu zitiere ich noch die berühmte Schweizer Sterbeforscherin Dr. Elisabeth Kübler-Ross: »*Die Erde ist eine Schule des Lernens. Wir müssen in dieser unangenehmen physischen Existenz leben, um Dinge zu lernen, die wir auf der anderen Seite nicht zu lernen vermögen. Denn auf der anderen Seite erleben wir die bedingungslose Liebe. Wie aber können wir Liebe lernen, wenn uns alles perfekt in rosigsten Farben begegnet?*«[127]

Aus dieser Perspektive betrachtet, lieber Leser, ergibt Karma letztendlich immer mehr und mehr Sinn. Wir sind vorübergehend zu Gast hier auf der Erde, um die Schule des

---

127 Kübler-Ross, Elisabeth: Warum wir hier sind, Silberschnur, 1999, S. 10.

Lebens zu besuchen und um bestimmte Erfahrungen zu machen. Wie wir so erkennen können, ist das Karma-Gesetz das ausgeklügelste und beste System, um aus Erfahrungen bestmöglich zu lernen. Es ist bis ins kleinste Detail durchdacht, fair, präzise und unfehlbar und gilt ewig in seiner Funktion, mit dem einzigen Ziel, dass wir da, wo wir, was die Liebe betrifft, noch gefehlt haben, wieder zu immer größerer innerer Liebesfülle heranwachsen. Ob harmonisches oder unharmonisches Karma, in unserem Karma-Logbuch des Lebens geht nichts verloren.

Haben wir in der Liebes-Schule des Lebens etwas noch nicht vollständig gelernt, verstanden oder ist uns dies bis dato noch nicht vollkommen bewusst geworden, bekommen wir Nachhilfeunterricht, indem wir selbiges oder ähnliches noch einmal erleben dürfen. Dies geschieht solange, bis wir aus den exakt für uns zugeschnittenen Lektionen, die uns das Karma zu Verfügung stellt, gelernt haben und unsere gewählten Gedanken, Worte und Handlungen vollkommen von göttlicher Liebe durchdrungen sind. Karma ist daher ein wunderbares, geniales Instrument, das uns wieder zu einem reinen und liebevollen Menschen erzieht, so wie wir es auch schon bei unserer allerersten Inkarnation waren. Dies ist letzten Endes auch der wahre Segen dahinter. Allmählich wird uns auch immer mehr bewusst, dass eine wunderbare göttliche Gerechtigkeit unser Sein auf Erden bestimmt. Sobald Du in all Deinem Denken, Sprechen und Handeln

in der L i e b e bist,

erschaffst Du kein neues Karma mehr und befreist Dich auch allmählich mehr und mehr von unharmonischen Wahrnehmungen. Lieblose Dinge, Menschen und Umstände passen einfach nicht mehr zu deinem erwachten Bewusstsein. Probleme, Mangel und Leid sind nur noch Erinerungen an die Zeit, als Du noch in der Illusion des Ichs lebtest. Nach und nach wird Dein Leben immer leichter, freudvoller, da Dir das Leben immer liebevollerer entgegen strahlt, indem es Dir auf wunderbare Weise immer öfter und in kürzeren Abständen noch schönere Erfahrungen in Dein Leben bringen wird, sodass Dir immer mehr Herzenswünsche in Erfüllung gehen werden und Dein Platz hier auf der Erde immer mehr zu einer Wohlfühloase wird.

Daraus resultierend kannst Du Dich an immer mehr innerem Frieden, atemberaubender Lebensfreude, Freiheit, Erfüllung, Gesundheit und Liebesglück in Deinem Leben auf Erden erfreuen und, falls es Dein Wunsch ist, zurück nach Hause zu kehren, die Erde in Frieden für immer verlassen.

*Walter Baumgartner*

*»Nichts ändert sich, bis wir uns selbst verändern.*
*Und plötzlich ändert sich alles.«*
(UNBEKANNT)

# Glossar

## Blinder Fleck

In der Sozialpsychologie bezeichnet man die Teile des Selbst oder Ichs, die nicht wahrgenommen werden, als einen »*Blinden Fleck*«. Andere hingegen können diesen jedoch wahrnehmen und uns darüber Rückmeldungen geben. Der »*Blinde Fleck*« bezieht sich auch oft auf Dinge, die wir an uns selbst nicht so gerne mögen, auf das, was wir bei uns selbst nicht sehen können und wollen. Als »*Blinden Fleck*« bezeichnet man es auch, wenn man aufgrund eines Verdrängungs- oder Abwehrmechanismus bestimmte Tatsachen nicht zur Kenntnis nimmt. Bei Dingen, die sich zumindest in unserer unmittelbaren Umgebung ereignen, ist man im Gegensatz meistens fest davon überzeugt, dass man diese mitbekommt und auch zutreffend wahrnimmt. Aus der Gehirnforschung wissen wir aber, dass das wahrnehmende Gehirn nur Dinge bewusst wahrnimmt, die es sehen will bzw. die es kennt.

## Buddha

Buddha ist der Ehrenname des indischen Religionsstifters Siddhartha Gautama. Das Wort »*Buddha*« bedeutet »*der Erwachte*« (Sanskrit, maskulin) und bezeichnet im Buddhismus einen Menschen, der Bodhi (»*Erwachen*«) erfahren hat, ein Wesen, das aus eigener Kraft die Reinheit und Vollkommenheit seines Geistes und vollkommene Weisheit und unendliches, gleichwohl distanziertes Mitgefühl mit allem Lebendigen erreicht hat und somit eine grenzenlose Entfaltung aller in ihm vorhandenen Potenziale. Ein erwachter Mensch ist ein besonderes Individuum, bei dem sich sein Bewusstsein und seine Wahrnehmung, die sich zuvor in einem halbschlafähnlichen bzw. unbewussten Zustand befunden haben, erweitert haben. Ein »*Buddha*« kann jeder Mensch werden und ist jener, der ohne fremde Hilfe die Erleuchtung erlangt.

## Chakren

Chakren sind feinstoffliche dynamische Energiezentren, die als Vermittler zwischen den feinstofflichen Energiefeldern und dem physischen Körper fungieren, und damit ein wesentlicher Teil des Energiesystems. Sie sind auch wichtiger Bestandteil der Traditionellen Chinesischen Medizin (TCM). Chakren sind in jedem zum irdischen Körper gehörenden feinstofflichen Körper der materiellen und der geistigen Welt vorhanden. Die sieben Hauptchakren befinden sich auf der Mittellinie des Körpers.

Das erste Chakra ist das Wurzelchakra, auch Basis-Chakra genannt. Es sitzt am Ende des Steißbeins, und hat die klassische Farbzuordnung Rot, ist der Erde hin zugewandt und steht u.a. für das Thema sexuelle Identität.

Das zweite Chakra ist das Sakralchakra, auch Sexual- oder Milzchakra genannt. Dieses Chakra ist nach vorne und nach hinten geöffnet. Es sitzt zwischen den Hüftknochen im Unterbauch und hat die klassische Farbzuordnung Orange und steht für die Themen Festhalten und Loslassen.

Das dritte Chakra ist der Solarplexus und befindet sich zwischen den auslaufenden Rippenbögen oberhalb des Nabels. Dieses Chakra ist ebenfalls nach vorne und nach hinten geöffnet und hat die klassische Farbzuordnung Gelb und steht für die Themen Willenskraft, Agression, Dominanz, Selbstwert, Stärke, Selbstgefälligkeit, Kontrolle und Tatkraft.

Das vierte Chakra ist das Herzchakra und befindet sich in der Mitte des Brustkorbes auf der Rückseite und Vorderseite des Körpers, ungefähr in Höhe des physischen Herzens. Es hat die klassische Farbzuordnung Grün bzw. Rosa und es ist der Sitz des Selbst, steht für Vertrauen, Fürsorge, das Nähren, Mitgefühl, Freundlichkeit, Selbstlosigkeit, Wertschätzung, Dankbarkeit, Güte und Liebe. Der Ursprung unserer Göttlichkeit.

Das fünfte Chakra ist dann das sogenannte Kehlchakra. Dieses Chakra ist ebenfalls nach vorne und hinten geöffnet und hat die klassische Farbzuordnung Türkis oder Hellblau und steht für den Ausdruck von Liebe und dem Aussprechen von Wahrheit.

Das sechste Chakra ist das Stirnchakra, auch als Drittes Auge bekannt. Es befindet sich ca. 2 cm oberhalb der Augenbrauen in der Mitte der Stirn und ist ebenfalls nach vorne und nach hinten geöffnet. Die klassische Farbzuordnung ist

Indigoblau und steuert die Zirbeldrüse, das sog. Dritte Auge. (vgl. dazu mehr im Buch).

Das siebte Chakra ist das Kronenchakra, wird aber auch Scheitelchakra genannt und befindet sich in der Mitte der Schädeldecke und ist nach oben geöffnet. Die klassische Farbzuordnung ist Weiß und steht für den Ausdruck der Göttlichkeit.

### Channeling

Channeling, Channelmedium und Channeln sind von dem englischen Wort »*channel*« abgeleitete Begriffe, die allesamt etwa »*Kanal*« bedeuten.

Als »*Channeling*« wird der Vorgang des Channelns oder der durch das Medium durchgegebene Text bezeichnet. Andere Bezeichnungen für »*Channeling*« sind »*Durchgabe*« oder »*Kontaktaufnahme durch ein Medium*«. Ein »*Channel-Medium*« ist eine Person, die sich als Überbringer von Botschaften zur Verfügung stellt und währenddessen mehr oder weniger in eine tiefe Trance verfällt und dadurch einen Verbindungskanal (Channel) zur geistigen Welt aufbaut und ihre eigenen Gedanken, Glaubenssätze und Konditionierungen im Hintergrund lässt.

»*Channeln*« bedeutet, Botschaften von den Feinstofflichen (unter anderem von Verstorbenen, Engeln oder anderen übernatürlichen Wesen) an inkarnierte Menschen weiterzugeben. Es beschreibt ein vorübergehendes »*aus dem eigenen Körper Gehen*«, damit ein anderes Wesen diesen Körper benutzen und übernehmen kann. Es gibt verschiedene Möglichkeiten, um Informationen zu übermitteln. Das aber am häufigsten verwendete Mittel, das ein Wesen benutzt, um seine eigenen Konzepte auszudrücken, sind meist die Sprachfunktionen des Gehirns und die darin gespeicherten sprachlichen Informationen. Andere Möglichkeiten wären u. a. automatisches Schreiben, wobei nur die Schreibhand die Brücke zum spirituellen Wesen bildet.

### Energetisch

Dieser Ausdruck wird in der Esoterik und im spirituellen Bereich benutzt und bezieht sich auf den esoterischen, spirituellen Begriff »*Energie*« und drückt aus, dass auf der feinstofflichen Ebene und nicht mit materiellen Mitteln gearbeitet wird.

### Energie

Energie steht am Anfang allen Seins und ist der lebenserhaltende, feinstoffliche Teil in (und außerhalb) unseres Körpers, mit dem Du Wünsche aussendest, durch die Karma erschaffen wird. Jedes Material, das feinstofflicher als materielle Gase ist, wird als »*Energie*« bezeichnet. Energie ist in der Spiritualität damit ein Synonym für feinstoffliche Materie. Unsere Entscheidungen, welche Gedanken wir produzieren, welche Emotionen wir aussenden und welche Handlungen wir tätigen, ist »*Energie in Bewegung*« und hat unmittelbar mit der Entstehung unseres Karmas zu tun.

### Energiekörper und Energiefeld

Der Energiekörper oder das Energiefeld sind andere Bezeichnungen für die Aura bzw. den feinstofflichen Körper, der unseren physischen Körper umgibt.

### Esoterik

Esoterik ist eine Lehre, die für Menschen zugänglich wird, die eine bestimmte Höhe einer Bewusstseins-Stufe erreicht haben, und die auf Lehren und Praktiken der Selbsterkenntnis und Selbstverwirklichung abzielt. Wörtlich übersetzt wird Esoterik mit »*das innere, verborgene, geheime Wissen*«. Exoterik würde im Gegensatz die nach außen gewandten oder von außen zugänglichen Aspekte bezeichnen.

### Feinstofflichkeit

Der Begriff »*Feinstofflichkeit*« bezeichnet eine hypothetische Form von Materie, die feiner und beweglicher als die grobstoffliche Materie ist, aus welcher der sichtbare Körper besteht. Somit bezieht sich Feinstofflichkeit auf alle Körperschichten, ausgenommen unseres physischen Körpers. Der postulierte Feinstoff steht damit zwischen Materie und Immateriellem und dient in einigen philosophischen Ansätzen zur Erklärung einer Interaktion zwischen beiden Elementen bzw. zur Erklärung immaterieller Phänomene überhaupt.

## Glaubenssätze

Glaubenssätze sind innere Leitsätze, die wir selbst meist unbewusst wählen, aussprechen oder denken und nach denen wir leben. Sie werden oft ungefiltert von der eigenen Familie und der Gesellschaft übernommen und repräsentieren meist ein veraltetes und einengendes Denken, ähnlich einer Art von Gedankenprogrammierung. Da wir aber an sie glauben, haben sie ein sehr großes Gewicht in unserem Leben und deshalb ist es essentiell, dass wir erkennen, welche unsere wirklichen individuellen Glaubenssätze sind und wie wir diese für unser Glück sowie unseren Erfolg bewusst wählen und durch innere Entwicklung ändern können.

## Jenseits

Der Begriff Jenseits ist eine Bezeichnung für eine »*andere Wirklichkeit*«, die sich nach religiösen, mytischen und esoterischen Vorstellungen außerhalb unserer normalen Tagesrealität befindet.

## Karma

Der Begriff »*Karma*« kommt aus dem Sanskrit und bedeutet so viel wie »*Tun*« oder »*Wirkung*«, das heißt die aus dem Wirken hervorgehende Wirkung im Sinne eines absichtlichen, willentlichen Tuns, und wurde aus den ältesten existierenden buddhistischen Schriften entnommen (diese sind in der Sprache Pali verfasst, dort »*Kamma*« genannt). Alle östlichen Philosophien erkennen Karma und die damit zusammenhängende Wiedergeburt als Tatsache an. Für mehr als die Hälfte der Menschheit sind Karma und Wiedergeburt damit feststehende und unumstößliche Realitäten. Es beschreibt eine nicht vorhersehbare oder (unter normalen Bedingungen) beeinflussbare, über die Welt herrschende Macht, die das Leben der Menschen bestimmt und lenkt.

## Konditionierung

Der Begriff »*Konditionierung*« ist eine durch mehrfaches Wiederholen tief in den Geist eingeprägte Verhaltensweise, die reflexartig bestimmte festgelegte Reaktionen in entsprechenden Situationen auslöst. Ein Beispiel wären Schulanfänger, denen anfangs von den Lehrern beigebracht wird, dass sie nach dem Ertönen der Pausenklingel ihre Schulsachen zusammenräumen sollen, um anschließend die Klasse zu verlassen. Nach mehrfachem Wiederholen dieser Aufforderung des Wunsches der Lehrer in Verbindung mit dem Klingelton stellt sich bei den Schulanfängern mit der Zeit ein Automatismus ein, sodass sie ohne Aufforderung des Lehrers nur mit dem Klingelton allein wissen, was zu tun ist, und dies auch befolgen.

### Manifestieren

Manifestieren heißt auf Lateinisch »*manifestare*«, und bedeutet »*offenbaren, sichtbar machen*«. Manifestieren bedeutet unter anderem auch deutlich oder sichtbar werden, die Bekundung von etwas Bestimmtem, sich zu erkennen geben, in Erscheinung treten. Auf das Karma bezogen bedeutet das: Wenn sich etwas manifestiert, wird das Gewünschte erlebt. Es ist jetzt real, es steht vor Dir, die Situation ist eingetreten.

### Materie

»*Materie*« ist ein Begriff, der vor allem in der Physik Anwendung findet. Materie ist demnach eine Bezeichnung für die Substanz, aus der alle physisch greifbaren Dinge der Welt bestehen, wie etwa ein Gebäude, Stein, Notebook, Smartphone, Fahrzeug usw. Materie ist in den Naturwissenschaften eine Sammelbezeichnung für alles, woraus physikalische Körper aufgebaut sein können. In diesem Buch bezieht sich Materie auf alles, was sich für uns karmisch manifestiert, also auf alles, das Du sehen, fühlen, schmecken, riechen und hören kannst.

### Matrix

Die Matrix ist die Summe aller Einbildungen, eine für wahrgehaltene Welt, die nicht wirklich ist, sondern eine Gesamtheit an Kräften und Mechanismen bildet, die eine Simulation erschafft. Die Matrix ist die Möglichkeit, alle nur denkbaren Vorstellungen sowohl auf der mentalen als auch auf der emotionalen und der physischen Ebene erleben zu können. Alles, was wir wahrnehmen – ausgenommen der Liebe, der

Leere, des Nichts und der Stille – ist die Matrix. Die Matrix ist allgegenwärtig, sie umgibt uns selbst hier, wenn Du diese Zeilen gerade liest, wenn Du Dir die Zähne putzt, wenn Du Deine Brötchen bezahlst, wenn Du in die Arbeit gehst, oder wenn Du den Fernseher einschaltest.

### Medium

Für den Begriff »*Medium*« gibt es mehrere Verwendungen, aber grundsätzlich wird eine Person als Medium bezeichnet, wenn sie die Fähigkeit besitzt, Informationen zwischen dem Jenseits und dem Diesseits zu vermitteln. Das Medium stellt dabei seinen Körper einem Wesen aus dem Jenseits sozusagen als Kanal zur Verfügung, wodurch Botschaften übermittelt werden, die oft mit (veränderter) Stimme des Sprechers (auditiv) oder handschriftlich (visuell) wiedergegeben werden.

### Reinkarnation

Reinkarnation (lat.) ist die wiederholte Inkarnation, die »*Wiederfleischwerdung*«. Der Beginn einer Inkarnation (Wiedergeburt) ist bereits bei der Verschmelzung von Eizelle und Samen. Die Inkarnation bezieht sich dabei auf eine einzelne Verkörperung, während die Reinkarnation eine erneute Verkörperung bezeichnet. Die menschliche Seele verbindet sich nach jeder Inkarnation (und Entwicklung von noch nicht abgetragenem Karma) von Körper zu Körper. Normalerweise werden dabei alle Erinnerungen »*an den alten Körper*« gelöscht, in Form von Eigenschaften bleibt aber das Gelernte erhalten. Erinnerungen an ein früheres Leben können zum Beispiel häufig im Rahmen einer unter Hypnose durchgeführten Rückführung wieder geweckt werden. Die Erfahrungen und Erlebnisse, die wir auf der Seelenreise auf der Erde machen, bestimmen unser noch vorhandenes, noch nicht abgetragenes Karma. Durch unser aktuelles, noch nicht abgetragenes Karma ziehen wir automatisch entsprechende Wahrnehmungen und Erfahrungen, sprich Menschen, Begegnungen und Situationen in unser Leben, die für unsere Entwicklung (Ent-Wickelung unserer Karmischen Verwickelungen) wichtig sind.

### Reinkarnationstherapie

Eine Reinkarnationstherapie oder Rückführungstherapie, besser aber als »*Rückführung*« bekannt, bedeutet, dass Du in Deine Vergangenheit geführt wirst. Es ist eine Selbsterfahrung, bei der Du selbst, während eines leichten Trancezustandes, aus der Kindheit oder aus Deinen früheren Leben berichtest. In diesen Trancezustand, dem sogenannten Alphazustand, kann der Klient unter anderem durch Meditation, Hypnose, holotrope Atmung, binaureale Beats oder hemisphäre Synchronisation-Methoden geführt werden. Durch eine Rückführung können noch nicht gelöste Blockaden, sprich psychische und körperliche Probleme aller Art, deren Ursprung aus Erlebnissen des früheren Lebens stammen, die noch allesamt im Unterbewusstsein abgespeichert sind (von denen wir meist gar nichts wissen), aber die trotzdem Auswirkungen auf unser jetziges Leben haben, weil all diese unbewusst ständig und in Dauerschleife mitschwingen, aufgelöst werden.

Unsere Seele trägt nicht nur die ganze Erinnerung an unsere Vorleben in sich, sondern auch die vom Bewusstsein vergessenen bzw. verdrängten Ereignisse der frühen Kindheit und der Pränatalzeit (Mutterleib). So werden wir in unserem jetzigen Leben leider oft mit sehr einschränkenden, unharmonischen Auswirkungen, wie unter anderem Ängsten jeglicher Art, Beziehungsproblemen, Kinderlosigkeit, Mobbing, Depressionen, Problemen in familiären und sozialen Lebensbereichen, konfrontiert. Um uns von all den alten Wunden aus der Vergangenheit zu befreien und Heilung sowie Frieden zu finden, ist es unumgänglich, an den Ursprung der Problematik zurückzugehen, der sich unserem rationalen Verstand meist entzieht, und ein »*Clearing*« (also klären, reinigen, das Entfernen von Energieblockaden) zu vollziehen.

### Schicksal

Karma und Schicksal sind, auch wenn sie oft als selbiges abgetan werden, von der Bedeutung her zwei unterschiedliche Worte. Laut Wortbedeutung im deutschen Sprachgebrauch ist letzteres »*von einer höheren Macht über jemanden Verhängtes, ohne sichtliches menschliches Zutun sich Ereignendes, was jemandes Leben entscheidend bestimmt«*[128], mit anderen Worten der Summe aller Erfahrungen, die wir in einem Leben machen, wäre man demnach willenlos ausgeliefert.

Ähnlich, und darin besteht die eine mögliche Verwechslung, ist die semantische Bedeutung von Karma: Auch Karma ist die Summe aller Erfahrungen, die wir machen, jedoch mit dem Unterschied, dass diese von uns selbst verursacht werden und dabei ebenso der freie Wille eine Rolle spielt (ganz anders dazu in der Bedeutung des Schicksals).

### Schöpfer

Ein Schöpfer ist jemand, der etwas Bedeutendes gestaltet, geschaffen, hervorgebracht hat. Wir erschaffen (schöpfen) durch das Aussenden von Gedanken, Emotionen und Handlungen unsere zukünftigen Wahrnehmungen. Wir sind der eigene Schöpfer unserer zukünftigen Erfahrungen.

### Spiritualität

Spiritualität bedeutet im weitesten Sinne Geistigkeit, inneres Leben, geistiges Sein. Spiritualität ist unter anderem auch das Wahrnehmen eines überall sinnvollen Wirkens, einer göttlichen Präsenz, auch bei einem selbst, sodass man sich auf diese Weise immer mehr zur Selbsterkenntnis hin entwickeln kann. Spirituell zu sein, bedeutet unter anderem auch, dafür sensibel zu sein, intuitiv auf geistiger Ebene Dinge wahrzunehmen, göttliches Vertrauen in das Leben zu entwickeln und zu haben. Es bedeutet wahrzunehmen, dass alles mit allem verbunden ist, mit der Wahrheit des Lebens und des Universums immer mehr in Einklang zu kommen, seinem Selbst immer mehr bewusst zu werden, Achtsamkeit zu entwickeln und sich von seinen Konditionierungen und Glaubenssätzen immer mehr zu lösen, zum Beispiel durch Meditation.

### Wahrnehmung

Eine Wahrnehmung ist ein Informationsgewinn, der sowohl von innen als auch von unserer Umwelt erfahren werden

---

128 https://www.duden.de/rechtschreibung/Schicksal.

kann. Alles, was wir mit unseren Sinnen bemerken, ist eine Wahrnehmung. Dies könnte unter anderem eine Aufnahme, eine Beobachtung, ein (Sinnes-)Eindruck oder eine Empfindung sein. Je nach Kontext können es sowohl irdische, als auch feinstoffliche Wahrnehmungen sein.

# Zitate des Autors

*»Gedanken mit Bewertung sind eine Form von Energie, die Wirklichkeit schafft.«*

*»Die wahre Essenz von innerem Frieden und Glück ist, beim Denken und Handeln die richtigen Entscheidungen zu wählen.«*

*»Der einzige Weg, der Dich auf Dauer frei macht, ist der Weg des Herzens, auch wenn er nicht immer der einfachste ist.«*

*»Die Zeit heilt keine Wunden, sie erlaubt Dir nur, dass diese sich ins Unterbewusstsein verlagern. So ist die gesamte Vergangenheit in Dir gespeichert, die Du Tag für Tag mit Dir herumträgst. Du strahlst Entsprechendes aus, das wiederum bestimmt, welche Erfahrungen Du in Dein Leben ziehst. Ganz gleich wie schmerzhaft Deine Erfahrungen in der Vergangenheit immer auch waren: innerer Frieden, Freiheit, Erfüllung und Lebensglück beginnen, indem Du Dein Herz für die innere Ausheilung öffnest, allem verzeihst und Frieden mit der Vergangenheit schließt.«*

*»Alles kommt im richtigen Moment zu Dir, sei geduldig.«*

*»Deine durch Gedanken ausgesendeten Emotionen verdienen besondere Achtsamkeit, denn sie sind der Funke, der Deine Karma-Zündschnur in Brand setzt.«*

*»Chancen sind wie Sonnenuntergänge: Wer zu lange wartet, verpasst sie.«*

*»Der Moment, in dem Du endlich frei bist, ist, wenn Du beginnst, in Frieden so zu leben, wie Du möchtest,*

*und Du aufhörst, Dir Gedanken darüber zu machen, welche Meinung andere von Dir haben.«*

*»Was andere von mir denken, ist ihre Wahl. Was ich von mir denke, ist meine Wahl.«*

*»Der größte Reichtum ist innerer Frieden.«*

*»Sobald Du beginnst, Dein Herz für die Liebe zu Dir selbst zu öffnen, wird auf magische Weise etwas Wunderbares geschehen: Dann öffnet sich auch die Liebe der Welt zu Dir.«*

*»Mache jeden Tag etwas, wovor Du Angst hast!«*

*»Glück oder Pech gibt es im wahrsten Sinne des Wortes nicht, Du bestimmst Deine zukünftigen Erfahrungen anhand Deiner Wahl, welche Emotionen Du durch Denken und Handeln überwiegend aussendest.«*

*»Veränderung kann sehr unharmonisch sein, doch nichts schmerzt mehr, als dort zu bleiben, wo man nicht (mehr) hingehört.«*

*»Wer loslässt, braucht nicht mehr festhalten und hat beide Hände frei für alles Neue, das kommt.«*

*»Loslassen bedeutet, etwas in Frieden anzunehmen und so zu lassen, wie es ist, da es nicht für Dich bestimmt war.«*

*»Du bist der Rufende, wähle bewusst Deinen Ruf, denn er wird erhört.«*

*»Jeder Gedanke ist Dein Wunsch, den Du aussendest, darum achte darauf, welche Wünsche Du erleben möchtest.«*

*»Vergib nicht, weil Menschen vielleicht Vergebung verdienen, oder Du das Verhalten jener jetzt akzeptierst, sondern, weil Du dadurch endlich wieder zum inneren Frieden gelangst. So gelingt es Dir einfacher, loszulassen und Dein Leben wieder harmonischer zu leben.«*

*»Beurteile Menschen nicht nach Äußerlichkeiten wie Aussehen, Status, Macht oder Besitz, sondern nach ihrer Herzenswärme, danach, wie sie mit Menschen umgehen, die sich in einer schwächeren Position befinden und danach, wie sie reagieren, wenn es ungemütlich wird.«*

*»Die Angst lebt von Deiner Flucht, daher fühle sie und geh ihr behaarlich entgegen, denn in der größten Angst liegt auch das höchste Potential.«*

*»Du lebst den größten Teil in Deinem Kopf! Achte daher darauf, dass Du, mit Deinen gewählten Gedanken, dort einen in Liebe VOLLEN Raum hinterlässt.«*

*»Wenn Deine gedachten Gedanken und Deine gesprochenen Worte auf Deiner Haut erscheinen würden, wärst Du dann noch schön?«*

*»Wenn Du Dein vergangenes Leben kennenlernen möchtest, sieh Dir Dein jetziges Leben an. Wenn Du Dein zukünftiges Leben kennen möchtest, sieh Dir Deine gegenwärtigen gewählten Gedanken, Handlungen und ausgesendeten Emotionen an.«*

*»Glück oder Pech gibt es im wahrsten Sinne des Wortes nicht, Du bestimmst Deine zukünftigen Erfahrungen anhand Deiner Wahl, welche Emotionen Du durch Denken und Handeln überwiegend aussendest.«*

*»Nicht Deine Gedanken erschaffen Deine Zukunft, sondern Deine Emotionen.«*

# Danksagung

Dieses Buch ist ein Teil meines Lebens, Teil meiner Lebensgeschichte – und jetzt ist es auch bereits Teil Deiner Lebensgeschichte geworden. So etwas zu erschaffen, ist immer eine Gemeinschaftsleistung und es waren viele Menschen am Werk, die dazu beigetragen haben, mir überhaupt zu ermöglichen, dieses Werk zu schreiben.

Ich selbst habe bis dato 48 Länder unseres schönen Planeten besucht (ich habe sie extra gezählt), um unzählige Ausbildungen, Seminare und Workshops zu besuchen und unzählige Erkenntnisse gesammelt. Seit 2010 besuche ich jährlich einen 10-tägigen Vipassana-Kurs, um Zugang zu einer sauberen Intuition zu bekommen und um mich weiter zu entwickeln. Es folgten zahlreiche weitere Techniken, unter anderem Sungazing, Kunlun, Sonnenmeditation, Gottmenschmeditation und aktuell beschäftige ich mich mit Meta Health. Diese und viele weitere Unternehmungen haben es mir überhaupt erst ermöglicht, so ein Buch schreiben zu können. Auch waren viele wichtige Wegbegleiter dabei; natürlich ist es unmöglich, alle zu nennen, aber die wichtigsten werde ich hier gerne und mit großer Freude anführen:

Für den Anfang, damit dieses Buch überhaupt entstehen konnte, war ursprünglich meine über alle Maßen liebenswerte Partnerin, Assistentin und Lektorin Manuela verantwortlich. Neben ihrer Hingabe für eigene literarische Werke (www.seraphina.world) hat sie mich mit vielen Impulsen, Inspirationen und Geduld (die ich selbstverständlich auch reichlich in Anspruch nahm) nie im Stich gelassen, selbst, wenn es mal turbulent zuging. Ich arbeitete 2015 eifrig an einem Buch über Glücksforschung, bei welchem ich ebenso Platz für ein Kapitel über Karma schuf. Da für mich selbst dabei immer mehr Fragen aufkamen, begann ich, mich mehr und mehr mit diesem Thema auseinanderzusetzen und so entstand daraus ein immer größerer Artikel. Das Manuskript zu diesem Glücksforschungs-Buch war bei Manuela, während ich in einer 10-Tages-Vipassana-Meditation war. Ich erhielt die Korrektur in einer E-Mail mit den Worten, dass »*da-*

*raus ein eigenes Buch entstehen könnte*«; anbei sandte sie zur Probe ein Inhaltsverzeichnis. Der Rest ist hiermit glückliche Geschichte. Meine Partnerin ist nicht nur ein wunderbarer Mensch und eine tolle Lektorin, sondern sie sieht auch noch unglaublich gut aus. Ich liebe Dich, mein Schatz!

Außerdem geht ein großes Dankeschön an den Bewusstseinsforscher Abuna Semai (www.gottmensch.de) – welch Segen dieser Mensch –, der mir stets mit Rat und Tat zur Seite stand, sowie Laura Winter, »*die Begleiterin durch das Herz*« (www.lebedeinherz.org). Ein weiteres Dankeschön geht an meine geliebte Herzfamilie, der ich schon seit einigen Jahren angehöre – eine kleine Gruppe mit dem Ziel, Selbsterkenntnis zu erlangen.

Ebenso bedanke ich mich bei Jesus Lopez für das Vorwort sowie bei meiner Familie, die sich Inhalte aus diesem Buch gefühlte tausende Male anhören musste, während ich damit ab und zu für einige Augenverdreher sorgte: meinen Eltern, meiner Oma, meinen Brüdern, meine Nichten und meinem Neffen, Vanessa, Emely, Selina und Lukas – ich liebe euch alle!

Und ebenso danke ich allen Freunden, denen ich oftmals aus Zeitgründen absagen musste und die daher generell viel Geduld mit mir aufbringen mussten. Besonders danke ich auch dem Spirit Rainbow Verlag für die herzliche Betreuung und für die Unterstützung meiner Lektorin Julia Huntscha, die mir dabei geholfen hat, aus meinem Manuskript ein wunderbares Buch zu machen! Und nicht zuletzt danke ich ganz besonders Euch, meinen Lesern auf der ganzen Welt, für die ich dieses Buch geschrieben habe!

Mir selbst aber danke ich am meisten, dass ich immer so wissbegierig und beharrlich war und mir immer wieder einen Ruck gegeben habe, um dieses Werk zu vollenden.

*Und eines Tages wirst Du dann entdecken: Die wichtigste Reise ist die in Dein Herz. Dort wirst Du alles finden, was Du Dein Leben lang gesucht hast.*

*Herzlichst,*
*Walter Baumgartner*

# Mein Angebot für Dich

Wenn Du bereits verspürt hast, dass die Lektüre meines Buches der Ziegelstein auf dem Gaspedal Deines Lebens ist, dann könnte es für Dich oder Deine Mitarbeiter oder Gruppe mit einer persönlichen Betreuung durch mich als Karma- und Glückscoach für Fülle und inneren Frieden weitergehen. Die wesentlichen Inhalte meines Wirkens sind:

*»Karma und glücklich leben«*
(Alles rund um Karma, Glücksforschung, Fülle, Spiritualität, Meditation oder einfach nur die Erreichung eines glücklichen Lebens)

Ein solches Leben wird folgendermaßen erreicht: Je mehr inneren Frieden Du erlangst, desto mehr harmonische Energie strahlst Du aus. Dies wiederum hat zur Folge, dass Du immer mehr harmonische Erfahrungen in Dein Leben ziehen wirst. Deswegen biete ich für Dich eine maßgeschneiderte Begleitung der Harmonisierung Deiner inneren Unreinheiten/Blockaden/Glaubensätze an.

**Meine Angebote:**

- Begleitung (z.B. via Zoom, Skype, ...)
- Seminare
- Glückstraining für Privatpersonen oder Gruppen
- Meditation (für Einzelpersonen, Firmen, Gruppen etc.)
- Lösen von festsitzenden Emotionen nach Bradley B. Nelson[129]

**So erreichst Du mich:**
Homepage: www.walterbaumgartner.com
E-Mail: info@walterbaumgartner.com

---

129 Entsprechend der Methode des Emotion Codes nach Bradley B. Nelson.

Ort: Du stellst den Raum zur Verfügung und ich komme Dich oder Deine Gruppe besuchen.

Kosten: Rein auf Spendenbasis Deiner Wertschätzung meines Wirkens gegenüber (Energieausgleich).

# Empfehlungen

## Gesundheitserhaltung

Regelmäßige Einnahme von Nahrungsergänzung:

- OPC-Traubenkernextrakt
- Curcumin-Extrakt (Kurkuma)
- Magnesium
- Vitamin-D (mittels Supplementierung auf einen Spiegel zwischen 80 bis 100ng/ml achten)

Körperbewusster Lebensstil:

- Wasserfasten (Regelmäßig, Literatur u.a. Dr. Rüdiger Dhalke)
- Darmreinigung (Regelmäßig)
- Floride-frei leben
- Vor Elektosmog schützen (siehe www.walterbaumgartner.com)
- Meditation (z.B. Vipassana) www.dhamma.org

## Anlaufstellen für Gesundheit, wenn die klassische Schuldmedizin an ihre Grenzen stößt

| | |
|---|---|
| Energie- und Raumfahrtmedizin | www.enki-institut.com |
| Energie- und Raumfahrtmedizin | www.inakarb.de |
| Jun Labo (Wunderheiler) | www.junlabo.weebly.com |
| Allg. Anlaufstelle | www.zentrum-der-gesundheit.de |

## Literaturempfehlungen

- »*Unendliche Liebe, Jesus spricht*« von Glenda Green
- »*Gespräche mit Gott*« (Vollständige Ausgabe) von Neale Donald Walsch
- »*Das Große Karma Handbuch*« von Trutz Hardo
- »*Das Buch vom Ego, von der Illusion zur Freiheit*« von Osho

- »*Leben und Lehren der Meister im fernen Osten (Band 1–5)*« von Baird T. Spalding
- »*Codex Humanus – Das Buch der Menschlichkeit*« Band 1–3 von Robert Franz
- »*Anastasia*« (Band 1–10) von Wladimir Megre

Wenn Du die Bereitstellung dieses Inhaltes oder generell das Vorantreiben meines Projektes »*Karma & Glücklich Leben*« freiherzig finanziell unterstützen möchtest, besteht für Dich hier die Möglichkeit, je nach Deiner Wertschätzung meines Wirkens gegenüber, mit dem Betreff »Karma & Glücklich Leben« etwas zu geben:

Walter Baumgartner
IBAN: AT982032013402005362
BIC: ASPKAT2LXXX

www.walterbaumgartner.com

# Quellenverzeichnis

## Monografien


- Bernard, L. L.: Instinct. A Study in Social Psychology, New York: Henry Holt & Co 1924.
- Broers, D.: Das Ego im Dienste des Herzens. Ein Neues Eden. Teil 2 der Trilogie. Dieter-Broers-Verlag LDT 2017.
- Broers, D.: Metamorphose der Menschheit. Teil 3 der Trilogie, Unterlembach: Dieter Broers Verlag Ltd, 2018
- Buttlar, J. in: Hardo, Trutz: Das große Karmahandbuch. Wiedergeburt und Heilung, 2018.
- Byrne, R: The secret – Das Geheimnis, Arkana, 2007.
- Campbell, T. C./Campbell, T. M.: The China Study: Startling Implications for Diet, Weight Loss and Long-Term Health, Dallas: BenBella Books 2005.
- Claire, S.: Herzensfremd, 1999, Bastei Lübbe Taschenbücher.
- Cohen, A.: Wiedergefunden!, Freiburg: Lüchow 1997.
- Demarmels, U.: KarmaCoaching: Wege aus der Schicksalsfalle, Berlin: Allegria 2015.
- Duprèe, E. U.: Hoòoponopono. Das hawaianische Vergebungsritual,
- Darmstadt: Schirner-Verlag 2015.
- Eckmann, P.: Gefühle lesen. Wie Sie Emotionen erkennen und richtig interpretieren, Berlin/Heidelberg: Spektrum Akademischer Verlag 2007.
- Goldberg, P.: The Intuitive Edge: Understanding and Developing Intuition, New York: Jeremy P. Tarcher/Putnam 1983.
- Hardo, T.: Liebe aus karmischer Sicht, Güllesheim, 2017.
- Johnson, J. P.: Pfad der Meister. Der Weg nach Innen durch den Yoga des Klangstroms, Ergolding: Drei Eichen 1997.
- Kübler-Ross, Elisabeth: Warum wir hier sind, Silberschnur, 1999.
- Long, A./Schweppe, R.: Karma. Die Gebrauchsanleitung, München: Heyne 2011.

- Malinowski, B.: Korallengärten und ihre Magie: Bodenbestellung und bäuerl. Riten auf den Trobriand-Inseln. Frankfurt am Main: Syndikat, 1981.
- Nelson, B.: Der EmotionsCode. So werden Sie krank machende Emotionen, los, VAK, 2019.
- Newton, M.: Die Reisen der Seele: Karmische Fallstudien, Wettswil: Astrodata 1996.
- Newton, M.: Leben zwischen den Leben: Astrodata 2005.
- Osho: Das Buch vom Ego – Von der Illusion zur Freiheit, Berlin: Allegria 2012.
- Pavlov, I. P.: Conditioned Reflexes: An Investigation of the Physiological Activity of the Cerebral Cortex, London: Routledge and Kegan Paul 1927.
- P. Pearsall, The Heart´s Code: Tapping the Wisdom and Power of Our Hearth Energy (New York: Broadway Books, 1998).
- Ripley Entertainment Inc. [o.V.]: Ripley's Einfach unglaublich! Echte Hingucker, Hamburg: Hoffmann und Campe Verlag 2009/2013/2016.
- Sivananda, S.: Shrimad Bhagavad Gita, Mangalam Books, Lautersheim 1998.
- Spalding, B. T.: Leben und Lehren der Meister im Fernen Osten, Band 1-3, Darmstadt: Schirner-Verlag 2011.
- Stevenson, I: Reincarnation and Biology: PRAEGER PUBLISHERS, 1997.
- Tepperwein, K.: Was wünscht Du Dir vom Leben? – Das Resonanzgesetz als Weg zu Selbsterkenntnis und Selbstverwirklichung. 1. Auflage. Wilhelm Goldmann Verlag: München 2011, S. 74; 77–79.
- Wohlleben, P: Das geheime Leben der Bäume. Was sie fühlen, wie sie kommunizieren die Entdeckung einer verborgenen Welt, Ludwig Verlag, München, in der Verlagsgruppe Random House GmbH, 2015
- Wu, L./Lauer N.: Praxisbuch Energiemedizin, München: Gräfe und Unzer Verlag 2015.
- Ware, B.: 5 Dinge, die Sterbende am meisten bereuen: Einsichten, die Ihr Leben verändern werden, Göttingen: Arkana 2015.

- Watzlawick, P.: Anleitung zum Unglücklichsein, Piper Taschenbuch, 2009.

## Journals/Studien

- Backster, C.: »*Evidence of a Primary Perception in Plant Life*«, in: International Journal of Parapsychology 4 (1968), S. 328–348.
- Brickman, P./Coates, D./Janoff-Bullmann, R.: »*Lottery Winners and Accident Victims: Is Happiness Relative?*«, in: Journal of Personality and Social Psychology 36 (1978), S. 917–927.
- Dean HT. Chronic endemic dental fluorosis, Journal of the American Dental Association,1936; 107 (16): 1269–1273.
- Dijksterhuis, A./van Olden, Z.: »*On the Benefits of Thinking Unconsciously: Unconscious Thought Increases Post-Choice Satisfaction*«, in: Journal of Experimental Social Psychology 42 (2006), S. 627–631.
- Hagelin, J.S. et al.: »*Effects of Group Practice of the Transcendental Meditation Program on Preventing Violent Crime in Washington, D.C.: Results of the National Demonstration Project, June-July 1993*«, in: Social Indicators Research 47/2 (1999), S. 153-201.
- James, W.: »*La Notion de Conscience*«, in: Archives of Psychology 5 (1905), S. 1–12.
- Lazar, S. W. et al.: Meditation Experience is Associated with Increased Cortical Thickness, in: Neuroreport 16 (2005), S. 1893–1897. [Online zugänglich unter https://www.ncbi.nlm.nih.gov/pmc/articles/PMC1361002/]
- Poponin, V./Gariaev, P.: The DNA Phantom Effect, Institute of HeartMath, Boulder, Kalifornien.
- Rein, G./McCraty, R.: Local and Non-Local Effects of Coherent Heart Frequencies on Conformational Changes of DNA, Institute of HeartMath, Boulder, Kalifornien.
- WISSEN & Staunen, Nr. 4, August/ September 2018.

## Internetquellen

*Zuletzt abgerufen am 01/2021*


- http://basharchanneledbydarrylanka.org
- https://i-uv.com/new-research-shocks-scientists-human-emotion-physically-shapes-reality/
- https://news.harvard.edu/gazette/story/2002/04/meditation-dramatically-changes-body-temperatures/
- https://news.harvard.edu/gazette/story/2015/05/meditation-may-relieve-ibs-and-ibd/
- http://news.harvard.edu/gazette/story/2015/10/relaxation-response-proves-positive/
- http://www.dailymail.co.uk/femail/article-3271504/Can-rot-apple-mind-sounds-bonkers-promoted-new-self-help-book-women-swear-directing-negative-feelings-it.html.
- https://www.gesundheit.de/wissen/haetten-sie-es-gewusst/persoenlichkeiten-der-medizin/pawlow-der-entdecker-des-bedingten-reflexes
- http://www.gottmensch.de
- http://www.lebedeinherz.org
- http://www.puramaryam.de/auramensch.html
- http://www.spiegel.de/panorama/gluecksspieler-mit-pech-einmal-lotto-millionaer-und-zurueck-a-521350.html
- http://www.spiegel.de/wirtschaft/panne-mit-excel-tabelle-rogoff-und-reinhart-haben-sich-verrechnet-a-894893.html
- http://www.TheChinaStudy.com
- http://www.ucdmc.ucdavis.edu/welcome/features/2015-2016/11/20151125_gratitude.html
- https://newsroom.wakehealth.edu/News-Releases/2015/11/Mindfulness-Meditation-Trumps-Placebo-in-Pain-Reduction
- http://www.zeit.de/stimmts/1997/1997_41_stimmts
- https://shcs.ucdavis.edu/blog/archive/healthy-habits/expressing-gratitude#.VkZJL3arR9M
- https://www.welt.de/print/wams/wissen/article126613215/Falsche-Forscher.html

- https://www.youtube.com/watch?v=ijhJrrtLZm8&t=16s »*Vertraue dem Leben und Du wirst sehen – Mooji (Trust in Life and You Will See)*«
- https://www.heartmath.com/howard/
- https://www.heartmath.org/research/
- https://www.sueddeutsche.de/wissen/meditation-spuren-im-kopf-1.2339128.
- http://www.masaru-emoto.net
- http://www.gewahrsein.net/ego-selbst
- https://www.welt.de/wissenschaft/article1499170/Die-geheimnisvolle-Macht-des-Zufalls.html
- http://www.epochtimes.de/gesundheit/ratgeber/mediziner-entschluesselt-die-wirkungsweise-der-meditation-a1076224.html
- https://mymonk.de/10-gruende-fur-meditation-ergebnisse-der-hirnforschung/
- https://spagyrikakademie.at/wp-content/uploads/2018/07/Spuk-im-Blut-des-Menschen_.pdf
- https://www.youtube.com/watch?v=IltCvDmE7Uk&t=37s.+ »*Kurt Tepperwein – Das Geheimnis der Wunscherfüllung*«